修炼气质美女

著名形象设计专家 倪薇薇◎著

中国书籍出版社

图书在版编目(CIP)数据

修炼气质美女/倪薇薇著.—北京:中国画报出版社,2007.11
(2009.9 重印)
ISBN 978-7-80220-200-9
Ⅰ.修…　Ⅱ.倪…　Ⅲ.女性—气质—培养　Ⅳ.B848.1

中国版本图书馆 CIP 数据核字(2007)第 153996 号

书名:修炼气质美女

出 版 人:田　辉
作　　者:倪薇薇
责任编辑:刘晓雪
出版发行:中国画报出版社
(中国北京市海淀区车公庄西路 33 号,邮编:100044)
电　　话:88417359(总编室兼传真)、88417482(发行部)
88417417(发行部传真)
网　　址:http://www.zghbcbs.com
电子信箱:cpph1985@126.com
印　　刷:北京振兴华印刷有限公司
监　　印:敖　晔
经　　销:新华书店
开　　本:1/16
印　　张:16
字　　数:300 千字
版　　次:2009 年 9 月第 1 版第 2 次印刷
书　　号:ISBN 978-7-80220-200-9
定　　价:36.00 元

前言

作为一个女人，美丽可以与生俱来，但气质却是后天修炼而成的结果，因为美丽是表象，气质却要从骨子里透露。一个不美丽的女人，可以通过日新月异的整容技术，成功地改造成一个“人造美女”，可是到最后也只是以一场娇容即逝的悲哀落下帷幕罢了，会让人慨叹这原来只是一场虚伪而肤浅的梦而已。一个有着如空谷芝兰般馥郁芬芳的优雅气质的女人，即使貌不惊人，人们也会被她的韵致所折服；而内藏无知的美丽外表，其实很难在人们心底烙下美好的印记，前者高雅，后者低俗。

你是否听过这样一种说法：法国女人想要的一切，连上帝都会说“YES”！为什么？因为她们得天独厚的气质美令全世界嫉妒且感动。

看来，气质之于女人，就如同空气和水之于生命，阳光之于鲜花，肥料之于庄稼，失去了空气、水、阳光和肥料，生命很快便会死掉的。

其实，女人匆匆忙忙的一生，不就像是在参加一场场人气大赛吗？最后能快乐获胜的王者是谁呢？“气质度”高的女人！

在这个处处充满竞争的社会，男人不再是女人的主宰，女人也不再是男人的附庸，“男人追求的极致是成功，女人追求的极致是幸福”的名言，也日渐黯然失色，女人学会自我拯救和自我完善，才是最重要的。

女人的气质是需要内外兼修、形神兼具的。外所谓形，内所谓神，神气之足，外形自具。而外在之修饰臻于完美，也会促进内在气质的完善。素养和魅力主导着你的气质。生活中，我们经常会看到一些女人，周身堆满了名牌，满身披金戴银，但怎么都让人感受不到气质和美丽的味道。这是因为，如果一个人的素养低了，她的审美能力和品位也就低了。气质这种神秘的东西缺了根茎、少了藤蔓，自然是见不到踪影的。

总体说来，气质的修炼过程，可以用一张专辑的制作过程作为例举：从策划、定位、选歌到配唱、合声、混音，几个步骤下来，一张专辑也就合成出来了。

本书脉络清晰地通过仪容、发型、服饰、身体、气味、声音、社交、智慧、情感等十几个章节，把目前中国女性修炼气质的不可或缺的部分呈现在大家面前，让你知道不管你长得怎么样，漂亮还是普通，年轻也好不年轻也罢，都可以拥有良好的气质，成为名副其实的气质美女！这种气质不是与生俱来的，而是修炼出来的，就像沙里淘金一样辛辛苦苦淘换出来的。当然，你不能只是鼓足了劲儿去炼，还得学会怎么炼。接下来等待着你的便是一点点随着气质增长而来的快乐和喜悦。一旦你拥有了与众不同的气质，那么你对它的渴望会逐渐放大，对它的掌握也会日渐娴熟，挥洒自如。

修炼气质美女是一个永恒的话题，也衷心希望每一个女人的气质能够如这个话题一般永恒！

作　者

2007年10月8号

目录

1 外在气质修炼——“靓女人”

女人的相貌是上帝赐予的，有的天生丽质，有的相貌普通，这是很难改变的。但我们却可以通过很多方式让自己散发出迷人的气质。整洁的仪容，得体的装扮，巧妙的配饰，优雅的举止……无一不能展现我们脱俗的气质。只要我们足够用心，认真体会，必能让自己成为一个楚楚动人的气质美女。

第一章　仪容：把最好的气质写在脸上

完美妆容只要八个字 / 2
拥有玉瓷般精致的肌肤 / 4
别让阳光伤害你的肌肤 / 6
气质美女必学的几种妆容 / 8
脸部妆容的基本步骤 / 10
选择适合你的化妆品 / 15
你的化妆包里最需要什么 / 17
指尖上的色彩 / 18
卸妆：美丽肌肤的最后一课 / 21

第二章　服饰：勾勒气质美女的魔咒

服饰能丰富女人的生命 / 23
谁左右了你的穿着 / 26
穿对款式，彰显气质 / 28
色彩永远是美丽的一部分 / 35

搭配出有品位的服饰 / 37
内衣：表现你100%的内在 / 39
气质美女的腿部时装 / 42

第三章　秀发："发"现迷人气质

头发显露生活品质 / 45
气质女人第一发型 / 46
先让秀发色起来 / 48
发色搭配的错与对 / 49
发型变变变 / 51
用心洗出好头发 / 56
拿什么拯救你——断发 / 57
让秀发永葆柔顺亮泽的秘籍 / 60

第四章　气味：未语先香的"瑰丽宝贝"

香水与女人的故事 / 63
女人隐形的气质 / 66
色彩香水的搭配法则 / 68
总有香水适合你 / 70
口气有大有小 / 72
"嫁驻"香水传奇 / 75
养出诱人好体味 / 79

第五章　配饰：好品位的"点睛之笔"

帽子戏法 / 81
项饰：勾勒女人颈部的符号 / 84
丝巾：系出无尽风情 / 86
指间绽放的光彩 / 89
装点腰间的风采 / 91
拎在手中的时尚 / 92

始于足下的贵气 / 95
现代女人新饰品 / 97

第六章　声音：女人裸露的感性灵魂

优美是养出来的嗓声 / 101
传递清风的声音之源 / 102
别让你的谈吐“露馅儿” / 104
谁能发出独具魅力的声音 / 105
给你的声音做个“体检” / 107
灵动中跳跃的音符 / 109
脚步声的美容　/111

第七章　举止：优雅的举止，迷人的气质

拥有迷人的身体语言 / 113
体态折射内在的品质 / 114
心灵闪动的一束光芒 / 116
微笑，动人的乐章 / 118
粗俗的举止会毁掉你的优雅 / 119
有修养的女人气质更优雅 / 121
亭亭玉立 / 123
拥有轻盈的步态 / 124
优雅地出入健身房 / 125

第八章　身体：怦然心动一瞬间

探测你的神秘躯体 / 127
美丽女人的七大营养 / 129
保鲜年龄始于颈 / 132
提升韵色和形状，美胸现在时 / 134
褪去你最后的野蛮——脱毛大行动 / 136

做气质美女的细节美学 / 138
牙齿爱美丽 / 139
学会调节身体压力 / 140

2 内在气质修炼——“真女人”

气质优雅的女性是一幅多姿多彩的画，一首内涵丰富的诗，一个美丽无限的童话。她们不仅善于借助化妆和服饰妆点自己，还更注重内在气质的塑造。要知道，你的外在容貌会随着时间的流逝而改变，但你的内在气质却是永恒的，它刻在你的骨子里，永远消不去，抹不掉。

第九章 社交：让你的气质闪亮登场

气质美女的自我检验 / 144
我是巧言Lady/147
举手投足显风仪 / 149
女人与女人的社交艺术 / 152
不做闲话女人 / 154
懂得赞美的女人最受欢迎 / 155
学会巧妙拒绝 / 158

第十章 事业：骨子里的真魅力

把握职业女性的天然资本 / 161
摆脱工作丑女的形象 / 163
做受人喜欢的白领 / 164
做个有涵养的Office Lady/166

细节决定女人事业的成败 / 168
职场礼仪要掌握 / 170
OFFICE 里的礼仪禁忌 / 173
职场 5 种魅力助你成功 / 174
巧妙应付男上司的邀请 / 177
轻松应对职场压力 / 179

第十一章　智慧：女人的真内涵

探索内在的智慧 / 183
终身学习是智慧美女的保证书 / 185
宠爱自己 / 187
追随你想要的生活 / 190
懂得知足常乐 / 192
学会感恩 / 196

第十二章　涵养：滋养女人盛放的花

第一个爱的是自己 / 199
优雅是女人一生的追求 / 200
优雅的经典版本 / 201
发自内心的教养 / 203
走近气质美女 / 204
不妆不惑的淡然与从容 / 205
保持女性特有的温柔 / 207
千万别做河东狮 / 209

第十三章　品位：独一无二的气质美女

关注自己的品位和格调 / 213
给家一张时尚温馨的脸 / 215
翻开女人最好的饰品 / 217

女人一生的读书计划 / 219
种点花草，点缀一生 / 220
音乐静心 / 222
悠闲的下午茶 / 223
到心仪的地方去旅行 / 226

第十四章　情感：挚情女人的清纯浪漫

选择一个优秀的男人 / 229
嫁给一个好男人 / 232
不爱就不要接受 / 234
浪漫、理智地面对一份爱情 / 235
找一个蓝颜知己 / 240
如何处理与旧情人的关系 / 243
当爱已成往事 / 245

1

外在气质修炼——“靓女人”

女人的相貌是上帝赐予的，有的天生丽质，有的相貌普通，这是很难改变的。但我们却可以通过很多方式让自己散发出迷人的气质。整洁的仪容，得体的装扮，巧妙的配饰，优雅的举止……无一不能展现我们脱俗的气质。只要我们足够用心，认真体会，必能让自己成为一个楚楚动人的气质美女。

>>>>>>>

第一章　仪容：把最好的气质写在脸上

女人的容貌，就像一本书的封面，把最好的气质写在封面上，读者才会情不自禁地想要去打开它。如果你是这样一本书，如果你是这样一个女人，便会让众人读你千遍也不厌倦。

完美妆容只要八个字

爱美而聪慧的女人大多懂得和善用一些技巧和方法来弥补自己容貌的先天缺憾，化妆是运用色彩、线条、层次等方式美化容貌的一个重要手段，正确、准确、精致、和谐是应用好化妆手段的四个要点和层次。

正确：主要是指对人体部位的基本的化妆原则。化妆一定要把握好正确的原则，否则即使你唇线描得再好，眼影匀得再精致，也脱不了俗，或给人不顺眼的感觉。比如你要知道画眉毛正确的起始点、角度和高度等的基本原则，通常眉头的起始位置与内眼角的位置一致，“三停五眼”所说的“五眼”便是在两个眉头之间可以放下一个眼睛的长度。如果不懂得这个原则，眉头超出内眼角，两眉之间距离过短，人会显得压抑、苦闷；如果眉头位置不到内眼角，两眉距离过宽，人会显得呆板，缺乏活力，甚至显得痴呆。

准　确：这里所强调的“准确”和前面的“正确”有不同的含义。“正确”偏重于掌握化妆的理论性原则，“准确”强调的是你的化妆操作技巧，落笔要娴熟，要能够准确地将化妆的原则表现出来。比如说：唇形化得好不好，不能单一从大小、厚薄及形状等方面评价，还必须学会如何适合你的脸型、气质，并懂得与将要出席的场合适应。

再比如，唇部化妆中，有一条基本的原则，即上下唇的厚度比例应为1：2，唇谷应在人口中央位置上，这样的唇，称为标准唇。不要小看这一条简单的化妆原则，要想把它准确地画出来，不经过充分的练习是无法达到的。

精　致：中国女性的妆面大多不够精致，这是自小缺乏熏陶带来的问题。中国女性普遍没有精细的修养观念和习惯，同时也没有每时每刻保持形象毫不松懈的意识，因此修饰中带有较多粗糙的痕迹，比如口红边沿不清晰、粉底浮乱、眉毛不修饰等等。

精致是需要长期培养和打磨的，事实上，相对于化妆的其他三大要素，精致是最容易达成的，你要做的只是反复练习和坚持不懈。当你每次都能够精致地涂好口红，有了一条流畅和清晰的唇线轮廓，你就会发现你的品质和品位提升了很多。

和　谐：和谐是化妆的最高境界，如果这种和谐还能自然而得体地表现出你的个性和特色，那就再好不过了。和谐包含三个层面，一是妆面的和谐，表现在各个部位的化妆上，风格、色彩都要统一。比如眉形如果柔美，唇形也应随之柔美；又比如眼影是冷色调，口红也应为冷色系。面部是五官比较集中、视觉反应较为强烈的视觉焦点，妆面冲突与不和谐会使女人的品位大打折扣。和谐的第二个层面是妆面与整体形象的和谐，也就是妆面与发型、服饰、配饰等相关部分的和谐。和谐的第三个层面是妆容与外环境的和谐。这里的外环境指的是你要表达的气质，你将要出席的场合，你是什么年龄、职业和社会地位。你要不遗余力地善用化妆手段表达和强化它们。

化妆不仅是美化手段，也是一种情感和生活态度的表达。善于化妆的女人，把通往生活之门的钥匙放在了自己手里，她在尝试努力吸引别人关注和欣赏的目光，鲜明地表达自己积极的态度。

拥有玉瓷般精致的肌肤

美白，是女人求美的永恒话题，长久以来，女人对皮肤美白的追求热度很高，许多人想方设法，大有全民美白之势。目前，美白新产品和技术越来越丰富，给女人们提供了许多选择。不过，选择多了，反倒让女人们无所适从，甚至出现不少误区和导致不好的后果。

美白，是所有美容项目中顾客期望值最高、最容易不切实际的项目，也是比较容易发生纠纷的项目。原因是不少人希望得到“短平快”的美白效果。这是不正确甚至是危险的。

皮肤美白一般要经历这样的循环：出现非正常黑色素——处理黑色素——黑色素反弹，如此反复。形象一点地说，非正常黑色素就像韭菜收割后长出的新苗，一茬接一茬。这就是为什么既不能急于求成地美白，又不能指望一劳永逸的原因。要记住，美白的效果越快，存在的危害和风险越大。

目前美白的方法很多，但不是一种方法就能解决问题的，美白是一个从内到外的综合工程。对于点状的斑点可以选择激光等剥脱方式治疗。如果肌肤整体比较晦暗，大块的色斑可以采用特殊的美白或祛斑护肤品，同时可以配合一些内服或中医调养的方法。

目前市场上的美白产品的作用原理通常有三种：一是阻挡或吸收紫外线。紫外线，尤其是UVA，是增加黑色素分泌的重要原因之一。二是还原黑色素。通常皮肤中的黑色素氧化后呈明显的黑色，如果将黑色素还原，可变为无色的还原型黑色素，这类美白产品通常是通过添加维生素C以起到还原作用。三是阻断黑色素的生成。在皮肤的黑色素细胞里，一种特殊的酪氨酸酶的活性直接决定着黑色素形成的数量，因此，这类产品是通过抑制它的活性达到美白效果，这是目前市场上最常见的一类美白产品。

使用美白产品时，要先补水后美白，在湿润的皮肤上使用美白护肤品，有效成分能更多、更快地吸收。此外，防晒品或隔离霜要在使用美白产品1~2分钟后使用。这样，可为皮肤提供一定的吸收时间。皮肤表层老化角质堆积过多也会影响美白成份的吸收，因此需要定期去角质。

在美白产品的类别中，面膜和精油的效果更为明显一些。面膜可在短时间内为肌肤提供有效的美白成份，通过较好的渗透力使肌肤得到改观。面膜的密封覆盖性，能使肌肤表面温度升高，加速美白成分的吸收。精油也具有较强的渗透力，能提高肌肤的吸收率。使用美白精油已经是比较专业的美容方式，要在专业美容师的指导下使用，自行购买使用此类精油往往达不到疗效，甚至还有一定的危险性，或因选择和使用不当而适得其反。例如，柠檬精油使用后需要避光；涂抹茶树精油后不能立即敷用面膜，因为面膜的密闭性会造成过强的精油效用，出现过敏反应。

选用美白产品还要注意个体差异。有些顾客的肤色看上去差不多，或者色斑的严重程度也差不多，使用了相同的产品后，一些顾客的色素明显好转，另一些不仅没有好转，甚至越来越严重。所以，选择美白产品切忌盲目跟风。

别让阳光伤害你的肌肤

美国哈佛大学医学院皮肤病学教授肯尼斯博士认为，防晒不仅仅是防止UVB的损伤，尤其要重视对UVA的防护。UVA是长波紫外线，长波紫外线照射皮肤后反应快速而直接，会导致皮肤发炎、肌肤老化、产生皱纹、降低皮肤弹性，甚至诱发皮肤癌。UVB是中波紫外线，中波紫外线照射皮肤后，会导致皮肤晒黑、免疫力降低、失去光泽。通常UVA的强度大约是UVB的15倍，它可以穿透云层，穿透玻璃，即使在室内也无法躲避，并可直达皮肤的真皮层，破坏胶原蛋白和弹性纤维，引起皮肤老化。

世界著名皮肤学家和光学家一致认为，由于空气的严重污染、大气臭氧层的不断破坏，紫外线带给肌肤的伤害日趋严重。这是造成肌肤产生皱纹、色斑、干燥，甚至免疫力降低和皮肤癌等问题的首要因素。加强防晒意识，选择科学合理的防护方法是每一个女人护肤的第一要事。美国是全球防晒产品销售量最大的国家，这与美国民众防晒的科普教育较为普遍，美国人对过度日晒的危害及防晒重要性的认识非常普及不无关系。美国约有200多个城市的天气预报增加了播报当日的紫外线强度的内容，无形中灌输了“天天防晒”的重要意识。

市场上各种防晒产品越来越多，防晒功效越来越丰富，因此，不仅要用好防晒品，还要学好防晒知识。

太阳光线的光谱是由多种光线复合构成的，其中对肌肤损伤最大的光线就是紫外线，包括紫外线A，简称UVA，波长320nm～380nm；紫外线B，简称UVB，波长

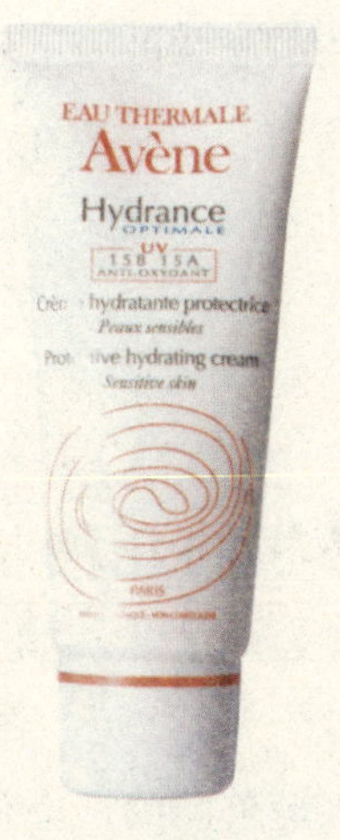

290nm～320nm；波长越短，热量越大，对皮肤的影响也越大。

SPF（防晒系数）用以评估防紫外线UVB的能力。而对UVA，目前世界上还没有一致认同的标准，采用较多的是日本化妆品工业联合会所公布的“PA”标识，即“防UVA测定标准”。因此，选择防晒品既要注意产品上标出的SPF值，也要注意产品上是否标有PA值，这样的防晒产品兼有防UVA和UVB的双重功能。

PA值代表什么？PA即“防UVA测定标准”，以“+”的数目区分等级，分别为PA+、PA＋＋、PA＋＋＋、其中，一个“+”表示可以延缓肌肤晒黑时间2～4倍，防晒有效；二个“＋＋”表示可以延缓至4～8倍时间，防晒相当有效；三个“＋＋＋”表于可延缓8倍以上的时间，防晒非常有效。

防晒产品的主要作用在于防护，所以务必在正常的洁肤、爽肤、润肤、美白程序后使用；油脂分泌过于旺盛者，有必要先使用控油产品，然后再使用防晒产品。外出时防晒品应在出门之前30分钟涂抹，以便防晒品更好地附在皮肤表面，发挥防晒作用。

选用防晒品要根据季节、气候的变化，适当调整防晒系数，比如10月至次年3月，选用SPF15-20、PA+的产品；3月至9月，特别是6、7、8月，要选用SPF20-30、PA＋＋的产品才好；烈日下运动，防晒产品要达到SPF30以上、PA＋＋＋为宜。科学研究显示，肌肤接触到的紫外线95％以上是UVA，UVA对皮肤的侵害作用一年365天都存在，即使我们在室内工作或生活也不会减弱，所以全年使用SPF15、PA＋的防晒品十分重要。

一般环境下，职业女性只

在上下班的路途中或室内间接接触阳光，使用SPF15、PA＋的防晒品即可。对光具有过敏反应的肤质，SPF值在12~20、PA＋的防晒品为宜。掌握好这些信息之后就赶快行动吧。相信你也一定能获得白皙健康的肤色，拥有完美无瑕的肌肤。

气质美女必学的几种妆容

化妆的女人是美丽的，会化妆的女人是聪慧的，懂得在什么时间什么场合画什么妆的女人是有品位的。化妆忌讳孤芳自赏，你不能仅仅以自己的喜好和情绪画你的妆容，仅仅为漂亮而化妆也是不够的，你需要懂得妆容是根据不同场合的不同需求而变化的。

目前，一些书刊介绍的各式妆型让不少女性感觉无从下手，其实最常用的妆容包括以下四类：

办公室妆容：办公室妆容整体上应具有较强的包容性，能够与服饰和办公室气氛融为一体。妆面应洁净、自然、生动，妆容应讲究精致，以适于对内外人士近距离的接触和交流，保持良好的工作形象。办公室妆容的基本着色要点是色彩不宜过浓，而应该淡雅，你必须明确你化妆的目的是为了有益于工作，而不是让自己如同明星般脱颖而出、光彩夺目。办公室通常有冷色和暖色两种光源，你要考虑不同光源下妆容效果的差异，尝试着调整出最适应自己肤色和在特定的光源下适宜的妆容。

社交妆容：社交妆是用于社交场合的妆容，代表妆是晚妆。晚妆通常是在典型的暖色光下，气氛浓重的环境中使用的妆面，是化妆技艺中要求较高的妆型，通常分为高贵、优雅、性感、冷艳四个主题。你能够塑造哪一个主题，不仅需要相应的妆容，还要与你的服饰、气质和风度相配合，有的人可以适应四个主题，有

的人只能适应一个或两个主题。

晚妆：晚妆是在完全没有自然散光的光线下的妆容，较容易表现轮廓感。要将晚妆的曼妙发挥到极致，你要学习修容化妆技术，也就是学会用明暗和线条勾勒等方法，丰富你的轮廓感。晚妆较多用紫色、玫瑰红色、银灰色、蓝色等突出主题的色彩，并用较多带有荧光的眼影或用于凸出部的高光色，在晚间的灯光下与有光泽的服饰相辉映，提高晚妆夺目的表现力。

晚妆的着重点在眼睛、嘴唇和两颊上。除了选择适宜的色泽之外，画好这些部位立体的层次非常重要。如嘴唇，你可以营造三个层次的感觉，唇部外延色彩偏重，有较好和精细的轮廓，唇部主体为主体唇色，中部可选择浅色或白色，也可选择富有光泽的唇彩或唇油，制造生动、丰富、迷人的立体效果。色彩是提高亮度的一个重要手段，晚妆着色一般较平日更浓重一点，当然切忌走向极端，过于浓艳的女人，大多是粗俗而不受欢迎的。

户外妆容：自然光线下，特别是阳光下，容易表露皮肤的本质。肤质好的人，妆容可本色一些，更多地将良好的天然姿色展现出来；肤质差一些的人，妆容应重一些，以更好地遮盖你的皮肤问题，比如用遮盖力强一点的粉底等。室外光线充足，使用的粉底尽量与肤色接近，不宜使用过白的产品，避免妆面与皮肤不吻合，造成技术拙劣和让人难以接受的感觉，化妆的色彩可以明快一些，与室外活跃的气息和行动的动感相适应，更多地表现出你的职业能力和活力。

户外妆容不易保持，你要细心定妆并随身携带必需的化妆品，以及时补妆。最好选用具有防晒功能的复合性产品，化妆品应同时兼有防晒功能。用于室外的职业妆应保持清新自然的基本特点，用于室外的社交妆和生活妆，可以根据场合作相应的调整。

另外，化妆看场合，也要看灯光。

愈来愈多的女性，每天必须奔波在不同场合中。一会儿室内，一会儿户外，在这些殊异的场合，如何拿捏化妆的分寸，可能就得靠一个大一点的化妆包，来帮助你解决问题。

如果你是某个场合的重要人物，务必提早10分钟到场。观察一下现场的光度，再到化妆室里调整修饰。搭配当天的服装，在化妆包内至少得放进两支同色系的口红。日光灯下，选彩度低、明度高的唇膏，例如浅粉红色；黄色灯泡下，则是彩度高、明度低的粉桃红或紫色。腮红带一盒就好，白灯下轻刷，黄灯下补强，利用层次感的不同，因应差别光源的需要。眼影的做法也类似，但是黄灯下所作的加强，是要轻刷在眼尾或双眼皮的皱褶处，才不会显得妆效太浓，弄巧成拙。

化妆时灯光要够亮

其实，在化妆时，灯光最重要，天花板的大灯一定要开，但绝对不要拿来当作唯一的光源，因为这会让你的脸显得阴影重重。你必须在桌上再放一到两盏灯，光从脸的两侧投射过来，作为补强之用。

而天花板的大灯和桌灯也要协调，最好两者有日光灯及灯泡之别，这样冷调的蓝光与温暖色系的黄色灯泡兼备，化起妆来，就大幅降低发生偏差的危险。最保险的方式，是化完妆后，再到户外照一次镜子，才能确保走出门时不会太怪异。

脸部妆容的基本步骤

任何一位女性，只要坐到梳妆台前，就可以成为一位“艺术家”——完善自己面部形象的艺术家。正如古希腊哲学家亚里士多德所说：“艺术就是用来弥补自然之不足。”然而，这种艺术又与真正的艺术家们进行创作不尽相同。因为人的脸庞生来就已经有了一个雏形，“艺术家”们只能在这个雏形的基础上进行加工，精雕细琢，最后描上几笔，起到画龙点睛的作用。如果我们真正仔细端详一位我们认为非常漂亮的女性，就会发现她并不是完美无缺的，只不过是通过化妆突出了自

己的优点，掩饰了某些不足而已。

任何一名女性，只要她能够使用正确的化妆方法，都可以为自己的容貌增添秀美与靓丽，表现出蓬勃的精神、满腔的热情和非凡的气质。日常生活中的化妆并不很难，实际操作起来也很快。化妆并不是做假，它是用来完善个人面部形象的一门艺术，既然如此，我们就有必要追求其最佳的艺术效果。因此，一方面，我们要了解自己的个性、生活方式及生活环境；另一方面，还要做到每使用一种色调都应经过仔细推敲，使色调与自己的个性结合起来。

当然，每个人都有自己的审美观，但总的来说，化妆应该是使一个女人表现出她最美一面的手段。完美的面部化妆，其奥妙就在于：它不是把人的形象掩盖起来，不是给自己塑造一副假面具，而是要力求做到看起来很自然的同时，更能表现出自我的气质。只有这样的化妆，才能真实地反映自己、表现自己，体现出自己独特的风韵。

清洁皮肤

首先，在化妆前，把头发固定，最好用头巾包住。清洁面部可以用洗面奶或清洁霜，用温水冲洗面部和颈部，接着用紧肤水自上而下地在皮肤上拭抹，最后用棉球蘸着化妆水正式地从下而上地涂抹一遍。有条件的也可用蒸面法或面膜法清洁皮肤。

涂抹粉底

粉底是由水分、油分、颜料制成的，可以供给皮肤不可缺少的水分和油分，同时又有较强的遮盖力。

涂抹粉底的方法是：将粉底在额、鼻、两颊、腭等地方各点一个点，然后用指尖或卷起的海绵角均匀、全面地涂抹；涂完后，用粉扑蘸干粉抹匀；抹完后，再扑化妆粉，并用两手把它打匀，稍停一会儿，用刷子把多余的粉刷落。

修饰眼睛

眼睛是最能表现出女性神韵的器官，必须非常重视眼部化妆，眼睛的化妆主要是涂眼影和画眼线。

涂眼影主要是选择合适的化妆部位，因为涂在不同的眼睑部位，产生的效果不同。深色眼影涂在双眼皮的褶皱中，能扩大眼部轮廓；亮色眼影涂在眼睑沟中，能突出双眼皮；眼影涂在眼角处，内眼角涂深色眼影，并与鼻侧影相接，可突出眼睛的深邃；深色眼影涂在外眼角，能改变眼型。

画眼线主要是为了使眼部轮廓清晰，一般上下眼线都画。而眼睑是人体皮肤中最薄的地方，因此在进行眼影化妆时，要尽量轻柔，不要用手拉下眼睑描绘，否则极易使眼睛周围娇嫩的皮肤过早出现皱纹。画眼线时要将肘部支好，防止拿眼线笔的手发抖，改来改去，眼线就变粗了。此外，脸不要动，而让手、镜上下移动。支稳肘部的方法有两种：一是把肘部支撑在台面上；二是将肘部紧靠在墙上。画眼线的标准原则是上粗下细，比例以7：3为宜。画下眼线时，应把镜子稍微抬高，眼睛转而向上看，这样既可免除用手指拉下眼睑之弊，还会使眼线画得极自然，需注意的是眼线笔尖要圆润，用笔侧峰画曲线。画上眼线时，应把镜子放低，视线也向下，可画到垂下的眼圈上。人们往往不注意闭眼睛时的化妆效果，认为只要眼睛睁着的时候好看就行。然而不要忘记，别人既能看到你睁着的眼睛，也能看到你闭上的眼睛。

修饰睫毛

修饰睫毛前，先用睫毛夹将睫毛卷一下，此时眼睛应该往下看；然后涂上睫毛液；若要染睫毛，则眼睛朝下看，将睫毛刷由睫毛根向睫毛梢滚刷。睫毛的修饰更多地体现在一些技巧的处理上。

修饰眉毛

修饰眉毛的方法有多种，各人可以根据自己的习惯、眉形特征而运用不同的修饰方法。

描眉

描眉是日常化妆中常使用的一种方法，普通的方法是，脸稍向下，眼睛向上看，这样上眼皮即显示出一条自然的弧线，可按照这条弧线描出平行的眉型。画的时候要按自然生长的规律一根一根地画，浓淡、粗细要与原来的眉毛相吻合，才能达到以假乱真的效果。

拔眉

拔眉是较为常用的一种方法，但拔眉时一定要慎重。拔眉之前应画一个自己比较满意的眉型，想好哪些是多余应拔掉的眉毛；然后，用医用酒精将眉镊和眉毛进行消毒，再用普鲁卡因和维生素A混合液涂搽在眉毛上，这样既能减轻拔眉时的疼痛，又能抑制拔眉后眉毛的再生；拔眉时应将镊子靠近眉毛根部，顺着眉毛生长的方向倾斜拔，一次最好只拔一根，如果眉毛位置过低，可沿着眉毛下缘拔去一些，反之，则会拔去上缘的眉毛。

修饰鼻子

修饰鼻子的关键是画鼻侧影。化鼻侧影有使鼻部增高、鼻梁直挺的效果，还可与眼睑颜色相衬，使眼妆更有神。

鼻妆常用的颜色为褐色、暗色、紫褐色等。化妆中应注意两条侧影均匀对称，沿鼻梁平直轻扫，避免出现歪斜、移位或错位；鼻梁两边侧影的间距一般为1～1.5，太宽太窄都不自然；侧影的起始应呈弧形，避免直角状；侧影的内侧宜平直，外侧应晕染，勿呈线条状。鼻美容应根据不同的鼻型，以不同的化妆技巧来修饰：

1．扁长鼻子：在内眼角至眼睑部位打上褐色侧影，鼻尖偏上处打亮粉底，在鼻尖用暗色粉底以加高鼻梁、抬高鼻头，起到缩短鼻的视觉效果，使鼻子显得挺拔；或者可以通过降低眉头的高度使鼻根产生相应偏低的视觉效果，在画眉毛时，眉头要加画几笔，或在眉头下涂上与鼻影颜色相近的眼影。鼻影的颜色应比眼影稍微淡一些，不要延伸至鼻翼。

2．长尖鼻子：在鼻子的两侧刷褐色侧影，在靠近两个内眼角外部的地方要特意加深一些，再在鼻尖刷上少许暗色。

3．短小鼻子：把鼻侧影涂成深颜色，鼻梁涂一窄条亮色，就可以使鼻子显得长些；另外，可在画眉时将眉头画得稍高些，从眉头起至鼻翼两侧涂紫褐色并加以晕染。鼻梁上端的化妆色彩要极淡，向下则渐浓。鼻头部位应涂以浓褐色，并用指尖抹开。

4．窄小鼻子：可以用接近肤色的肉色眼影加少量的白色和黄色眼影涂在鼻翼上，鼻梁不可涂得太宽太亮，否则会使鼻翼显得更小。

5．塌鼻子：先在整个面部涂上粉底霜，从鼻根到眉头抹深棕色眼影，由眉毛向鼻子两侧打一些阴影，然后在两眉之间的鼻梁上抹一道亮色眼影，并尽量向两侧晕开，阴影与亮色形成鲜明的对比，原来低陷的鼻梁显得突出起来。

6．圆鼻子：这种鼻子在面部易造成体积过大的错觉，与脸部其他器官显得不太协调。可用褐色侧影，从眉头沿鼻梁的两侧至鼻头涂抹，起到收缩鼻子的视觉作用。

7．鹰勾鼻：可以在鼻梁两侧涂淡色侧影，在鼻梁突出外用深色粉底修饰，使其高度看似有所降低。

修饰嘴唇

先用唇线笔在唇部勾出一个理想的轮廓，唇线笔的颜色可以比唇膏的颜色稍深一点。涂好唇膏后，用唇笔把唇线和唇膏抹匀，不要留下分界线，然后用珠光唇膏在嘴唇中间加一个亮点，增加光泽。

运用适当的化妆术还可以矫正唇形：

过厚的嘴唇，在选择唇膏时，应采用浅色而不是深色，因为浅色显得轻巧些；还有一种办法可以掩盖厚唇，把粉底霜涂在唇边，盖住原有的唇线，在唇线内0.5～1mm处画一条唇线，然后涂入唇膏。所画的唇线的交接处要比原唇线的交界处稍长一点，这样可以使唇型拉长，看起来就不觉得太厚了。

过薄的嘴唇，在画唇线时可以稍稍往外画一点，在上唇的唇峰中间画优美的曲线，使嘴唇显得丰满些。在涂唇膏时注意不要让原有的唇线透出来。如果上唇比下唇薄，在上唇膏之

前，先用粉底霜把原来的唇线盖住，然后用唇线笔画一条唇线。上唇的唇线要比原唇线画出 1mm，下唇线要比原唇线画进去 1mm。涂唇膏时，上唇的颜色可以比下唇的颜色浅些，但必须是同一个色系。

平直的嘴唇，比较呆板，要改变这种状况，首先要修正嘴唇的轮廓。在上唇画出明显的唇峰，下唇的轮廓呈满弓型。涂唇膏时，上下唇的中间颜色要浅一点，唇峰的颜色要深一点，深浅过渡要自然，突出立体效果。

尖突的嘴唇，给人一种不柔和的感觉，但只要稍加修饰就会有所改观。从嘴角开始画上唇线，偏离本来的唇线，斜向上、向前，与原来的唇峰会合。下唇线也从嘴角画起，斜向下、向前在中部外侧与本来的唇线会合。嘴唇两侧唇膏的颜色要浅一点，在日光下与嘴唇中部的色度相近，唇部就不会显得太尖突了。

选择适合你的化妆品

很多女性在挑选化妆品的时候，会首先挑选品牌，而不是根据自己皮肤的特点、生活和工作的环境去挑选，这真是非常大的错误！

挑选适合自己的护肤品

洁肤与卸妆产品　早晚洗脸时需要选择不同的洁肤产品，只要白天使用了隔离霜、防晒霜、粉底之类的产品，晚上最好能用卸妆油或是有卸妆能力的洁面产品卸妆。注意眼部要使用单独的卸妆油。早晨可根据皮肤的出油情况选择洗面奶、洁面泡沫之类的产品。磨砂类洁面产品不能天天使用——即使你是油性皮肤。

化妆水　不要指望毛孔会被爽肤水、紧肤水收紧，但它们确实可以帮助舒缓刚刚清洁过的面部皮肤，起到补水的作用。如果你的“肌肤年龄”比较大，可以选择有修复精华的产品。干性和敏感性肌肤要避免使用含有酒精的化妆水。另外，必须在脸完全干透之前进行护肤。

护肤　大多数中国女性都是混合性皮肤，因此保湿补水成了重中之重，但这和工作环境、季节有很大关系。通常情况下可以选择质地轻柔、便于抹匀的面霜，而且是有一点点香味的保湿面霜。

重点保养　眼霜是气质美女们一定要使用的一样保养品，任何时候都不要怠慢眼部的皮肤。请根据自己眼袋、黑眼圈、细纹等不同的眼部状况选择不同功效的眼霜。另外，具有抗皱、美白、祛斑、抗敏感、去痘等效果的产品也都层出不穷，选择之前要注意它们是不是会和你其他的保养品相冲突。

防晒　希望从看到这本书开始，你就意识到防晒这个问题的重要性！如果你的童年曾有晒坏皮肤的经历，也许几十岁后才会显现出后果，所以现在就养成用SPF15的防晒产品作为日常防晒的习惯。通常这个防晒指数的保养品都不会特别油腻，可以放心使用。

挑选适合自己的彩妆

彩妆品的种类很多，除了颜色之外，彩妆的质地也很重要。在化妆的基本原理里有一条就是“将化妆品涂抹均匀”。不管什么彩妆，只要不能在你脸上很容易地涂匀，那就不要选它。

如何挑选粉底的颜色　最好是在专柜，让专柜小姐帮你挑选——通过目测选择最接近皮肤的三种粉底，把它们平行涂在面颊上；之后离开镜子至少1米，看哪种颜色消失了，那就是和你皮肤颜色最接近的粉底。

不过你也可以选择深一度或半度的粉底，这样使亚洲人的肤色显出一种健康的颜色。

如何挑选唇线笔　不管潮流如何变化，我们都不应该放弃使用唇线笔，它可以帮助我们完成精致的唇型。选择与唇膏颜色接近的唇线笔，或是略微暗一点的。

如何挑选眼影　通过唇膏、腮红和耳环来让面部妆容与服装相配，而不包括眼影。当然，你也可以选用彩色眼影。通用的咖啡色系眼影几乎是万能的美女眼影，它不仅能适应绝大多数的服装色彩，关键是能让你的眼睛明亮有神，黑白分明。

万能的三色多用阴影粉

看起来像是眼影，其实它是“三色多用阴影粉”。它不仅能作为眼影粉，还能代替眉笔，甚至用来营造面部的立体感。你可以根据需要将三种颜色调和使用。

1.浅咖啡色　将它涂在眼睑上，让眼睛不那么肿；将浅咖啡色眼影沿鼻梁两侧画两条5mm宽的线条，用手涂匀边缘，让鼻子变窄；用一点点浅咖啡色涂在下嘴唇下面，让唇部显得丰满。

2.深咖啡色　深咖啡色阴影粉是干湿两用的，用手指蘸取，配合浅咖啡色阴影粉涂在眼盖上，体现眼部的层次；用眉刷蘸取，代替眉笔画出自然的眉型；通过略湿的眼线刷蘸取阴影粉可以用来画眼线。

3.本白色　可以用来提升你想突出的面部部位，比如涂在眉弓、鼻梁、下颚等处。

你的化妆包里最需要什么

化妆包一般有两类：一类是日常每天携带在身上的小型和微型化妆包；还有一类化妆包是旅行所使用的化妆包，这个化妆包体型比较大，可以把日常所用的护肤品、彩妆品、保养品统统都放在里面。

化妆包一定要大小合适，便于携带，同时，制作也一定要非常精美。因为化妆包是女人的一件心爱之物，好的化妆包能让女人心情愉悦，这里面是美的源泉，它会不断地滋润你美的心灵。一般来讲，化妆用品不一定件件都是名牌，但建议大家，根据自己的消费，一定要有一到两件名牌产品，这样打开化妆包时，你会觉

得很欣慰，同时内心比较踏实。

每天随身携带的化妆包里只放一两样化妆品。例如口红、小镜子或者是补妆散粉等等。通常我们还需要有一个中型的化妆包，它能够把日常用的化妆品装在其中，这样，一旦需要重新化妆或者补妆的时候就会比较方便。

中型化妆包内究竟应该准备什么样的化妆品呢？最常用的一定要准备冷暖两色的两支口红，一支是冷色调的，一支是暖色调的，也别忘了还要准备一支护唇膏；一面微型且精致的化妆镜；还有当天要使用的眼影；冷暖不同色调的粉底乳；冷暖两色的腮红；还有特别重要的补水保湿品，它可以给脸部皮肤增加一些水分；如果你是香水一族，还可以放一瓶体积比较小的香水在化妆包里；当然还要有睫毛夹、睫毛膏；最好还要有一套比较小型的保养品和洁面用品；手是女人的第二张名片，所以别忘了配一支护手霜在化妆包里；为了在化妆时避免手上的细菌接触到面部皮肤，准备一些化妆棉和脱脂棉签也是必不可少的；美丽的妆容离不开整齐的发型，所以最后还要配一把小的梳子。

化妆用品非常多，你的化妆包无论如何也是装不下所有的化妆品，因此装入化妆包的化妆品，一定要尽可能地兼用。有的时候一样可以两用，有的时候一样还可以三用，例如说一款粉红或玫瑰红色的唇膏，它既可以用于唇部，紧急情况下还可以做眼影膏，甚至也可以用作腮红。总而言之，一举多能的化妆品可以有效地节省出化妆包的空间。

指尖上的色彩

美丽一直是全世界所有女人追逐的永恒话题。无论是经典的《白雪公主》中整天对着魔镜取悦自己的妖媚王后，还是传说于史、惊羡于世的四大美人，亦或是“当窗理云鬓、对镜贴花黄”的花木兰，每一个女人都在用自己特有的方式诠释着自己的美丽。而今，女人已经从“为悦己者容”转变成为了自己而美丽；从追求美的精致转变为追求美的细节。而作为女人第二生命的手来说，更是当今女人们最留意的部分。每一个女人都应全心为自己的玉手打造百分百的美丽，让每一个指尖都跳跃着快乐的音符。

指甲油为何物

指甲油是隶属于美容中的一种化妆方式，更是美女们塑造靓丽形象不可或缺的尤物。好的指甲油涂了很快就干，一小罐里应包含很多要求，要有光泽、附着力强、好涂、有弹性、耐磨损、防水、防皂性、亲肤性等特性。

根据INCI的资料，指甲油的主要成分有当作溶剂的丁醋酸盐和乙基醋酸盐。硝酸纤维质以火棉树毛为薄层建构，当作可擦拭的主要成分。蓖麻油、樟脑是软化剂。颜料用的是为食品、药剂和美容产品所批准使用的成分，例如食物、药品、化妆品所常用的红色色素三号(C, 45430?FD&C)，就是所批准使用的颜料。

流行和指甲油

流行和指甲油是相互结合的，每家沙龙都有流行色彩。由于流行没有一定规则，所以可以说，“只要你喜欢，有什么不可以”。过去曾流行过的法式指甲，所用的指甲油颜色可是从前想象不到的。指甲油和口红的颜色已经没有硬性统一的要求，所以指甲油的颜色可说是五彩缤纷。从棒棒糖的颜色到蓝色、绿色、黑色，只要想赶流行，就擦上两种指甲油吧。设计或做个实验看看如何结合不同的颜色。

前几年卖得最好的指甲油颜色当属黑里透红、彩色和透明带白的。一度则又属于暗灰色和银色的天下。下面就让我们一起来看看应该怎样涂抹指甲油。

正确的涂指甲油方式

在涂指甲油之前，请你先确定一下手有没有洗干净、擦干或者涂有油脂。在涂指甲油之前，先准备好指甲油、修饰笔、透明指甲油。首先，先涂上一层指甲油在底层，除了让指甲油的持久性更强之外，也让其它的指甲油涂上去的时候会更顺，同时，隔离指甲油色素沉淀。专业人士往往只用刷子薄薄地涂上一层指甲油，从指甲中间往指尖刷过去，再涂指甲两边。由于指甲油的遮盖力是由色素所产生的，你就可能要涂上第二层指甲油才行。最后涂上一层透明指甲油可以更持久，指甲也会更闪亮有光泽。

指甲油涂法

1．在涂指甲油之前，先在指甲表层涂一层底。再用指甲油的刷子从指尖刷一小段。

2．在指甲中间开始往指尖刷上一条长长的线。

3．第二条线划过横线与指甲外皮平行。

4．现在将指甲没涂到的地方用长条状涂满。

5．再涂上薄薄的一层指甲油。再上第二层加强颜色。注意不要刷到皮肤上，要是涂到，可以用修饰笔弄掉。

处理秘诀

1．在涂上每一层指甲油时，一定要等它干了之后。最好是一层一层涂上去，比涂得太厚要好得多。

2．涂指甲油要在室内。

3．要是指甲油涂到皮肤上，修饰笔就能派上用场。

4．千万不要把指甲油摆到冰箱里面去。过冷或过热只会让指甲油变得不是太稠就是太淡。

5．把透明指甲油涂在指尖，可以让指甲看起来亮眼，又能稳定保持。

6．在指甲较长或交叉的凹沟，以底层油用填补刷刷上，可充当一层指甲油。

7．特别是没什么耐心的人在涂指甲油常常碰到弄不好的“小问题”。这时要决定如何处理前，就得先知道指甲油什么时候只是表面干而已，什么时候才真正干了。用手轻轻敲一下涂好的指甲，如果不会粘住，就表示指甲油已经干了。用吹风机可以加快弄干指甲油的速度。

卸妆：美丽肌肤的最后一课

眼部卸妆

除非你的眼部除了粉底以外没有使用其他的化妆品，否则你在卸妆时，应该先卸除眼部的彩妆。卸除眼部彩妆时应使用眼部专用的卸妆液，因为专为眼部彩妆而设计的卸妆用品质地更温和，含有不刺激配方，不会伤害眼睛四周的肌肤。

当眼睫毛与眼影卸除完毕后，你应该检查是否有剩余的眼线或眼影遗留在细小的睫毛间隙或眼皮皱褶之中。若有残妆，你可以利用棉花棒沾取眼部卸妆液，按照与眼睛垂直的方向仔细地将其去除干净，以免化妆品停留在脆弱细致的眼周肌肤上，伤害肌肤。

唇部卸妆

嘴唇的肌肤可以说是平均化妆时间最长的一个部位，如果不好好地卸妆，长期积累在嘴唇缝隙中的口红会渐渐地阻碍肌肤正常运作、呼吸，让唇色加深变黑，甚至导致唇部肌肤纹路加深而不再细致。因为唇部没有油脂分泌腺，如果彩妆卸除不干净，污垢无法经由肌肤分泌的油脂自动掉落，久而久之，嘴唇便会出现老态，再也不能“鲜艳欲滴”。

步骤：

（1）将化妆棉用卸妆液完全沾湿，覆盖在唇上静置约三秒。

（2）轻轻将唇部的口红拭去。

（3）换一张新的化妆棉，同样用卸妆液沾湿。

（4）用力将嘴唇向两侧拉开，仿佛发出“一”的音，以便将嘴唇的皱褶撑开。

（5）将新的沾有卸妆液的化妆棉再度置于唇上。如果仍有残留的口红存于皱褶中，用棉花棒沾取唇卸妆液，以与唇部垂直的方向一一将其完全拭净。

脸部卸妆

脸部卸妆是卸妆工作的最主要部分，将整张脸的彩妆彻底卸除，卸妆工作才算大功告成。

步骤：

（1）将卸妆用品适量抹于脸上。

（2）用指腹轻轻按摩脸，以便让卸妆用品将彩妆完全溶解。

（3）注意细小的地方，如鼻翼、嘴角、发际等处，也要彻底按摩。

（4）用面巾纸将脸上所有化妆品拭去。

（5）如果一次卸不干净，同样步骤再来一次，直到完全清除为止。

第二章　服饰：勾勒气质美女的魔咒

服饰是女人流动的风景线，是个性、品位甚至社会地位的象征，而在每个女人心里，都有一个如同战场的衣橱——只不过在这场美丽的战争中，竞争对手是今天的自己和明天的自己，是真实的自己和别人眼中的自己。

服饰能丰富女人的生命

我们身体90%的部位都被服饰所覆盖，当我们还来不及观察别人的容貌和猜测对方的心理的时候，我们的服饰就已经先让对方形成了第一感觉，这就是第一印象。而这种第一印象则决定了对方是愿意接近还是要疏远我们，甚至决定了我们和他人交往的成败。因为，在快节奏的生活中，人们很难对初次见面就不感兴趣的人再进行第二次、第三次或长期交往，这种超乎个人能力的潜在力量影响着人的未来。

女人除了性格好，除了情商高，除了有爱的能力和

工作的能力之外，懂得美和让自己变得更美就越发的重要，说实在的，作为一个女人，如果不会穿衣服，那真是天大的悲哀。

大多数的女人都肤浅地认为，穿着服装仅仅是为了美，为了漂亮，所以经常会凭自己的直觉和个人的爱好来选择服装，而不去想到底该怎样合理利用服装来穿出属于我们自己的个性与气质。其实，女人穿衣服早已不仅仅是“女为悦己者容”了。

什么因素决定今天你该穿什么？不是你的喜好，不是你的情趣，也不是你希望打扮得漂亮出众的愿望，而是你今天到哪里去，去做什么，希望得到什么。穿衣服最简单的一点就是要遵循国际通用的TPO着装原则，TPO是三个英语单词的大写字头，分别代表时间(Time)、地点(Place)和场合(Ocasion)，意思是说着装要符合时间、地点和场合，不同场合的服装有着不同的着装要求，如果在选择服装的时候能够注意这些的话，你就能在修炼气质的路上事半功倍了。

这里首先谈一谈服装与场合的关系，日常服装大体分为职业装、晚礼装、日礼服、休闲装、运动装、居家装几大类别，你在选择服装时要注意符合以下特点。

职业装：较为正式的场合应选择女性正式的职业套服；较为宽松的职业环境，可选择造型感稳定、线条感明快、富有质感和挺感的服饰，以较好地表现职业女性的职业能力，服装的质地应该尽可能考究，色彩应纯正，不易皱褶，服装应以舒适、方便为主，以适应整日的工作强度。办公室服饰的色彩不宜过于夺目，以免干扰工作环境，影响整体工作效率，应尽量考虑与办公室的色调、气氛相和谐，并与具体的职业相吻合。袒露、花哨、反光的服饰是办公室服饰所忌讳的，服饰款式的基本特点是端庄、简洁、稳重和亲切。

外出职业装：服装的款式应注重整体和立体的职业形象，在舒适、简洁、得体方面也应该注意，便于走动，不宜穿着过紧或过于宽松、不透气或面料粗糙的服饰。正式的场合仍然以西服套裙最为适合；较正式的场合也可选用简约、品质好的上装和裤装，并配以女式高跟鞋；较为宽松的场合，虽然可以在服装和鞋的款式上稍作调整，但切不可忘记职业特性是着装标准，外出工作，最忌着装具有

强烈的表现欲，这是需要努力克制和避免的。色彩不宜复杂，并应注意与发型、妆容、手袋、鞋相统一，不宜咄咄逼人，干扰对方视线，甚至造成视觉压力。所用饰品不宜夸张，手袋宜选择款型稍大的公务手袋，也可选择优雅的笔记本电脑公文手袋，表现出一种女性自信、干练的职业风采。

晚礼服：晚礼服是用于庆典、正式会议、晚会、宴会等礼仪活动的服饰，晚装服饰的特色、款式和变化较多，需根据不同的场合和需求而定，闪亮的服饰是晚礼服永恒的风采，但全身除首饰之外的亮点不得超过两个。晚装多以高贵、优雅为基本的着装原则，西式的晚装多为开放型，强调美艳、性感、光彩夺目；中式传统晚装以中式旗袍为主，注重表现女性端庄、文雅、含蓄、秀美的姿态。

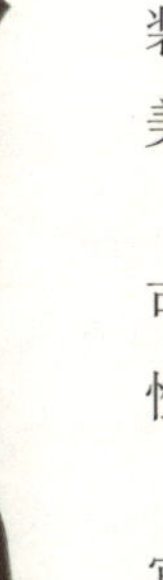

晚装既讲究面料的品质，也讲究饰品的品质，好的品质可以烘托和展现出女人的社会形象和品质。晚装是凸显女性魅力的代表着装，讲究款式和做工的精美。

公务礼服：公务礼服是用于较为正式、隆重的会议，迎宾接待的服饰。

公务礼服是服饰中品位和格调最具代表性和典型性的，服饰的优良品质是最为重要的，色彩应以黑色和贵族的灰色为主色，忌用轻浮、流行的时尚色系，做工要精致得体，并应特别注意选配质地优良的鞋子。

这类服装的佩饰应小巧而精美，佩饰的宗旨是衬托女人高雅迷人的气质。此类活动较少有充分的交流机会，手袋是你身份的显要特征，应选择一个质地优良、色彩和谐、款式简洁、精美的手袋。

休闲服：休闲服是为适应现代个性化的生活方式而产生的一类服饰，具有生活服饰和职业服饰的双重性。不少职业场所的着装要求宽松，休闲服也成为一些轻松的职业场所适用的服饰，穿着舒适大方，是休闲服的基本特点，成熟优雅是休闲服较高的着装层面。

休闲服较多地体现了回归大自然的生活理念，从面料、款式上更好地与人体亲密接触，体现了服饰与人体之间更亲密、更坦诚、更自由、更从容的生命规律，是新时尚、新观念的服饰语言。面料多天然、优质，色彩应亲切、柔和，易于吸汗，不需进行熨烫等复杂打理。

穿着休闲服时要特别避免体臭和服装异味，其高度洁净所表现出来的品质和气质，甚至会高于其他服饰。

谁左右了你的穿着

有句老话说：“不怕手低，就怕眼低。”你能不能驾驭好服饰，关键在于你的审美能力。

假设让现场的数百人去某个商场购买服饰，如果给她们可以买到全套服装、鞋袜、手袋和饰品的同样的钱，结果会是什么呢？会有三种：一种是，买好穿上，明显提高了个人的形象，有美感，甚至让人眼前一亮；第二种是，感觉平平，既不好也没什么好；第三种是，感觉不好，甚至很差，降低了形象和品位。

同样的钱却买来了截然不同的效果，问题在哪里？在于购买者的审美眼光。审美是一种能力和指向，当你伸出手取下衣架上的衣物时，当你付了款把衣服彻底变为己有穿在身上时，是什么在左右你的选择？是审美能力。

服饰审美能力有高、中、低不同的水平和层次。不要忽视服饰的隐语作用，你每天每一个场合穿的服饰，不仅表现美或不美，还无形中发出着许多信号，代表了你的审美水准。没有人愿意失去应有的认同和尊重，如果你不想被评价为是个没有品位和修养的人，首先得提高修养，提高审美能力。

这个提法可能让有些人有压力，特别是没有机会或者一时没有能力接受高等教育的人。

在人们一般的认识中，只有高学历、有文化的人才具有良好的审美能力，似乎只有这样的人才有掌握服饰艺术的能力，其实不然。对于服饰审美品位而言，良好的修养和教育是必要的，但是每个人的学历和已有的教育并不能概括一生，而文化和修养恰恰是可以不断提升的。每一位女性都可以通过努力大幅度地提高审美能力，让自己的外表更和谐。

提高审美能力是持续性的，一方面要通过学习、读书、结识有学识的人，另一方面，可以通过学习一些规律性的着装常识，在短期内提高。这些规律和常识如：

（1）色彩的重要性远远大于款式和面料；

（2）视觉平衡能带给别人更好的感受；

（3）单色穿着是最为简单易行的法则；

（4）两种颜色搭配时应避免 1 ∶1 的比例关系；

（5）垂直线条塑造你修长的身段；

（6）依场合着装，时时处处显魅力；

（7）善用饰品，增添光彩；

（8）注重服饰细节，突显不凡品位；

（9）营造视觉中心能让着装更加出彩。

上面谈到的视觉平衡是指感觉上的大小、轻重、明暗以及质感的均衡状态。当人们看到平衡的物体时，能产生安全感和平稳感，视觉上会有舒适感，相反会有紧张感、压抑感。例如，有的人觉得自己较胖，喜欢穿盖臀部的中长大衣，配大约到小腿中部的裙子，以为可以掩饰体型的不足，但这种穿法打破了视觉平衡，显得非常沉重。相反，如果将衣服下摆向上提一点，大约在臀上部，也就是臀围最小的部位，配一条及膝裙，会显得比较平衡。

想快速提升着装水平的人，单色穿着是最容易掌握的。单色很容易搭配，具有垂直感，可拉长身高，造成挺拔的美感。不过，单色穿着一定要变化质感或明度，才能避免单调和沉闷。

垂直线会使人联想到旗杆等，给人修长、上升、权威的感觉。垂直线是上下走向，它比横线条显得长和窄。好的设计师通常会运用款式剪裁、设计细节、布料织法、外部轮廓等调整整体视觉。

要想在着装上出彩，可有意识地营造视觉中心。它可以是一件非常独特的饰品，也可以是领部或肩部或腰部等位置的别致结构，也可以是颜色，视觉中心应位于最能表观优点的部位，例如，脖子很漂亮，就尽量围绕脖子做“文章”；胸很迷人，可以通过项链或领型将视线往胸部引导；腰非常纤细、柔美，可通过服装的腰部设计或腰部饰品来强调。需要注意的是，视觉中心一般为一个，最多不能超过两个，否则会分散注意力，显得俗而夸张。

女性着装的魅力各具风采、各有特色。远远不能用以上几条简单的原则概括，这里只是给大家一点揭示，这些有价值的常识和原则是着装的精华，是许多有水准和有经验的大师研究和摸索出来的，掌握和试用，对快速提高审美力很有帮助。

穿对款式，彰显气质

“穿对了衣服才能彰显出你的气质”，女人只要找到适合自己的色彩和款式，就会增添一种自信和与众不同的内涵，会让人感觉到你是如此的灿烂和轻松。

拥有几种基本款的衣服，能够避免平常胡乱购买不常穿的衣服，同时也能够锻炼你运用基本款来进行巧妙搭配的功力，让穿在身上的服饰时刻为你说话!

衬　衫

衬衫是一种最为普遍又大方的衣服，衬衫的款式与质料非常多样化，可以通过不同的搭配，穿出正式或随性的着装风格，同时也可以展现时髦且轻松的个性。

不同造型的衬衫，展现着不同的风格与气质。

一般的衬衫若与西装裤或套装搭配，会展现比较中性、干练的气质，然而，若想要展现比较女人味的风格，衬衫也有不同的搭配方法。将衬衫与毛衣一起搭配，或将衬衫当作外套来穿，就可以展现你比较随性、悠闲的气质。

拉链式的衬衫具有比较休闲的风格，如果能搭配上及膝的短裙，会将十足的女人味展现而出。特别是有立领的拉链衬衫，在含蓄中可以创造出干练与简洁的风格。如果在拉链衬衫的腰部或下摆有抽绳的设计，那么，可以显得更为时尚。衬衫搭配裙子或长裤，似乎是最为常见的搭配法，然而，只要加上少许配件，就可以增加不同的风采。像系上美丽精致的皮带项链、胸针或丝巾，都能展现出令人耳目一新的好印象。

无袖的针织衫能展现双臂的柔美线条，初春的季节选择穿着无袖的针织衫，搭配披肩或薄呢小外套等，都是具有女人味的搭配方法。如果在无袖针织衫内穿一件男式衬衫，如此可以穿出时髦的气质。无袖针织衫若与百褶裙搭配，也能创造出线条感的魅力。

小碎花风格的衬衫能展现更为柔和的女性气质，若与大大的皱褶搭配，则能创造出公主般的梦幻特质，这是与圆裙、百褶裙的完美搭配方式。

纯白的衬衫适合搭配百褶裙或配有花纹的裙子，而合身的齐腰长袖白衬衫，可搭配低腰长裤或及膝直筒裙。

外　套

外套的款式有很多种，而且穿着的机会也很多，款式与颜色可以尽量选择一些基本色调，质料选择较为优良的为佳，如此能给人清爽又庄重的感觉。

西装外套：上班族的必备服装，长度过腰的西装外套最容易搭配，对于搭配裤装、短裙或中长裙等都有很好的搭配效果。

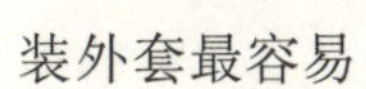

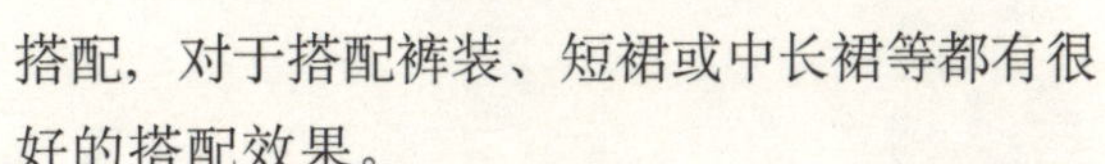

中长外套：常见的基本款式，中长外套的长度具有修饰臀部线条的作用，如果臀部的线条不够完美，可以透过穿着中长外套来修饰。中长外套最常用来搭配长裤，颜色以黑、灰、咖啡最为常见。

长大衣：适合身材较为高大的人，因为长大衣给人比较洒脱、帅气的感觉，款式上尽量选择简洁大方的款型为佳。

休闲外套：下班后常穿的服装，尤其在冬天外出活动时，一款皮革制或厚棉的休闲外套，都能带来时髦且御寒的效果。夏天适合穿着棉质或麻质的外套，如此能在夏天的活动中带来舒适与透气的感觉。

风衣：具有挡风、保暖的作用，同时也是很优雅的上班服饰，能展现出潇洒、亮丽的神采，风衣是秋冬不可缺少的配件单品，也具有很实用的搭配效果。穿着风衣的秘诀，在于呈现S型的基本款式，腰部的设计能呈现出女性优美的曲线。将风衣的腰带扎起来，便能制造出美丽的腰部曲线。

上　衣

上衣的种类有很多种，可以穿出不同的风情。

长上衣通常长及臀部，使人看起来具有成熟与有品味的感觉，短上衣则有年轻与活力的感觉，穿上短上衣能展现女人开朗的性格与追求潮流的一面。

毛衣与线衫也是常见的一种上衣类型，两件式的套装最为实用，特别是线衫外套搭配无袖同色线衫最为实用。

裙　子

裙子是囊中羞涩的人们的最爱，也是成衣工业最大的胜利之一。一条裙子配上一件毛衣或是衬衫，就可以日复一日地穿，年复一年地穿，几乎在什么地方都可以穿，只是出门上街时要加一件外套。每个女人都至少应该有一件黑色的羊毛裙，一件呢裙，一件亚麻裙。

筒裙：穿长夹克衫时，筒裙是不可缺少的。对于腰身纤细、大腿修长的女士来说，筒裙是最合适的。

多片的喇叭裙：对于任何身材都适合，尤其适合臀部突出的女士，这种裙子要求配短夹克衫。

褶裙：旭日形的褶裙在行动时最优美，不过要求腰身纤细；而箱形褶裙最容易让臀部显得丰满。

百褶裙：腰身越细，效果就越迷人。这种裙子不能配夹克，但是特别需要配上一条宽一点、紧一点的腰带。

包裙：这种裙子穿起来很简单，收拾起来也很方便——不过实际上并不真的实用。现在它已经不再流行，只是穿在相配的泳衣外面时还可以。

裙裤：只有配成射击套装或保龄套装时才显得优雅。

晚间长裙：这种裙子在20世纪30年代很时髦，近年来被淡忘，现在又开始时兴。它们正在重新成为晚上在家时穿的理想服装。

当你发现什么类型的裙子最适合你时，明智的做法就是一直穿这种裙子。当然，虽然几条裙子是同一种样式，但是你可以采用不同的面料。

只要你有几条裙子、几件衬衫、毛衣，再有几根腰带，虽然总共也花不了多少钱，但是你就可以把自己打扮得非常迷人，甚至让人觉得你有很多衣服。

套　装

一套好的套装是女人服装中最基本的东西。这种理想的服装整天都可以穿，每个季节都可以穿。因此，你不要吝啬买新套装，买了之后你可以一连穿上好几年——这才是明智的做法。

高级套装通常都是在女装沙龙定做的。顾客们虽然宁愿到便宜一点的商店去买裙子，但是却希望自己的套装是完美无瑕的。因此裁缝师的工作室总是人流如织，女士们通常要等上六个星期，甚至更长的时间，才能与自己中意的裁缝师会面、试衣。

不管套装是呢子的、亚麻的或是羊毛的，好的套装的唯一要求就是剪裁要精良，面料自身能略微成型，夹克的衬里要稍硬一些。剪裁中的最细致之处是做好嵌入式的衣袖——必须做到衣袖在袖孔处绝对平整，没有一丁点的皱褶，或者如羊腿般一头粗一头细。如果你发现量身定制的套装的袖子起皱或者歪歪扭扭，你一点也不用犹豫，要坚持让裁缝师拆掉重新做好。就算袖子短了些，但只要做得平整，那也比胡乱嵌在袖孔上好得多。如果腋下部分嵌入得过深，你会感到活动不方便，那问题就更大了；解决这个问题的唯一办法就是把套装的整个前面部分进行改动。恐怕你要顽强坚持己见，才可能达到这个目的。

夹克衫的长度、连衣裙领口的设计，还有诸如扣子、腰带这些细节都是有关样式的问题，因此也是可以改动的。不过，如果你精心挑选一种符合长远的基本时尚的样式，而不是挑选那种转瞬即逝的新奇样式，那么一件制作上乘的套装通常可以穿上五年．甚至更长时间。尤其是一些名牌的样式，既能领先于时尚潮流，又能独立于时尚潮流。

不论目前的时尚潮流如何，反正长的夹克衫更适合臀部相当突出的身材，而剪裁得当的衣领或翻领则可以使丰满的胸部显得纤瘦一些。另一方面，胸部较平的女士穿上无领的开襟夹克衫往往要显得优雅一些，尤其是穿上短的夹克衫，会显得非常年轻。虽然套装在一般情况下是休闲服装，但是也可以用它来“盛装打扮”——在这方面是没有什么限制的。套装甚至可以用绣花的丝绸来制作，配上长裙就是一件非常正式的晚间套装。不过，羊毛套装决不要和非常正式的鞋（比如缎鞋）搭配。夏天戴上一顶草帽或毡帽，冬天戴上一顶天鹅绒的或羊毛的帽子，并且只点缀上一朵花，那会显得非常别致。如果你戴的是羊毛帽子，那么可以配上一双浅色的亮面小山羊皮手套，一件浅色的丝绸衬衫（可以和帽子上的花同一种颜色），一枚漂亮的珠宝饰针，一副简单的耳环和一串珍珠项链——如果你身着套装，那么就可以“盛装打扮”到这种程度。当然，一个优雅的女人不会只穿套装，不过套装却是她不可缺少的服装。而且，当她只有很少的服装时，有一套哪儿都可以穿的套装真是再好不过了。

针织衫

今天，市场上已经有这么多漂亮的针织衫，即便一个女人的服装全部是由不同的针织衫和裙子组成，那么她也可以从早到晚都打扮得很优雅。当面对一件新的、颜色漂亮、质地柔软的套头针织衫时，几乎没有女人能够抵御它的诱惑。针织衫为女人提供了一种更新服装的便宜办法，她们穿上针织衫也确实很好看——除非她们正在为自己胸部过大而苦恼。而且，与其它那些普通的衣服相比，漂亮的针织衫总是显得更优雅。

针织衫虽然是很有用的衣服，但是你不要滥用。尤其应该认识到，当你忽视了以下这些规则时，针织衫也会成为不优雅的东西：

◎ 在城市里，只有纯色的羊绒或蚕丝（或者类似的合成面料）制成的针织衫才显得优雅。

◎ 如果没有在V形领口的针织衫外面加上短上衣的话，就应该在领口处配戴丝巾。

◎ 白天时，只有一种绣花或贴花会显得别致：在冬季休闲针织衫上的简单自然的花边（或提洛尔式的）。

◎ 重针织法、条纹织法、缆索样编织法、提花图案以及所有怪异的设计最好都与裤子相搭配。

短　裤

短裤的着装是对穿着者的年龄、身材有很多要求的。所以我建议要求休闲服商店的售货小姐在出售短裤前查验一下顾客的出生证明，以避免把短裤卖给年过四十的人，或者臀围超过95公分的人。

而且，如果你不是十分确定自己的腿很修长，膝盖也很可爱，那你最好也不要穿短裤。所有衣服中最别扭的就是长的短裤，“穿得像个童子军”可算不上优雅。

如果你的大腿很漂亮，而且不是太细、也不是太粗，而且肌肉不是软耷耷的，那么穿上非常短的短裤会很迷人。还有，短裤不要露出臀部的下半部分，而且短裤套在腿上必须足够紧，以免有伤风化。不管怎样，你最好总是穿一条暖和的、不透明的底裤，最好和短裤同样颜色。

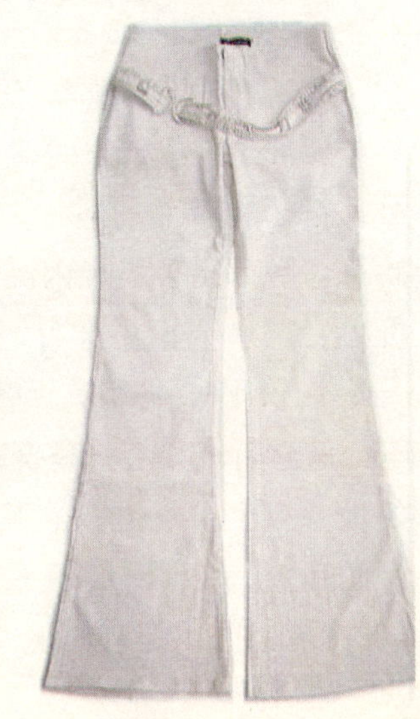

如果你已经过了十六岁，那么除了在海滩上、网球场上或是轮船甲板上，都不要穿短裤。

长　裤

长裤在过去一直给人一种比较中性的感觉，认为是专属于女性管理者的权威形象，其实长裤也能穿出优雅的气质，无论是在工作中或休闲时，合宜的长裤装，都能帮助女性展现不同的特质。

穿对长裤，臀腿线条瞬间变得修长匀称；合身的长裤必定需要你选购时拿出足够的试穿时间。选择合适的长裤时，你可以参考以下的意见：

◎ 适合上班穿着的长裤款式，一种是无褶的，另一种是有褶的。穿这两种长裤时，上衣要穿着正式有形的款式，才会有专业感。

◎ 无褶的长裤可以搭配毛衣、罩衫及背心。特别是与长裤色彩近似的罩衫，可以使整体看起来更修长。穿打褶的长裤时，要将毛衣、衬衫塞入裤子里，外套也非常适合与这两种长裤搭配。选购长裤的原则和裙子相同——款式愈简单愈好，这样才能愈持久。

◎ 长裤的口袋应位于侧边，才不会让臀部看起来有扩大的感觉。

◎ 选择羊毛的丝绸、针织布料、华达呢等布料制作的长裤，这些布料不易过时，是很好的裤料素材。

◎ 试穿时要找出长裤正确的长度，太长或太短都不宜。长裤的长度要刚好到鞋跟的上方，这样才能露出鞋子，并可将身材比例拉长。

◎ 穿长裤时要搭配有跟的鞋子，才会较有权威感，最合适的高度是中跟的鞋子。

◎ 长裤最好能有内里，除了合身，还能掩饰身材臃肿之处。

◎ 是否穿着裤脚有翻褶的款式，取决于身高与裤管的高度。属于高瘦体型者，可以穿着翻褶的裤脚，但是身高若低于162厘米的人，最好不要轻易尝试。

◎ 直筒长裤比长裙容易搭配外套。

要特别注意长裤胯下部分穿起来要平顺，这是长裤合身的重点，也是缝制技术是否精到的关键，不好的裤裆会让长裤穿起来有下垂、隆起、不合身的现象。

◎ 买来的长裤，在穿的时候也应该注意一些问题：

◎ 臀部线条要挺、要顺

穿长裤时的臀部线条不可松垮或是紧绷，要挺、要顺，方能达到提臀的效果。如果臀部丰腴或下垂的话，不要选择过于紧身的剪裁或贴身的材质，如莱卡等。另外，裤子在臀部的地方，不要有大口袋或其他显眼的设计，避免吸引别人来注意臀部。臀部是否显现内裤的痕迹？现在不少内衣品牌都推出了无痕内裤，很适合搭配贴身长裤或裙子穿着。

◎ 两侧口袋切莫“开口笑”

站立时，如果口袋自动张开，甚至露出里面的布料，那一定是长裤腹部、臀部的地方太小了。（建议在长裤买回来的时候，两侧口袋的缝线不要拆开，不但有保型的功效，并且让你看来更瘦。）同理，长裤的拉链和打折处，千万不可以“开口笑”；裤裆处，是否出现“横条笑纹”？（多半都是因为裤裆太短或腹（臀）部处太紧

的缘故，是该换大一号尺寸的时候了。）

◎　裤管微宽让大腿看起来更瘦

过紧的款式或过于贴身的材质，只会让大腿看来变粗；让大腿看起来最瘦的宽度是：能在大腿侧面抓出2.5厘米左右的宽度。

◎　穿低腰裤的学问

穿低腰裤时，请让腰线在所该停留的位置上，不要将裤腰不停地往上提，如此方能保有低腰裤的美感与合身度。

另外，腿不长的人，低腰裤搭配中高跟的鞋子，且裤长覆盖到鞋跟的一半甚至更长，如此腿看起来就会很长。

如果你有小腹，千万不要因为低腰裤会露出小肚子而避而远之。建议你可以将上衣外露在裤子外，就可以轻易地掩饰小腹了。

一些腰比较细的美女会抱怨穿着低腰裤时，常常臀部刚好，腰部却多出了很多布料，其实这也是很正常的，也因为腰部松松的，能够为你增添性感的风情，所以除非腰围大很多，否则不必刻意修改而破坏原有的裤型。

穿长度只到脚踝的长裤，在冬天看上去不仅有点“冷”；而且还会让人产生腿短了一截的错觉。如果将长裤延长至鞋面，就会改观了。

过瘦的裤子，暴露了丰满的臀部与大腿，而且紧绷着双腿更让人产生“纺锤型”的感觉。建议改穿直筒裤，或者换上长及大腿的上衣。

外翻边的西裤表现的是潇洒俊逸的风格，可是穿一双平底鞋，让裤脚堆砌在脚面，是不是显得十分邋遢呢？建议换上一双高跟鞋试试看，效果会好得多。

色彩永远是美丽的一部分

毋庸置疑，色彩永远是优雅的一部分，而某些色彩组合永远是美丽的。不过，色彩与其他任何东西都不同。没有什么色彩是永远流行的。一种色彩或色彩组合，也许今天让我们无法接受，但明天就会让我们心醉神迷。以前，谁会想到灰米色

会成为经典的服装色?谁会想到中世纪彩绘玻璃窗上的鲜绿色和蓝色会成为各种衣料上的印花?而且，要不是克里斯汀·迪奥的大胆创意，谁会想到我们可以把黑色和褐色组合在一起，把藏青色与黑色组合在一起，甚至把深绿色与黑色组合在一起?

在日常穿着中，一个女人对色彩的鉴别判断并不复杂。因为中性色彩的皮手套、鞋子和手袋最不落俗套，所以一个优雅的女人要有一些中性色彩的配饰：手袋要黑色的、褐色的、藏青色的或天然草黄色的；皮鞋要黑色的、褐色的或米色的。所以，在色彩方面，她要操心的事情就是挑选色彩适宜的帽子、衬衫、毛衣、围巾和首饰，让它们与自己的主要服装形成优美的和谐。

所有轻淡的色彩都可以很好看地搭配在一起，不过只适合于盛夏时节，或者是晚间的华丽套装。而色彩轻淡的配饰与都市套装搭配在一起，则往往显得平淡乏味。很难用三种颜色达到优雅和谐的组合，除非其中两种颜色是黑色和白色。对于个人来说，某些颜色与其他颜色相比，在一定程度上会与肤色和头发的颜色更相配。如果你的头发是火红色，那么大多数红的、粉红的颜色你都不能穿，这是明智之举。不过，对大多数女士而言并没有什么颜色是绝对不能穿的。值得指出的是：大多数女士从小就有先入为主的观点，觉得自己什么颜色可以穿，什么颜色不可以穿，这样，她们有时就会与许多非常适合自己的色彩失之交臂，而原因仅仅是不想去试一试。

当你的皮肤被太阳晒得很黑时，最好不要穿黑色和藏青色，而褐色通常会和你相配。一般而言，如果穿鲜艳的颜色，则要求肤色较好，而轻淡优美的颜色则对肤色没有那么挑剔。上了年纪的女士穿上白色、天蓝色、粉红色、浅灰色和米色的衣服要漂亮得多，而穿黑色或褐色的衣服则达不到这样的效果。

红色几乎在任何时候都是适宜的，而且还能使人心情愉快。天蓝色也同样如此，它适合各种肤色、各种头发颜色，还适合所有年龄段的女士。

如果是在阳光下，而不是在城市灰色的背景下，那么你可以让自己衣服的色彩更富有生气，但是不要穿紫色，因为紫色在明亮的阳光下效果并不好。还要注意不要穿藏青色的棉布衣服，因为藏青色常常显得黯淡呆滞。

实际上，在城市里（尤其对职业女性来说），白天穿的衣服只有用中性的色彩才会真正显得漂亮雅致，甚至在盛夏也不例外。不过，外套和套装如果用颜色鲜艳的羊毛制成，则会更加迷人。

如果一些衣服要在白天穿，那么你在搭配它们的颜色时，一定要在真正的日光下细心审视。而那些只在晚上穿的衣服，你则应当在灯光下挑选它们的颜色。如果你想搭配某件衣服，一定记得随身带上那件衣服面料的小样。你还要根据自己头发的颜色和要使用的化妆品来挑选衣服——这也是不容忽视的，而千万不要茫然地嘟哝："我想只要我把口红的颜色改一改，这件衣服看起来就会不错了……"

时尚杂志的编辑和百货公司的时装设计师们会热心地推广一些新的流行色，你一开始可能对此颇感兴趣，但很快就会厌倦。不管怎样，更好的办法肯定是你能有自己的色彩搭配，不过并不一定要限于蓝色、褐色或米色。在你尝试一种全新的色彩之前，你应该确信它与你已有的服装能够搭配起来——即便它只是一对新的耳饰。

总之，一个优雅美丽的女人应该敢于不断尝试自己尚不习惯的色彩，但是在做出选择时，应该具有开阔的眼界和开放的心灵。

搭配出有品位的服饰

女人的形体、气质、服装、配饰等等是各自独立的部分，或美，或不美，独立时可能是美的，合为一体可能又是不美的，这便有了一门新的学问——形象设计。

形象设计讲的是如何将这些独立的部分整合构成新的特定形象。服饰搭配则是这门学问中最为重要的一部分，是形象设计的灵魂。

选对自己的服装仅仅是着装的第一步，搭配不好或认为饰品可有可无的人是不会有品位的。着装有三个层次，也可以说是有三层境界。第一层次是和谐，第二层次是美感，第三层次是个性。每一个层次仅仅靠服装本身几乎是无法完成的，越高的层次和境界越需要借用搭配来完成。搭配通常有三个方面：一是服装与服装间的搭配，比如上装与下装，内装与外装等；二是饰品与服装的搭配；三是服装、饰品与人体的搭配。

搭配是一门艺术，涉及面极为广泛，同时，搭配对女性来说又是一种情趣。开始的时候，你可以试着从以下基本的搭配原则入手：

强调整体视觉效果，也就是注意着装的整体外形，这是评判着装形象和品位的先决条件。整体搭配的要点是，如果你要表现权威感，应选择线条感强，挺直、平整外型的服装；如果你要表现妩媚感，应选择曲线丰富、柔美外型的服装。

平衡和对比效果的外形搭配，应注意平衡和对比两种方式。平衡的搭配，有和谐、宁静、优雅的效果特点；对比的搭配，具有个性、时髦、夸张、动感的效果。获得平衡和对比搭配效果的手段是借用服装的形态、材质和色彩的变化。

通常上下装的服饰宜采用同面料或同质感的，这种搭配易于掌握，是平衡性的搭配方法。缺点是不够个性化，有时显得单调，因此也可适当地采用加入不同面料，创造丰富搭配效果的对比方法，如粗细织物对比、硬软织物搭配等。

善用色彩是搭配中最重要的元素之一，有人说它是整体服饰的灵魂和支柱。色彩搭配的方式很多，常用的有不同色系的搭配，比如红、橙、黄、绿、青、蓝、紫不同色系的搭配；同色系的搭配，是指红、橙、黄、绿、青、蓝、紫中某一色不同亮度、不同深浅的搭配；邻近色搭配，依照红、橙、黄、绿、青、蓝、紫排序，比如红和橙、黄和绿的搭配；互补色的搭配，即对比色的搭配，如红与蓝绿，蓝与黄绿的搭配；无彩色与有彩色的搭配，是指黑、白、灰等无彩色与彩色的搭配等。

总之，你得把自己当作一个整体来对待，协调身体各部位的关系，注重整体效果。

内衣：表现你100%的内在

在20多年前，如果有谁花几百甚至上千元买一件内衣，大家会觉得她脑子有病或者作风有问题。但如今，女人在选择内衣上似乎比外衣更在乎品牌、品位和设计。走在大街上，你会发现，内衣专卖店越来越多，内衣专柜面积越来越大，内衣的价格越来越贵，却很少降价打折。

舍得买高级内衣的女人是懂得关心自己、爱护自己的女人。一位服装设计师说，当女人将九分心思花在“面子”上而将一分心思花在“里子”上时，这样的女人多处在追求功利和虚荣的阶段；当用一半的心思花在“里子”上时，这样的女人才变得追求品位和懂得生活情趣了。所以，看一个女人的内衣，就可以了解她的生活态度，可以知道她现阶段的生活状况和内心世界。

内衣是女人的贴身心爱之物，选择什么样的内衣与女人的性情直接相关，性情安静、稳定，且身体线条单薄、自然的女人，多半会选择纯净的白色内衣，全棉质地，触感清爽，款式简单，有少女清纯特点。性情热情奔放的女人，内衣的款式会比较浪漫、性感和开放。

在西方，女人对内衣极为重视，“体现身份，强调变化，增强性感”，这是她们对内衣的需求。在巴黎，内衣是女人身上具有特殊意义的“饰品”，不同的女人有不同的选择。崇尚自然或性感个性的女人，甚至不穿内衣，在她们眼里，内衣不仅是一件衣服，更多的是一种若隐若现的内心隐语。

除了颜色和质地外，选择内衣时，最应该看中的是造型，不管它外表装饰有多漂亮，“垫”得有多高，关键是是否自然。无论是所塑造的形状，还是本身具有的弹性和透气度，都不应让人感觉“假”和“死”。

最难搭配的是透视装。这种服饰本身就处在“华丽”和“低俗”一线之间，多一分、少一分都会带来截然不同的效果。一般来说，搭配这种服饰的内衣，价格不会比外衣低，品质要求美丽精致到可以外穿。还要特别注意颜色，建议选择同色系的搭配。

最能表现身体线条的是高领毛衣，这时，如果选择立体文胸的话，反而会过分强调胸部。建议搭配浑圆型文胸。

穿旗袍和晚装时，可选择修身的全身束衣。它方便胸部集中和向上提升，收紧腹部及臀部的赘肉，整体调整身体的各部位。要注意的是如果旗袍是高衩的，内裤应选用高阶型或丁字裤。如果身材丰满，就不能选过于紧身的款式，否则臀部会出现难看的三角裤痕迹。身材娇小的人不适合全身束衣，应多选择无吊带胸罩。

穿职业装和套装时，建议穿全身束衣，或高侧肋胸衣加长型束衣，或高侧肋胸衣加长型束裤。这样可以让体态端庄，线条流畅干练，突显职业女性的职业魅力。

说到内衣，还包括衬衣和装饰性内衣等。这类衣服的功能主要是外衣搭配，是正装中用得最多的衣服。用好这类内衣，最重要的是把握好与外衣色彩的搭配。浅色系或半透明外装要选近肤色内衣；嫩色系外装要选浅色系内衣；深暗色系外装要选用邻近色的内衣。如果要表现个性化，搭配对比强烈的颜色也很好看，如黑色外衣配红色内衣，或蓝色外衣配玫瑰色内衣。不管怎么搭配，重要的是要合乎穿着时的场合和气氛。

最后，提醒大家出门旅行时，一定要带上一两件舒适和柔软的睡袍或睡衣，那是一份女人的温馨，一份家的温暖和贴心。

我们都知道，女人的美丽，不仅是相貌好、气质佳，还有身材要好。想要拥有玲珑有致的线条，做个完全漂亮的女人，穿上适合自己的内衣可以扬长避短，塑造美丽，同时减缓身材的变形。但是如果内衣穿戴错误，则会破坏你的身材。

应该立即“丢弃”的内衣

1．不合身的内衣：

松松垮垮的内衣，就像没穿一样，无助于你的体型；若为了突出曲线而穿戴紧束的内衣，过于紧束的内衣会在身上勒出印痕。一段时间后，因紧束而勒在内衣外的肌肉会向下慢慢沉降，形成赘肉。

2．款式不对的内衣：

内衣的款式不同，其实际功用也不同。如果你忽视这一点，只考虑内衣漂亮的外观，那么，这种美丽的东西就会慢慢吞噬你漂亮的身材。有经验的设计师会针对千差万别的身材设计出功用不同的内衣。如胸罩，有全包式的、斜包式的、半包式的，或者是有托衬的、无托衬的等等，有的托衬会用到钢丝，并分出不同的长短宽窄来。如果我们只注重内衣的颜色，或只为它的花边所吸引，那么就有可能选错款式。

3．质地不良的内衣：

内衣要有包容性，才能有效地给乳房和臀部以托力。有时内衣具不具备这种特性，与组成内衣的材料及材料的组织结构方式有关。用针织的方式来组织材料，不管用的材料是真丝的、全棉的、化纤的、混纺的，都会使它们产生很强的伸缩力，即弹性。双层结构的针织面料的弹性又强于单层的。花边状、网状等组织结构方式的内衣，明显缺少弹性，没有包容力。针织的全棉面料最富弹性，而且耐用。

4．失去生命力的内衣：

内衣在穿、洗、晾、晒的过程中，或快或慢地会失去原来你希望要的功用。而胸罩底托钢丝的扭曲有可能是洗涤不当引起的。清水漂洗后如用双手正反旋转来拧干的话，一件好胸罩会坏在顷刻之间。内衣不管当初多么好，一旦损坏就已无益于帮助你修正体型，而是在破坏你的体型。胸罩的生命在于它的底边，底边一旦松弛，就应该放弃了，底托不平会慢慢造成两个乳房不对称的后果。没有生命力的内裤会明显地失去弹性，宽松的底边对臀肌失去承托作用，而使其自然下垂。所以内衣要及时地除旧布新，在你身上应该是有作用的，是时时在帮助你塑造完美体态的。

挑选内衣的细节技巧

1．到知名品牌的专卖店或专柜

仅凭眼睛看一看，而不试穿就买内衣是危险的。知名品牌的专卖店或专柜中的导购小姐一般都经过专业的培训，能够给你一些挑选的建议。

2．正确测量现在的尺寸

随着年龄、体重等的变化，身体的曲线也会随之改变。每次购买内衣的时候，最好请导购小姐给自己正确测量一下。

3.不要担心谈论自己体型的烦恼

在挑选内衣时，可以大方坦率地告诉导购小姐自己想要的，如：想使小的胸部看起来大一些、想收紧下垂的胸部、想使小腹部平整些等等愿望，这样挑选出理想内衣的比率就一下子提高了。

4.了解自己经常穿着的衣服类型

内衣不但需要配合体型和心情，而且也要配合在不同场合搭配的外衣。如果能结合外衣的设计、面料和穿着季节、场合等，就更能体现穿衣者的品位和修养。如穿无袖上衣时，就要选择穿吊带缩向内侧的内衣。

5.不断试穿直到满意为止

嫌麻烦，懒得反复多遍试穿的话，就不能遇到适合自己的内衣。比如同类型的束身内裤，在松紧方面或是提臀方面就有着千差万别。

气质美女的腿部时装

20世纪30年代，法国有了第一双丝袜，那时，透明轻薄的丝袜配上长裙是欧美贵妇人的时髦标志。丝袜对于欧美女人来说，是面子，更是尊严。据说，巴黎最贫穷的女人面对面包和丝袜的选择，她舍弃的一定是面包。国外许多女性喜欢穿着大衣、短裙，走动时，衣襟间不时会露出穿着透明丝袜的美腿，优雅而得体。

如今的丝袜已不再是奢侈品，每个女人都可以穿上品质上乘的丝袜，仿佛让双腿有了第二层肌肤。丝袜既可以很好地修饰肌肤的质感和腿部的线条，也可以作为服装的一大补充饰物，给人一种视觉上的礼貌感。

会不会穿丝袜，反映着一个女人内心品位。

丝袜最适用的颜色是透明的素色。素色的好处在于低调，且品位上乘，易于与服饰颜色搭配。选择肤色丝袜时，以手臂内侧而不是手背来测试丝袜的颜色，因为手背肤色通常会比腿部肤色要深。黑色的丝袜也很实用，当穿着深色服饰和黑色鞋子时，黑色丝袜可以将服饰和鞋完整的连贯起来，易于表现整体的造型效果。通常，透明素色丝袜易于强调和突出腿形和肌肤感，而黑色丝袜更有利于服饰的连接和过渡。其他颜色的丝袜应慎选，以免将搭配的难度加大。

弹性的好坏是衡量丝袜品质的标准。弹性取决于丝袜的材质，以尼龙加上优质弹力丝(如莱卡)，再采用包芯方法制成的丝袜弹性更好，手感也更柔软。另外，莱卡的含量也很重要，莱卡含量高，丝袜的弹性和回弹性好，色度及透气性都能好一些。

也有一种丝袜，初看感觉非常轻薄柔软，弹性也非常好，但当用手撑开时就会发现纤维的密度织得非常稀松，这样的丝袜穿在腿上无法形成肌肤般的细腻质感，容易抽线勾丝。穿抽线勾丝的丝袜会使你的气质指数大打折扣。

彩色或镂花丝袜可以给休闲套装增加有趣的个性，适合年轻的女孩，但最好不要做精致服装的配饰。对于优雅、成熟的女性，不宜选择过于新潮的丝袜，尽管丝袜制造商们不断推出流行的款式，也总被时尚媒体告知“这个季节流行网眼的、有图案的或彩色的”丝袜，但越是正式场合，丝袜的品质和透明度要求越高，款式也越要求简洁和传统。

好的丝袜还应与腿部高度相契合。丝袜的松紧口或连裤袜腿根部的织法是品质优劣的关键之处。高品质的丝袜会照顾到穿着者的舒适感，同时确保与肌肤理想的贴合度，如改变织法、加固或加精致的蕾丝花边等，让丝袜不会在关键时刻往下滑。因此，要注意选择相对固定的品牌和织法的丝袜。

丝袜的穿着方式也要讲究，尤其是黑色的透明丝袜，穿的时候要拉得服帖平均，腿才会“着色均匀”。有这样一种说法：“穿丝袜要有一种仪式感”。因此，每次穿丝袜时，应该修剪好指甲或是戴上纯棉的手套，把丝袜轻轻地套上足尖，一寸一寸地往上延伸，直到无皱无折地与皮肤完全贴合。优雅地穿丝袜的过程，也是女人体验美好情调和细腻情结的过程。

丝袜轻轻附着于皮肤上，包裹着玲珑的曲线，勾勒出流畅的线条，让女人变得无限“优雅”。这种优雅不仅来自穿上丝袜本身，穿丝袜的过程本身就是一场展示优雅的表演，非常有仪式感。当你用手提起那薄如蝉翼的袜子，轻轻套上微微绷直的脚尖，一寸一寸地往上延伸，那种若即若离的羽毛轻触感，从下到上地弥漫着整个腿部。此时，穿了丝袜的女人即刻散发出一种无法抵挡的柔暖脆薄的质感，柔暖的是一双玉腿，脆薄的是那层袜子。

在时间就是金钱的时代，有什么比浪漫的幻想更能令人放松心情？把双腿裹在轻盈通透的水蓝色袜裤里，像冰天雪地中的精灵，柔美、纯真、脆薄；清爽的薄丝袜与白色或灰色的职业套裙搭配，看上去赏心悦目，可强调冷静、智慧的女性形象。如果想表达你果敢自信的性格，穿上一条红色的呢短裙，配以红绿格子的连身裤袜和高统皮靴，勇敢地走上大街展示吧！穿上灰色调袜裤的腿，不张狂，不入俗，悠然自得地散发着静态的美，难怪女人们对它如痴如醉！

好丝袜要能看见肌肤。穿丝袜而看不见肤色被意大利人称为“老鼠腿”。就是说同老鼠的腿那样毛茸茸，暗黑难看，且觉得那是可怕的。一双优质的丝袜，哪怕是秋冬穿的厚丝袜，都应有亮泽，使美腿隐约可见而透出魔幻般的肤色，否则腿就会仿佛木头做的一样，冷硬，缺乏动态美。同时，好丝袜还要跟腿部完全契合。

第三章　秀发："发"现迷人气质

秀发，或飞扬飘逸，或妩媚动人，纠缠传递着女人一生的美丽和细密心思。秀发，或鲜亮绚丽，或自然深沉，演绎着女人永远的梦想和激情四溢。从古至今似乎没有一个女人会忽视对自己一头青丝的关怀备至，那种呵护其实也是对心灵的浸润。

头发显露生活品质

有人说"女人的头发是一面飘扬着形象和品质的旗帜"。

的确，头发给予女人的不仅是美丽，更是一种生命的象征，一个生活品质的标志。和人接触时，很多时候我们会留意她的头发是否干净、健康和美观，是否修剪得好。如果一个女人的头发脏乱粗糙，她在我们心中的印象是会打折扣的。所以，务必要注意头发的品质，因为头发的品质往往显露出女人的生活品质。

好的头发品质有三个标准：较高的卫生度、发质健康和修剪有型。

卫生度是女性文明程度的基本表现。通常我们对一个国家和城市文明程度的判断，基本标准之一就是看看街道和餐厅的卫生度。城市如此，女人更是如此。我们要判断一个女人的文明程度，首先应该看她的卫生度。头发是露在女人最上面的部分，如同一面飘扬的旗帜。想象一下，一面油腻破旧的旗帜和一面洁净鲜艳的旗帜，哪一面代表一个文明国家的形象呢？所以，先不要说什么好看的发型，首先要让头发干净起来。卫生度不达标的女人没有气质可言。

在我们目前生存的环境中，灰尘、粉尘、化学物质以及各种微生物（细菌、霉菌）无时无刻不在污染着我们的头发。如果按习惯使用发胶、摩丝等定型用品，头发附着的脏东西更是远远超乎你的想象，因此，保持清洁，短发一日一洗，长发两日一洗是非常有必要的。

健康的头发是最漂亮的头发，无论做什么发型，发质健康是前提。但头发的健康问题常常令人头疼，因为现代女性在变换发型时经常会不断地烫、染、吹风造型，不断地“折腾”而忽视对头发的保养和修护，使发质变得毛燥、干枯、分叉，还常常会有脱发、头皮屑、褪色等问题。健康的头发需要像呵护皮肤一样进行持续不断的护理。

当然，找到适合自己的发型是为形象加分的重要元素。一个适合自己的发型设计要综合考虑到头型、脸型、脖子的长短、身高以及个人气质和出席场合等多方面因素。换句话说，最适合你的发型就是完美的发型。

对于发量较少的头发，剪发时层次不要太高，这样线条比较实，有饱满的效果；不要留得太长，因为头发越长会显得头发越少；不宜定型，可以考虑烫发，使头发变得蓬松。当然，具体操作要根据个人情况而定。

对于发量较多的头发，一般来说，发型师会建议打薄，这是解决“多”的有效方法，但最好的解决方法还是靠层次来调节发量。

总的来说，只要做到“整洁、健康、有型”，就能表现出女性头发的品质与个人气质。

气质女人第一发型

发型对于女人形象的重要性不可忽视。那么，该如何选择适合自己的发型呢？

能够结合优雅女人味和干练职业感的发型是最富有魅力的。特别是优雅的知性女人，选择一款与自己的气质相一致的发型，在举手投足间散发成熟迷人的气质，这样能够获得更多个人魅力加分。

优雅的知性发型通常线条流畅，式样也很简单，切忌夸张和叛逆。很多职业女

性为了追求精干的形象而把头发剪成小男头，失去了女性的柔美感。其实并不是只有短发才能显现出干练的职业形象，中长或长的直卷发同样可以体现干练、知性的一面。

优雅的女性应尽量选择能衬托脸型的发型，如果有刘海也尽量能露出一部分额头，不要完全齐眉，避免给人以阴郁的感觉。卷曲度能倍添女人味，把头发烫得微卷，可以表现出高贵的气质。

在发色上，一般可选择富有艺术性的、比较沉稳的颜色，有一定的对比但不宜过于张扬。白嫩的肤色可以选择紫色、绛红色和咖啡色；黄暗的肤色适合橙色、红色、葡萄酒红和咖啡色。职业女性免不了要出席各种场合，扮演千面女郎的角色，为避免发色的单调，头发内层染上较炫亮的色彩，外层覆盖暗色头发，这样平时是比较保守的发色，必要时将头发的造型改变一下，在不经意间，色彩一明一暗，对比重叠，必定另有一番风情。

在造型方面，不妨学会几款容易体现的款型、方便自己梳理的方法，保证在家也可以做出发廊造型的效果。利用盘发、斜分、吹风、发夹等，可以将普通的及肩长发或齐耳短发上盘成或妩媚或优雅的发型。比如，有时不妨大胆地将头发的分发线分为9：1，做出复古的感觉。而卷卷的发梢特别有女人味，尤其往下垂落时显得特别漂亮。如果不需要很长时间的效果，使用手指和吹风机，就可以制造相同效果。在头发半干时，先把定型的发胶或发乳揉入头发，切勿用梳子或发刷，然后用手指缠绕头发，稍微吹干定型即可。要打造优雅的古典短发造型，则要注意制造出后脑头发的丰盛蓬松，倘若你的后脑头发过于平坦，可以先将啫喱水梳入半干的头发之中，然后用厚圆发刷卷住头发逐绺逐绺地吹风即可。

先让秀发色起来

在平平淡淡的日子里，很多女性都想改变一下自己的形象，一来吸引别人羡慕的眼光，二来也是换种心情，迎接新的开始。因此发型上的变化成为首选，其中又以染发最受欢迎。

可是，你是否对染发还有很多疑惑？不知道自己适合染什么颜色，如果草率行事，染完后发现跟想象中的效果差了一大截，不用说，之前的愉快心情会顿时跌到谷底。所以，千万别心急，看看下面的染发完全手册，再行动也不迟！

发色选择篇

如今流行的发色以红色系为主打，红紫色、铜红色、酒红色受到青睐。另外金铜色系也相当受欢迎；还有就是刚刚杀出的黑马——阳光色，即平时看起来是自然的发色，但在阳光或灯光的照射下，会泛出其他颜色，较为流行的是蓝色和紫色。

当然，这些潮流的颜色只能当作参考，最重要的还是要选择属于自己的发色。建议你可依据自身的肤色、个性、职业及脸型来做选择。

肤　色

肤色较浅——适合的颜色范围很广。染浅色，如金棕色、亚麻色等，可呈现出脸部的明亮感与白皙的透明感。栗色和红色系也很适合。

肤色较深——适合的色系为红色与紫色。红色系的发色可以中和皮肤中的绿色调，使皮肤光鲜，挥去给人的阴暗印象。紫色系可以中和皮肤中的黄色调，也能将肤色衬得更明亮。深栗色、深酒红色和红紫色都相当不错。

个　性

个性内敛、文静——以选择接近自然发色的颜色，如蓝黑、棕褐、暗红、阳光色等。

个性外向、活泼——喜欢尝试新鲜事物的你不妨选一些张扬、耀眼的颜色，如葡萄红、浅紫色、蓝色或金色。不过，像紫色、蓝色这样另类的颜色，比较适合挑染，否则会显得过于夸张。

职　业

从事时尚职业——造型师、化妆师、设计师或艺术工作者，大多喜爱彰显个性，所以选择炫的颜色也未尝不可，尽可以根据自己的喜好。亚麻绿、金红色，各种方式的挑染都很出彩。

从事相对保守的职业——白领女性、公司高层、教师等，则可以选择接近发色的深色，如深棕色、深栗色、蓝紫色这类比较保守的颜色。深色的挑染也不错，有一种若有若无的感觉，而且富于变化。

发色搭配的错与对

如何使得发色与肤色、发型、妆容及服饰搭配得当，其中学问也不少，以下的一些小建议可供各位借鉴：

与黑色的搭配

肤色：适宜任何肤色。

妆容：自然妆容，浅冷色系，或端庄的正红色系。

服饰：沉稳的深灰色系、典雅的蓝色系列和酒红色等。

与深棕色的搭配

肤色：适宜任何肤色，肤色白皙者尤佳。

发型：淑女式的直发或微卷的长发、大方的齐耳短发。

妆容：自然妆容，冷暖色系皆宜，尤其适宜雅致的灰色系。

服饰：经典的黑色与白色、优雅的紫色、大方的藏青色和米色系等。

与浅棕色的搭配

肤色：白皙或麦芽肤色、古铜肤色者均可。

发型：清爽有动感的短发、亮丽的大波浪长卷发。

妆容：冷暖色系皆宜，建议尝试清爽明快的水果色系的妆容。

服饰：清新的浅黄、浅蓝、浅绿色，亮丽的银色与橙色。

与金铜色的搭配

肤色：白皙或麦芽肤色，也很适宜肤色微黑的女士。

发型：时尚造型的短发、有层次的齐肩直发。

妆容：冷暖色系皆宜，建议尝试透明妆或水果色系。

服饰：纯度高的黑与白、红与黑，明丽的金色与橙色、天蓝色。

与红色的搭配

肤色：自然肤色或白皙皮肤，非常适合肤色偏黄的女士。

发型：有活力的短发、中长直发或卷发均可。

妆容：暖色调的妆容，金色系、红色系、棕色系等较浓郁的色彩。

服饰：黑、白、灰经典色，热情的火红色，浓郁的深咖啡色与红棕色。

发型变变变

善变是女人的天性，也是时尚的天性，不过在伟大的时尚面前，再强势的女人都变得缺乏掌控力。看看克里斯蒂娜·阿奎莱拉为了迎合时尚不停变换造型导致脱发以至于有秃顶的危险；再看看小甜甜布兰妮从清纯玉女到让人倒尽胃口的大肚婆，我们就知道头发对于一个人的形象是多么的重要。以不停变换发型吸引人目光的明星大有人在，但是像詹妮佛·安妮斯顿那样的一头性感不失活泼的长发一直是最具影响力的发型，又比如玛丽莲·梦露那金黄色蓬松的短发和她的红唇标志了一个时代。虽然我们不是明星，没有大把的时间打理头发，也没有大把的金钱请专业发型师随时造型，但是我们可以通过让自己拥有一款可塑性很强的发型，在平时易于打理，而某些重要时刻，也可以让我们化身Super Star隆重出场，制造出与平常完全不同的惊喜。这就是一款好发型的魔力。

长直发

最具可塑性的头发长度：肩下7厘米。

肩下7厘米左右的长发可以有多种变换方式，它是最基本的长碎发的完美长度。在希望营造高贵感时能轻松挽出各种漂亮发髻，也不影响需要干练利落的时候扎上马尾。这样的直发长度，只要修剪适宜，稍稍打理，就能塑造出各种风格的发型。

随时让发梢变换风情的技术：削剪。

如果以直发亮相了几天后开始怀念起以前妩媚的风情，认为直发除了和清纯挂钩之外毫无新的突破，那么下次再光顾美发沙龙时告诉你的美发师：发端不要钝剪，叫他用削剪法修剪发尾，就是类似于刮的方式用发剪垂直地削剪发尾，理出层次来。

自从离子烫出来后，为了达到垂顺的效果，大部分理发师都不会对长直发使用这个技术了，但为了你的发型能有更多变换的可能性，让他大胆使用吧。这种剪法可使发梢呈锯齿状，如起伏的波浪，当你厌倦清汤挂面般的直发时，喷一点塑型喷雾在发梢上，发梢就能微微上翘外卷，弹性十足，展现出柔媚轻盈的一面。

短　发

不要忽视头发的彩妆：发色。

发色是瞬间改变整体感觉的重要元素，头发也像脸一样需要上妆，变个发色就能换出不同的心情。目前，最热门而又具备可塑性的染发技巧是隐藏式染发，头发覆盖下来时，看不到一丝丝的色彩，想要展现不同面貌时，用造型用品抓出立体感，颜色就能呈现出来。这对于喜欢玩花样的美女来说再合适不过了。

短发可塑性的关键：层次。

丰富的层次感是短发造型的关键，优秀的发型师，会根据每个人具体的头型和头发的厚薄，来决定头发的区域层次，并打造出充满立体感的时尚造型。想要让短发生动起来，有飞扬凌乱的效果，或希望用手抓一抓就能呈现完美的形态，必须借助美发师修剪出精致的层次。

卷　发

烫卷发是最让人兴奋又不安的。烫得得体，自然风情万种，万一失败，整个人马上觉得老了10岁。

可以在多种风格中游刃有余的卷发样式当属直卷搭配式烫发，即留出头顶部分和刘海部分不烫，将齐耳下的头发烫成丰盈的大卷，塑造卷中有直、直中带卷的头发，它最大的特点是兼顾直发和卷发两种特点，不会让自己改变太大，但又能制造新鲜感。

需要注意的是卷发非常考验头发的光泽度，可以试着用光泽亮发啫喱做造型，光泽感非常自然，能使秀发充满动感，并且不会有丝毫厚重粘腻的感觉。

现今最时髦的卷发是用大小不一的发卷为头发增添新的表现力。顶部头发使用超大卷发杠来突出饱满感，两侧头发用较大的发杠进行内卷，塑造出发梢跳跃的效果，后脑头发从发中到发梢用长形圆锥发杠随意卷出轻微的波浪。看似蓬松乱卷的头发，不同卷度错综交替，不仅能营造强烈的视觉效果，也大大提高了卷发的可塑性和发挥空间。

发　饰

看了《欲望都市》后，凯丽那种夸张性感的卷发开始流行，如果在此基础上稍加装饰，还能在妩媚中呈现甜美的风格。至少有三个办法可以让你立即改变形象。

一朵清新的花饰：花朵是最能体现甜美和清新的饰品，是令你在短时间内打破沉闷的好办法，选择一款假花花饰，它永远不会在舞池中枯萎。发缝分为二八开，将花饰插在头部的一侧，最好是向后偏一些，这样才不会让头看起来很大。用发卡固定好后，你就像四月的蔷薇一样清新诱人。

一根细丝绸发带：看过《女孩梦三十》吗?新一代好莱坞甜心詹妮佛·加纳在电影里用一根粉红色的细发带系在头发上，显得那样充满活力而又甜蜜。重点是发带要细，并且要把打的结藏在头发下面，将发带后的头发稍微抓高一点点，显得有立体感就行。

两条最简单的发辫：实在不想蓬着一大头卷发，就将头发用发辫收编吧，卷发发辫非常洋气可爱，如果采用上松下紧的方式就更加充满趣味，即开始编发的时候手稍微松一些，越往下编越用力收紧，时髦的发辫只留很短一截发梢，几乎没有为最好，瞬间就让你变身为小可爱。

发　卡

直直的长发，弯曲的烫发，似乎构成了女人发型的全部。当你致力于寻找适合你的发型时，是否发现有一种别样的美，正在身边悄悄绽放？她们的发型或灵动活泼，或高贵典雅，或温柔贤淑，或柔情似水。而这些漂亮的发型，都是由一枚枚别致的发卡打造出来的。

蝴蝶髻

灵动的蝴蝶总是在百花间忙碌，当它休息的时候，停留在你的发上，为你更添动人风姿。无论是参加朋友聚会，还是外出游玩，都能显示出你的气质与品位。黑白相间的发卡，显示了流行风格，而蝴蝶中的小星星则使你更有女人气息。

步骤：用一枚竖卡把头发梳成马尾辫，并分成两束。把两束头发盘成中国髻。左边用小发卡固定，右边发尾盘在发髻外面，用梳子梳成凌乱的花形。

别样马尾

喜欢马尾辫的你是否在为马尾的单调而发愁呢？介绍这一款马尾辫，是不是觉得眼前一亮。白色的真丝头花象征着你的纯洁与温柔，坠满白色珍珠的插梳更是光芒四射。这款发型，既简单大方，又别致典雅。特别是那分出的一绺头发，弯曲中带着调皮。

步骤：用皮筋扎成马尾，套上白色头花。分出一绺头发，从中间用插梳向上翻，插入头发里。

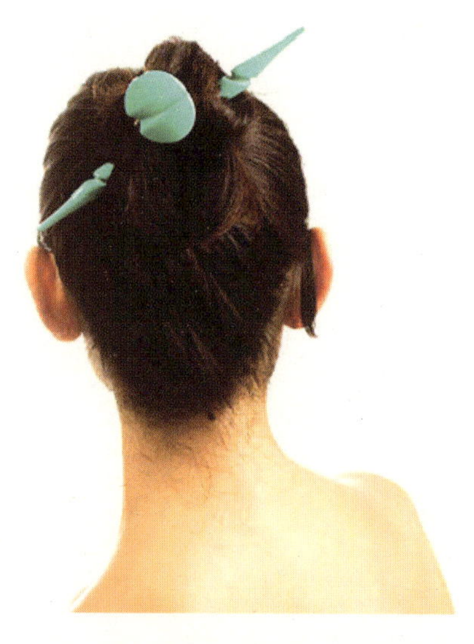

中国髻

一款高贵典雅的中国髻，连同你得体的装扮，使职业女性显得更谨慎、干练，既有古典韵味，又有时尚气息。坠满白色碎花的插梳，撒满进口米珠的边插，巧妙的盘发，打造你完美无缺的发型，使你高贵典雅，韵味独特。

步骤：把头发梳到一起，拧成条状，盘成发髻。发髻上翻，用插梳从上面插入。从发髻右侧插入边插，并点缀一枚颜色鲜艳的小发卡。

星光灿烂

五彩靓丽的小星星，点缀在你的发间，尽情展现青春的活力与少女的清纯。同时，黑白相配的鲨鱼夹又使你多了几分成熟与稳重。这样一款星光灿烂的披发，使你既端庄贤淑又靓丽活泼。

步骤：从两鬓各取部分头发，用皮筋扎起。用大拉环把扎好的发束拉起。用鲨鱼夹从上面夹住拉环拉起的头发。卡入几枚颜色鲜亮的小发卡，点缀头发。

长发飘飘

黑白米珠丝带盘绕相织，让人艳羡不已。定格这一精彩瞬间，只在你的发际，如瀑布般的长发，因这一边插，更添几分靓丽。

步骤：这一发型非常简单，只需把头发分成两部分，用边插插入就可以了。

改变发型重塑脸型

想找到一张完美无缺的脸，简直是大海里捞针。绝大多数人脸部都或多或少存在着某些缺陷，如颧骨过高，下巴过宽，前额窄小等等。如果选择好发型，就能掩藏或者削弱面部构造中的一些缺点。

低额角：如果你喜欢刘海，必须让前面短，但决不能低于发线，发梢应离开前额向上梳。

高额角：作刘海或使头发呈现波浪状，使头发遮住一部分前额，发梢应向下梳。

窄额角：沿两鬓向后梳，如果你做了刘海或波浪，绝对不要让它延伸到太阳穴前边。

宽额角：发梢从两边向中间梳，用发卷、波浪遮盖住你的一部分额角。

阔　额：在太阳穴两侧做发卷或波浪，额前梳高。

大鼻子：头发梳高或向后梳，避免中间分开，最好不要做发卷或刘海。

小鼻子：头发绝不要向上梳，刘海下垂，遮盖发线即可，不要蓄得过长。

高颧骨：不要梳中分式，两鬓的头发向前梳，超过耳线，盖住颧骨，刘海可略长些。

低颧骨：两鬓的头发尽量向后梳，不要遮蔽耳线，两鬓可以做出发卷，从中间分开。

方　颚：在比颚线高些两边应做发球、发卷或波浪，使方颚看起来不太尖锐。

体型VS发型　完美组合

各种体型与发型的相应是有原则可循的，下面来看看你的体型与发型搭配对了吗？

1.矮小身材的发型

身材矮小，给人以小巧玲珑的印象，所以设计发型时应强调丰满与魅力，从整体比例上应注意长度印象的建立，不宜留长发，也不宜把头发搞得粗犷、蓬松。可利用盘发增加高度，而且要在如何使头发秀气、精致上下功夫。

2.高瘦身材的发型

这种身材是比较理想的身材，但容易产生眉目不清的感觉，或者是缺乏丰满感，因此，在选择发型时，应尽量弥补这些不足。这种身材的人适合留长发型，不宜盘高发髻，也不宜将头发削剪得太短。

3.矮胖身体的发型

身材矮胖的人要尽可能弥补自身的缺点，在发型的设计上要强调整体发势向上，可选用有层次的短发、前额翻翘式等发型。不宜留长波浪、长直发。

4.高大身材的发型

这种发型的设计上，应努力追求大方、健康、洒脱的美，减少大而粗的的印象。以留简单的短发为好，但对直长发、长波浪、束发、盘发、中短发式也可酌情运用。切忌发型花样繁复、造作。

另外，选择发型还要注意颈部的特点。颈部长的人适合稍长的、波浪大的发型；颈部短的人要把头发从颈部向后梳，把后面的头发梳得完整一些，让颈部暴露出来，使颈部显得长些。

用心洗出好头发

你会洗头吗?这个问题看似简单，但其实很多人并不十分了解。正确的方法不仅仅是洗净头发，还要具有养发的功能，让秀发越洗越光彩。

有一项调查，欧美发达国家和地区的人平均每周洗发6.4次，日本人5.3次，香港人7次，菲律宾人7.3次，中国内地城镇居民平均每周洗发2~2.5次。从这组数据中，可以看出不同国家和地区的居民卫生习惯的不同。

很多人不知道应不应该天天洗发?其实，如果你属于油性发质，或处于严重污染的生活和工作环境之中，而且每天使用定型发品的话，天天洗发是可以的，但要注意选择优质的洗护发品。对于中性发质，一般隔天洗一次头的频率比较适合。最好不少于两天洗一次头发。

有些朋友抱怨说发质越洗越差，这是因为大部分人洗发时比较马虎，洗得不够彻底。洗发前最好先用梳子将头发梳通，如果头发纠结不顺，很容易在洗发过程中造成头发分叉和断裂。梳发可以先带出头发里的污垢，促进毛囊代谢和头皮血液循环。如果是上过定型产品的头发，可以先用温水将头发喷湿，然后在温水中放些护发素，将头发浸泡几分钟后再用手揉洗。梳完头发后，利用指腹慢慢地按摩以放松紧绷的头皮，促进血液循环。

正式洗发时，先用温水彻底打湿头发，将易藏油垢、发垢的地方彻底冲洗，为了避免洗发水直接伤害头发，要将洗发水倒在手心，搓揉至起泡后再涂抹于头发上。然后以指腹用锯齿状或螺旋状的动作来清洗头发。第二次洗发时，可用指腹轻轻画大圆圈，或定点加压按摩，或以指关节轻敲头皮。按摩完后，抖动着彻底冲去头发上的泡沫，不要残留洗发水。最后用护发素由发尾往上涂抹，轻轻揉搓，最好能停留几分钟，稍做按摩，使护发素的营养成分充分渗透发中，然后用水冲洗即可。如果发质干枯，则不必将护发素冲洗得太干净。以吸水性好的毛巾轻拍，直至把头发擦到半干或戴上干发帽，让头发自然干或用吹风机吹至八成干的状态。

对洗发水的选择比较有讲究，长时间使用相同品牌的洗发护发产品，其化学成分会残留在头发上，容易造成发丝及头皮的负担。所以，最好定期更换作用不同的产品。一般不要使用洗护合一的双效洗发水，因为在没有彻底清洁头发前，发丝就被润发成分覆盖，反而不容易洗干净头皮和头发。

拿什么拯救你——断发

断发，经常会被各种武侠小说和电影表现得美轮美奂、大义凛然，可在生活中，以断发来明志，以断发来了断，似乎并没那么爽，更不爽的是发断得多了，最后变成山羊胡子挂到头皮上，可就没那么凛然了。

顾名思义，断发就是原本好好的头发突然变成两截，一截高高挂在脑际，一截飘然凋落于地上。它和掉发不同，掉发是一整根头发完整凋零。掉发会让我们紧张，对于断发我们往往处之坦然，想到自己大不了弄个短发以显精明能干，对于天天梳子上一把一把的半拉头发也就不那么在乎了。但，请小心了。断发可不像你想得那么简单，它可是成年人头发减少的罪魁之一。

头发的伤别离

健康的头发中间是发芯，外面有毛鳞片保护着，这就好像深爱着不可分的一对恋人，娇弱的发芯是女人，坚实的毛鳞片是男人。坚实的毛鳞片可以张开放养料进来，给头发好好补补营养，也可以闭紧对抗外界对发芯的损害。可当外界损害过于厉害，毛鳞片就会被破坏，这时候，脆弱的发芯就没了抵挡能力，断发就发生了。这就像男人生病了，不再能供养家里，不再有宽厚的肩膀给女人保护，女人自然就会渐渐枯萎。

一般，健康的头发在经历了1000次清洗加电吹风吹干、5500小时暴晒、上千次梳理后，就变得娇弱易断了。如果这期间又染发又烫发，那就加剧了损害。

染发的过程，实际上就是将色彩因子努力地嵌入到头发的内部，让头发呈现出各种颜色。但这种色彩因子很容易脱落，脱落后，头发上就形成了一个个因侵蚀而残留下的空洞。这么多的空洞，自然一拉就断了。而烫发则会让毛鳞片的表面不平滑、摩擦力增大，最终导致毛鳞片翘起、脱落。头发外面的保护层被打破了，柔弱的发芯暴露在各种危险因素面前，自然经不住，原本一体的头发渐渐就分离了，断发产生了。

产生断发的致命因素：染发、烫发、曝晒、吹风、不良洗发等。

给头发一点温柔的爱

知道断发的原因，我们就可以用多种方法来避免断发。首先就是以预防为主：

不烫不染

那些头发长得能记进吉尼斯大全的人，几乎都不做染烫。她们大多是泉水洗护，梳理有轶。如果你要头发能坚强地挺立在你脑袋上很多年，由它们自然地“寿终正寝”，那你就要远离冷烫精和染发剂。别认为时尚只由染发和烫发组成，让自己的创意在你的头发上开花，辅以各种小饰品作点缀，也会是一件很时尚的事情。

勤洗多护

如同脸部的清洁是护肤的重要一环，洗发也是护发的重要一环。但和护肤不同，头发有时不用天天洗，你得给头发一个喘息呼吸的时间，让它可以消化营养、

吸收营养、排出污物。一般每隔 1 ~ 2 天洗一次最好，不要用碱性过高的洗发香波，洗完一定要用护发素。这就好比你洗完脸要抹护肤霜一样，保证污物从发上清除的同时，又给了头发新的营养。

另外洗后头发要用干毛巾吸干，不能用毛巾搓拧，恨不能搓出一层污垢。湿发是最柔弱的，经不起如此的摧残。也不要用吹风机，那等于是对头发的一次"强奸"。

饮食得当

所谓内调外养，才能真正自然健康。要有一头好发，多补充养发食物还是很有必要的。很多黑色食物都有养发效果。比如最著名的芝麻核桃糊，那可是中国人的美发一宝。还有海藻类、豆类食品，也是可以强韧头发的好东西。

修补伤害带来的痛

当头发已经遭遇了断发，此时，修复就是第一要素了——

行动修复

因染发而受到的伤害

修复指数：4

修复方法：防止色彩因子脱落，使用增色香波；同时用含有速效修护因子的洗发护发产品。速效修复因子可以自动搜索头发受损之处，进行填位修补，不让头发有空洞产生，使秀发恢复顺滑强韧。

推荐产品：威娜倍欧染后营养香波，卡诗强化发质修护素。

因烫发而受到的伤害

修复指数：4

修复方法：减少头发之间的摩擦，每次洗发时，先上护发素，用手指轻轻地按摩头发 3 ~ 5 分钟，然后冲掉，再用洗发香波洗发。洗完发后，在头发半干的时候给头发上点精华素，每周做一次焗油，秀发慢慢就会柔顺好打理。

推荐产品：卡诗发质强化洗发水，卡诗强化发质修护凝霜，欧莱雅盈波亮泽精华液。

因打理不当而受到的伤害

修复指数：8

修复方法：用宽齿木梳或者手指经常梳理头发，使发根的油脂能补充到发尾。使用可补充头发胶原蛋白的护发产品，让脆弱的发丝细胞重新组织起来。每周焗发，不用吹风机。出门打伞或者抹上防晒护发产品。不去游泳。

推荐产品：卡诗活力修复发膜，VOS防晒系列。

口头修复

所谓口头修复，就是吃些能修复头发的食品。

高蛋白质食品

修复指数：9

修复方法：每天保证睡前一杯牛奶，早晨一个鸡蛋。一星期至少三天有海鲜类菜肴作为主菜。海鲜类产品以清蒸为好。

推荐菜肴：三文鱼寿司

维生素

修复指数：9

修复方法：富含维生素A和B的食品，对于强韧头发细胞有很好的作用。每隔一天保证有白薯、胡萝卜、煮熟的西红柿、菠菜等，每天摄入黑麦面包。

推荐菜肴：番茄炒蛋

让秀发永葆柔顺亮泽的秘籍

美丽是女性永恒的话题。美丽柔顺的秀发也永远是女性的梦想和追求。想要秀发拥有与众不同的柔顺亮泽吗？10个机密的小细节，可以让秀发无论在任何困境中都能随时找到柔顺的感觉。

多多洗头多柔顺

常洗头发，可以洗出更健康的头发。因为优质的洗发水能彻底清除头发上残留的汗水、油垢和污垢，保持头发的干净，同时洗发水中的滋润柔顺成分还能在发丝表面形成一层保护膜，抚平翻翘的毛小皮，保持头发滑爽润泽，让秀发柔顺且易梳理。

先护发再洗发

对于长发美女来说，最引以为傲的焦点便是一头秀发了，但它却让美女们总是被难于打理而烦恼着。确实，长发比较容易纠结交缠在一起，造成断发损伤，秀发就会失去流畅完美的柔顺感觉。美发的业内人士在使用洗发水之前总要在长发发梢的部分先抹上一些护发素，防止头发在清洗过程中绞在一起，这样再进行清洗，就不会使长发纠缠，免去了断发的苦恼。

消除"逆反"要保湿

毛毛的头发，让头发看上去杂乱而没有光泽。要消除秀发的"逆反"，你要时刻注意保湿。保湿喷雾是很好的选择，你可以在给面部保湿的同时，顺手让头发也享受到水雾的滋润。

避免头发缺水

肌肤失去水分就会像没有水分滋养的水果一样不再水润娇嫩。秀发也是一样的。头发想要保持光泽柔顺亮丽，最重要的是含有充足的水份，一般头发约含12%～13%的水份，头发若含水量过低，便容易毛燥、受到损害，正是因为头发的保水能力相当弱，所以保养头发，最重要的是防止头发水份的流失，想要拥有柔顺亮丽的秀发，就一定要做好防护措施。

无论是烫发还是染发，都会在一定程度上造成秀发的损伤。损伤了的秀发最关键的是要提供最大程度的滋养，让头发在喝饱水的同时，吸收更多的营养。

枯黄头发巧用蒸汽

枯黄的头发，同样是因为缺失了水分与营养。在第一次清洁过后，你不妨将护发素涂抹在秀发上，然后用毛巾包好，沐浴时产生的热气可以帮助头发吸收到更多的养分。例如飘柔1分钟焗油精华露，使用起来简单又方便，但坚持做下去，秀发就会有意想不到的柔顺改变。

泳后护发先用苏打水

海滩嬉戏是最快乐的，但是你也许没有意识到秀发却比肌肤经受了更多的挑战。我们会为肌肤做足防晒功课，晒后又及时加以修护，但是却往往忽略了给秀

发以呵护。在海边游泳，事后怎样去除头发里的沙子、盐和污物？美发师的诀窍是用苏打水先润湿头发，再用洗发水洗头发就可以了。

深度清洁，秀发更健康

需要定期护理

皮肤需要去角质，进行深层清洁，我们的秀发也同样需要进行深层清洁。如果平时经常使用发胶或摩丝等定型产品，那么每周进行一次深层清洁就非常必要，这样才可以使秀发更健康，更柔顺亮泽。

先梳后吹，秀发少损伤

洗发后，如果需要造型，我们都会使用吹风机。吹风机总是可以帮助我们得到最理想的发型，但也会给秀发带来热力损伤。如果你可以用毛巾先拍干头发上的多余水分，再用手轻轻梳顺头发，然后再用吹风机吹发做造型，就可以在很大程度上避免头发纠结造成的损伤，而且这样梳理过后，头发也更容易被快速吹干，是个很好的方法，一定要尝试一下。

营养平衡，秀发更柔顺

其实，只有达到营养均衡，才能从根本上改善你的发质。蛋白质是秀发的基础，因此，新鲜的鱼类、肉类、蛋类、豆制品等富含蛋白质的食物就是您补充蛋白质的最直接途径。只有营养平衡，秀发才可以更健康柔顺。对于长发来说，补充维生素也是很重要的。

优质洗发水是秀发柔顺的关键

有时，最简单的方法就是最有效的方法。说了再多细节，如果你从一开始的时候，使用的不是优质的洗发水，那么所有的机密细节都难以帮助你拥有柔顺的秀发。

第四章　气味：未语先香的“瑰丽宝贝”

一个衣着优雅的女人，同时也是一个气息迷人的女人。每个女人身上都有自己专属的味道，就如每个人都有自己独特的指纹一样。气质美女往往能读懂气味的心语，因为她是一个用尽全身解数，运用各种非凡魔力让你嗅出好味道的花样女人。

香水与女人的故事

著名的唐代大诗人李白有诗写道：美人在时花满房，美人去后留空床。床上绣被卷不寝，至今三载有余香。这首诗里就把香与美人连在了一起。

闻香识女人。女人与香气一向都有着密不可分的关系，首先女人的名字叫香的就很多，出名的有李香君、秋香、《小女婿》里的主人公杨香草。有些虽不叫香，但芬、芳、馥等也是香的同义语，而兰、菊、荷、桂等也都透着香气。《红楼梦》里的许多女性人物都能与香连系起来，贾宝玉的大丫环袭人，她的名字便是有香气袭人的含义。古时香料是富贵的象征，是权利的象征，是上层社会的奢侈品。

说起女性与香味来，国内外都有恋香成癖的女人，也有不少香气袭人的传说故事：

克莉奥帕特拉是古代埃及美貌绝伦的女君主。她深知姿色仅能给人以视觉上的美感，只有加上香气，才能透过嗅觉，使人香透肺腑。而只有姿色香气兼备，才能成为国色天香的美人。这位埃及女王最爱使用的香料是麝猫香。她在世界上首创了香料化妆品制造业，在尼罗河畔修建了几座制造生产高级化妆品的作坊。她还喜爱木樨花的香气，叫人广种木樨花，制成香水，以便她用来洗澡。她还用贵重香料熏自已的身体，使周身香气扑鼻。她用麝猫香涂擦腋下和下身，增加性感魅力，迷住了罗马英雄凯撒，与他相恋后结婚，把埃及香料输入罗马。她死后更是香布裹身，香气不散。如此美貌的女性，被后人称为尼罗河的魔女。

法国拿破仑爱香如迷，罗马皇帝也爱香成癖。由此可见爱香并非女人专利。

我国唐朝的第六代皇帝唐玄宗，于开元二十八年行幸温泉宫，遇一美姬，香气袭人，玄宗为之倾倒，占为已有，封为贵妃，此女就是杨玉环。当时唐明皇已 60 有余，杨玉环才 26 岁。玄宗也是唐代一位有作为的开明君主，被杨贵妃迷倒后，特地为她修了一个浴池，装满香水，请她入浴。杨贵妃有多汗症，出的汗可湿透香帕，玄宗感到她的汗都是香的，还为她修了一座沉香亭。李白曾被召写清平乐诗，诗中“一树红艳露凝香”，“沉香亭北倚栏杆”，都突出了一个香字。

我国历史上的西施与香妃都是体有幽香，不施香料而自发香气。西施因模样俊俏，身有香气，被越国大夫选中送给吴王夫差，以施展美人计。吴王特意为西施修了香水溪、采香径等，每天在芬芳馥郁的气氛中与西施寻欢作乐。

香妃是清朝乾隆皇帝在攻打西域时，作为战利品带回北京的。香妃是新疆喀什人，因体有奇香，迷住了乾隆，被封为香妃，恩宠不衰，在宫中度过 28 个春秋。可见香气具有巨大的魅力。

巧用香气，不仅能使你身心愉快，精神好，工作效率高，而且还能为你的成功助力，无论是在工作上、事业上、人脉上，还是爱情家庭上，它都能发挥极佳的作用。

世界十大顶级香水品牌排行榜

1.Anais Anais　是香水经典的后起之秀，格调追求典雅高贵，在牛仔裤、布衬衣席卷世界的年代回归浪漫，以发挥女性的娇柔为已任。1978 年推出的香水 Anais Anais，可以说是综合了对女性特质的了解：温柔，纯真，青春奔放而同时多愁善感。可能是这浪漫的特质，使 Anais Anais 迅速成为经典。1987 年推出的 Loulow 性质更为年轻。

2.Cham pagne　是于 1993 年推出的香水，气味独特，有多种花香、果香、草香及木香研制而成，已成为新一代女性香水的焦点。而Love Jazz的男式香薰，更是令人瞩目。

3.Chanel No'5　是传奇人物可可·夏奈尔（CoCo Chanel）于1921年创制。香味由80种不同的成份合成，外形及名字都显出女性刚强的一面。

4.Estee Lauder　雅诗兰黛除了其久负盛名的女性香水外，其于1964年推出的男士香薰（Aramis）迅速成为畅销品，至今仍然屹立不倒。

5.JOY-Jean Patoa　无论是高级时装还是香水都是法国名牌中的老字号。创制JOY的是香水专家让·克尔拉，主要用茉莉和玫瑰为成份，配方是高度保密的，女性对JOY简直是崇拜。让·柏杜在1972年推出一只命名为1000的浓而细腻的香水，销量几乎与JOY持平，1000个瓶子都有编号，是收藏家网罗的珍品。

6.Lancoome　是香水老字号。有很久的历史，一些早年的产品已是博物馆中古董珍品了。然而，眼下兰蔻声名最响的却是它最新的香水——1990年才推出的Tresor（拥抱我）。创制人是美国的苏菲·格罗兹尼，主题是“拥抱我”，以花香为主，带着半东方色彩，感性而复杂，瓶子的设计意念来自花瓣和女性娇柔的肌肤。那独特的花果香更是少女们的挚爱。

7. Nina Ricci　是法国高级时装老牌。1948年创制了L'Air du Temps香水，直译是“时代的气息”，这款香水很快成为香水的经典，瓶盖是一对水晶造的野鸽子，是和平的象征，纯洁温柔的代名词，香水一如其水晶瓶子，轻柔清新。Nina Ricci有时会推出限量发售的莱俪水晶瓶子的香水产品，如1994年圣诞推出的三种珍藏版，每个瓶子都有编号。

8.Shalimar　是历年来全世界最畅销的香水之一。1928年已开设香水专卖，成份是香柠檬、柠檬、玫瑰、茉莉等，其香气中令人迷惑地带着异域气息。

9.Tendre Poison　克里斯蒂·迪奥（CD）早在1946年已成立，但第一支香水Diorissimo是1956年才推出的。1985年的Poison轰动一时，一则取名“毒药”有石破天惊的效果，二则迪奥在维士康堡为配合Poison的推出而举行的晚会，盛极一时。主人要求嘉宾必须穿上紫水晶颜色的服装。一时，花都巴黎的大小高级时装店为赶制紫色礼服而疲于奔命。Poison气味浓烈，适合较年轻的女士。随着回归自然的趋势及Gian-franco Ferre的改革，于1994年推出的“轻柔的毒药”（Tendre Poison）是为喜欢清淡香气的大多数女性而设计，把Poison盒子的绿色淡化伸延，出席推介舞会的嘉宾当然是穿淡绿色礼服。

10.Cabotine　是在1991年推出，形象是美丽青春少女的化身，香气自然是清新的花香。

女人隐形的气质

香水是很感性的，女人用香水更有女人味，男人用香水更有男人气息。香水是有情趣、有气氛、有空间的，有了香水便有了环境、氛围、意境以及超时空的想象力。

也许你会忘掉许多曾经穿过的特别的服饰，但香水留下的记忆却能带给你永久的回忆。

香水是一件消费周期长的用品。如果你习惯于两瓶或三瓶以上的香水交替使用，购买周期应是以年来计算。绝大多数女人拥有名贵香水的数量是有限的，因此，香水是女人珍爱物品中的珍品，把香水形容成“液体钻石”并不过分。会买香水的女人是感性和丰富的，善用香水的女人是聪慧和有悟性的。

对于如今的时尚女性来说，用香水不算难，买一两瓶或好几瓶名牌香水也不难，难的是如何读懂香水，如何用好香水，让无形的香水给你平添气质。

使用香水有许多讲究，要用好香水，需要用心学习和体验，比如：你所选用的香水是否适合你的个性与气质，是否适合你的地位、职业及年龄，是否适合你要

出席的场合，和服饰是否相配，香水气味的浓淡是否适合季节、天气，是否遵循了基本的用香礼仪等。

一般来讲，香水的香型大致有清新型、甜蜜型及苦香型三大类。清新型又可分为清新活泼型和清爽干练型两种，前一种香型多适合15～22岁的女孩子，后一种香型适合23～45岁的女性；甜蜜型可分为轻柔自然型、温柔浪漫型、成熟神秘型三种，自然型适合18～24岁的女性，温柔浪漫型适合25～30岁的女性，成熟神秘型适合31～45岁的女性；苦香型具有香中略带苦、能表达用香者的气质和心情的特质，适合成熟女性。想要更好地使用香水，使用方法很重要，这里向你介绍“五要五不要”的原则。要贴身接触，让香水直接接触肌肤，身体的温热有助于香气的散发，香味会发挥得更好。

要少量多处：均匀而淡薄地环绕在身上的香气，能带给人似有若无的朦胧美感，更体现香水的魅力。

要喷于敏感、脉搏跳动明显的部位：耳后、脖子、手腕、手臂内侧、大腿内侧、膝盖内侧、脚踝等部位体温较高，脉动明显，血液循环较快，宜于香气的散发。

要沐浴后使用：沐浴后身体湿气较重，将香水喷于身上，香味会释放得更纯正和明显。

要巧妙地喷洒：若想制造似有若无的浪漫香气，可将香水先喷于空气中，再雾一般均匀地落于身上。在香水喷向空中的一瞬间，即可以充分地吸嗅到饱满的香气，又不致在身体上存留过多的香气，有一种特别的愉悦和情致。

不要使用在易出汗、汗腺发达的部位：香水如果使用在易出汗、汗腺较发达的部位，容易和汗水混合，形成令人难以接受的怪味。

不要一次喷得过多：使用时不要一次喷很多，少量多次喷洒效果最佳。

不要反复摩擦：喷上香水后如果反复摩擦，会破坏香水的分子，使香味难以持久。

不要涂抹在暴露的部位：如果将香水涂抹在暴露的部位，如面部、颈部，香水的纯正气味容易因外界阳光和温度的影响而发生改变。

不要与不同香型系列的化妆品混合使用： 如果使用香水的同时又使用味道浓烈的芳香型化妆品，如定型美发产品、沐浴液、护肤品、止汗剂等，容易使香味发生冲突，适得其反。

女人有什么样的香水，用什么样的香水，比有什么服饰更能代表品位和气质修炼的程度，女人对香水的需求度比饰品更能表明女人的完美和成熟度。

色彩香水的搭配法则

蓝色：

色彩分析

这种颜色含有诚实和正直的意思（想想有不褪色蓝染料或忠诚之意的trueblue或代表最高荣誉的蓝绶带blueribbon)；蓝色也代表外在空间（蓝天、碧海）。如果你深受这种色彩吸引，显示你需要外在和情感的呼吸空间。

香味配搭

淡淡花香或花香混合东方气息的香水，都属于“蓝”调的香水。

紫色：

色彩分析

选择这种颜色的人会受外界事物的吸引。上古时代，希腊神职人员主持宗教仪式时就穿紫袍；在基督教中，紫色象征圣灵的力量。所以它与自省、出世思想、神秘主义和信仰有不可分割的关系。

香味配搭

受紫色吸引，可能显示你偶尔需要摆脱日常营役的枷锁，抛开烦嚣，隐逸于宁静的环境，寄情于书本，享受一杯草药茶，并接触自己灵性的一面。人们相信，东方气息能引发这种隐逸、自绝于世的感觉（云呢拿味是很多东方系列香水中的主要气味，并经科学鉴证，具有慰藉情绪的作用）。

粉色：

色彩分析

爱粉红色的人，内心充满童真。愉快、女性化、温柔、感性和温顺都是与这颜色相关连的气质，没有人会和一个穿粉红色衣服的人打架。

香味配搭

水果味、花香香水能使人处于感觉很“粉红”的境地，想结交异性(参加派对)或任何须稍添耀目神采的时候，都可用这种香水。

黄色：

色彩分析

挑选黄色的人，会喜欢走在街上阳光照耀到的一边。黄色象征优雅、文化和太阳赋予万物生命的能力，它代表希望、智慧、创意、灵感，以及对光明未来的信念。如果你发觉自己每当看见黄色，心情就变得开朗起来，那么你必定是乐观愉快、自信、有能力、积极进取的人。

香味配搭

如果面对生命中的重大困难或计划，极需一点点乐观和富创意的解决办法(应付一份劳累心神的工作、一个不会从地上拾起自己臭袜子的男友、极度缺乏空间的简陋斗室)，所有含乙醛(aldehydic)的花香(人造香味而非天然花香精华)都能触发灿烂明朗的情绪。

红色：

色彩分析

中国传统认为红象征“阳”，或者动力。女性通常把红与具动感、外向的情绪联想起来。

香味配搭

当你需要魅力和热情去使男友双亲留下深刻印象时，或需要勇气胆量要求老板加薪时，诱发正面“红”情绪的有自信、冲劲、活力感的香水能发挥强烈作用。

总有香水适合你

香水的种类多、花样多，通常又很贵，很多女性喜欢买香水，可总是买不好香水。要想买到适合自己的香水，需要考虑香水的香型、款式、包装，还要考虑性格、气质、风格、季节等因素。

香水的个性应与自我的气质浑然一体或相互补充，才能补充和完善女性独特的气质，这是使用香水的最高境界。选择香水不能只看产品广告和介绍，一定要经过嗅觉体验和试用后，才能确定什么样的香型适合你。香水是女人每天使用的情感化妆品，外观的感觉也是很重要的。

女性选择香水通常会有三种方式：

第一种方式：香水广告的直观印象或对香水包装产生好感，这是大多数女性常有的视觉方法。

第二种方式：一些女性习惯于听觉影响，比如“我听说这款香水……”“告诉你这个牌子的香水特好……”。

第三种方式：少数女性比较理性，她们会根据自己的爱好、气质，善于用嗅觉谨慎地选择最适合自己的香水。

通常情况下，一个女人喜欢用什么样的香水往往与她的性情喜好密切相关，性格恬静柔和的女人多喜欢轻柔淡雅的香味，比如茉莉香、栀子香等；性格开朗奔放的女人多喜欢浓烈馥郁刺激的香味；有的女人是典型的自然主义者，推崇自然本性，喜欢穿棉麻质地的衣服，这样的女人喜欢的香水会带有强烈的个人色彩，如能带给人大自然气息的香水，如檀香、青草香等。

对于大多数个性不太鲜明或性格多变的女人来说，要在琳琅满目的香水世界里找到适合自己的香水，是比较困难的，她们的选择会受情绪的影响，变来变去，也许用过了很多种，却依然不知道自己最喜欢、最适合什么。怎样才能快速买到适合自己的香水呢？这里介绍给你一个简便的方法：

你可以针对自己的性情喜好和生活习惯先提出一些问题，做一下测试，问题包括：你的性情是活泼开明还是恬静内秀？生活中哪些香味是你必不可少的？你最喜欢闻什么样的香味？你喜欢什么香味的鲜花，是清新的百合香还是浓郁的玫瑰香？最喜欢的颜色是什么，是淡雅色系还是浓重色系？你最喜欢大自然的什么植物？最喜欢植物的哪个部位？……你还可以回忆一下，在你曾经闻过的气味中，哪一种气味最令你心动并为你带来过最舒适和谐的瞬间感觉。将这些答案记录下来，然后进行归纳总结，找出自己的性格、特性、色彩、喜好等特点，找有经验的美容师和名牌香水专柜的销售小姐咨询，也可通过报刊书籍查询，反复实践，便可以找到自己的香型。

有了明确的香型定位，选购时可以参考以下建议：

1.尽可能购买品质最好的香水。使用香水的目的在于体现品位和愉悦性情，因此，要在自己的消费能力许可的范围内，买最有品质的香水。记住，情愿花所有的钱买一瓶最好的香水，也不要买几瓶劣质的香水。

2.购买香水最好在上午，因为上午嗅觉较灵敏。

3.购买时身上不要洒其他香水，不要用有香味的化妆品，这些香味会干扰你的嗅觉。

4.准备几块小手帕或几块丝绒布，用来试洒香水，以便在你当场无法决定时，回家后还可以再仔细琢磨。

5.穿上你最喜欢的得体的衣服，便于有经验的香水专柜小姐根据你的形象、气质向你推荐适合你的香水。

6.不要试闻多款香水，那样鼻子会产生疲劳感，一次最多只能试闻五种香水。

7.要有足够的时间，经慎重考虑后才决定购买。先闻一下洒过香水的手帕或试香纸，如果能引起你的兴趣，可在手臂内侧试用，感受与人体结合后真实的气味。之后离开柜台走一走，一段时间后再返回。其间可以让你有足够的时间去体验香味，并等待香味散发后的准确味道。

同一牌子的香水，如果香精含量不同，香味也不同，因此都要试试。浓香水含香精量最高，虽然价格贵，但使用时量少，而且香味持久，是可以选择的。

最后是否购买应由自己决定，不要受同伴或销售小姐的左右，每个人身体的独特气味与香水混合会散发出属于自己的香气，就是同一款香水，喷洒在不同人身上香气也会有差异，所以，适合别人的香水并不一定合适你。

其实，买香水有些像买珠宝，买的过程也是赏心悦目的过程，你不要像赶场一样冲到商场买了就走，有时利用些空余时间走走看看，反而能选到心爱的香水。比如，你在机场候机时转一转化妆品商店，特别是在国际机场，转机候机时间通常很长，有足够的时间琢磨这些东西。即便不买，也能试上好多新款香水，有时试用后带上飞机慢慢品味，体会长时间和身体接触后的味道，感觉很不错的款式，返回时可以直接购买。这种方法虽然麻烦一点，但通常能买到非常可心的香水。香水使用期很长，买到一瓶好香水，不仅仅是钱的问题，是让自己每日有份好感觉、好心情。

女人对香水的拥有程度更能表明她气质修炼的境界。香水传达出的是女人特定的形象和特有的品位，因此尽可能使用高品质香水应该是内心的一种需求。

口气有大有小

从一个人身上散发出的各种气味可以反映人的品位。清新的口气是构成完美形象的重要气味之一。口腔中有异味会让周围的人对你敬而远之，会破坏你的整体气质，甚至有可能是个大问题，它是某种疾病的信号。简单的也许是牙周炎，而复杂的则可能是肠胃有了问题。很多人闻不到自己口腔里的气味，实际上检验的方法很简单：用舌头舔一下手背，待干燥后，闻一下，你就知道自己口腔是否健康，口气是否令人愉快了。

你口腔里的气味

Lucy有一个重要的商务聚会。追求完美的Lucy当然要精心地修饰一番。合体的衣着，漂亮的饰品，精致的化妆、迷人的香氛……这些当然都不能忽视。但是今晚的Lucy却并没有受到大家的关注，甚至大家好像都在躲着她。其实Lucy只是忽略了小小的一点：清新的口气也是完美形象的重要环节。

口腔异味产生的原因

产生口腔异味的原因很多。有的只是暂时性的，并非病理现象。比如早上起床后的口腔异味，由于刺激性食物、缺水、节食或情绪焦虑引起的口腔异味都属于暂时性的口气失调。这样的情况，只要通过刷牙就可以解决问题了。

还有一些口腔异味是在特定时期出现的，比如在哺乳期、青春期、更年期和女性排卵期都会有口气不洁的情况出现。这种时候只要调整生活规律、适当地补充水分就会有所缓解了。

一些疾病也会引起口腔异味，比如牙周炎、牙龈炎和肠胃疾病。病理性的口腔异味就不是刷牙和补水能解决的了，这个时候就要去医院就诊，对症下药了。

消除口腔异味的方法

保持口腔卫生

刷牙是保持口腔卫生最基本的方法。很多人都知道：早起、睡前、饭后3分钟内要刷牙，每次刷牙不少于3分钟。这种说法无疑是正确的，但如果你的刷牙方法不对头的话，那么无论刷多少次都等于零，甚至还可能对牙齿造成伤害。

牙医建议使用小圆头牙刷，小范围的用力可以加大清洁作用。柄杆尽量选择适合亚洲人的细柄杆。

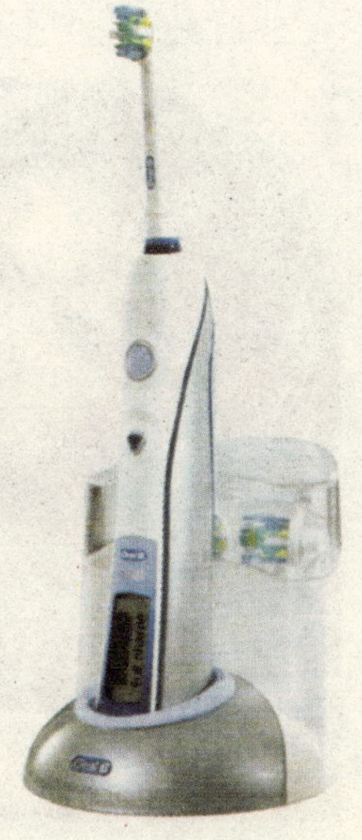

刷牙时，牙刷毛与牙成45度，刷毛尽量接触到牙缝隙，动作要轻柔，左右移动的幅度不要过大，以牙刷移动的频率将

牙垢带出。总之，刷牙的感觉要像刷洗你心爱的钻石戒指而不是脏鞋子或臭马桶。如果刷牙用力太猛，幅度太大，结果就是损伤了牙齿表面而牙垢依然存在。刷牙的顺序是先左后右，先上后下，先外后里，每个部位要重复刷8~10次。刷完牙，别忘了在最后漱口的时候清洁一下舌头。

刷牙只能清洁牙齿，对口腔周边的细菌就束手无策了。所以每天早起和睡前刷完牙后，最好再用漱口水来清洁一下口腔。饭后使用漱口水，还可以帮助你迅速地恢复清新口气。如果你实在不喜欢漱口水的辣味，那么用盐水效果也不错。

一些附着力过强的牙垢，用一般的牙刷很难清除。这时候就要借助于牙线了。使用牙线时要避免触及到牙龈。另外，如果你的牙齿缝隙很密的话，就放弃使用牙线吧，它会让你的牙缝变大，牙齿疏离。

电动牙刷是口腔清洁的新产品，在欧美和日本已经很普及了。如果你的牙齿够坚固又没有什么牙龈疾病，电动牙刷可以起到事半功倍的作用。它的频率是手动的二百多倍，因而能够更彻底地清除牙周的不洁物。但是对于需要小心呵护的烤瓷牙，电动牙刷就不适合了，因为它的高频会在烤瓷牙表面留下细微划痕。

除了日常的清洁外，还应定期到医院借助专门的超声波仪器清除牙石，也就是我们平常说的"洗牙"。洗牙的频率最好是每半年或一年做一次。

身体排毒

如果正确的卫生习惯仍不能清除你的口腔异味，而且伴随口腔异味的同时你还有便秘、焦躁、长小痘痘、皮肤晦暗、肠胃功能失调等症状，那么就说明你的身体需要排毒了。这时候你应该到正规的医院接受专门的治疗。中医对于排毒有比较好的效果，医生会将口腔异味作为身体整体的问题来对症下药。通过中药的调理，不但你的体质会有所改善，而且身体内部机能也加强了，口腔异味也就消失了。

牢记"美丽来自好习惯"

抽烟、酗酒、熬夜、不正确的节食等都会引起口腔异味。所以要建立良好的生活习惯，保证充足的睡眠，放弃不良的嗜好。

消除口腔异味的好产品

（只适用于非病理性的口腔异味）

佳洁士茶爽牙膏：含有茶叶精华，

消除口气，抑制引起口腔异味的有害细菌。

屈臣氏漱口水：有红色、绿色、蓝色三种可选择。蓝色味道最冲，辣味也较重。

虎牙除口臭液体牙膏：液体牙膏不会损伤牙齿表面。

雅皓口腔专科药(药品，请在医生指导下使用)：光洁牙面，并有丁香气味。

清新药粥改善口腔气味

藿香粥：藿香15克、粳米50克。将藿香15克洗净，放入铝锅内(一定要用铝锅)，加水煎5分钟，弃渣取汁待用。再将粳米50克淘洗干净，放入锅内加水适量，置大火上烧沸，再用小火熬煮，待粥熟时，加入藿香汁，再煮至沸腾即可食用。

薄荷粥：鲜薄荷叶30克(或干薄荷叶15克)、粳米50克。将鲜薄荷叶30克(或干薄荷叶15克)洗净，放入锅内，加适量水熬煮，弃渣取汁待用。将粳米50克淘净，加适量水煮至米熟，再倒入薄荷叶汁，煮至沸腾即可食用。具有利咽喉、令人口香的作用。

荔枝粥：干荔枝5~7枚，粳米或糯米50克。将干荔枝5~7枚去壳，与粳米或糯米50克一同放入锅内，加水适量，煮成稀粥。晚餐食用，连吃3~5日为1个疗程。

生芦根粥：生芦根30克、粳米50克。生芦根30克洗净，加水煮，取药汁待用。再将粳米50克淘净，放入锅内，煮至粥八成熟，倾入药汁煮至米烂即可食用。晨起空腹食用。

麦门冬粥：麦门冬20~30克、粳米50~100克、冰糖适量。将麦门冬20~30克洗净，入锅加水煎熬，弃渣取药汁待用。粳米50~100克淘净放入铝锅内，加水适量，再将麦门冬汁和冰糖适量一同放入锅内，置大火上烧沸，用小火煮熟即成。

"嫁驻"香水传奇

香水这个神奇的东西，在调香师、瓶身设计师、广告创意人员的携手打造下，不再只是香水，它成为一种文化现象，甚至是一种思潮，让人无限遐想。

娇兰香水大师Roja Dove下了一个结论"，当你买了一瓶香水之时，你也买了一个梦想。"

品尝香水就像品酒一样，如果你只是一饮而尽，幸福的感觉也在一秒内结束，要让香水的魔法永不消失，只需要多一些耐心和时间，把玩瓶身、嗅闻香气、聆听故事，你也可以享受香水的传奇。

香水TPS大揭密

小心香水给你的衣服留下斑点

香水取自天然原料的高级香料，本身即是褐色或黄色之类比较深的颜色。酒精挥发之后，留在衣服上的斑点就是香料的色泽，要将香水喷在衣服上时一定要注意残留的斑点。

并不是所有的衣料都容易残留斑点，常作为里布的特多龙、亚克力丝材质并不会残留斑点。此外，羊毛、开丝米、尼龙之类的材质也不容易留下斑点，但是请注意纯毛材质的衣服上，香味久久不会消失。

相反，棉织品、丝织品、人造丝及纤维丝之类的材质都很容易残留斑点。另外，毛皮类的材质不但香味不容易消除，光泽容易变差，颜色也可能改变，所以不要将香水直接喷在毛皮上面。但是，无论什么材质的衣服，若要直接喷上香水就得喷在内里，淡颜色或薄的衣服则一定不能直接喷香水。

一旦使衣服残留斑点时，就要尽早处理，在衣服里面放上一条干毛巾，然后用一块布沾上消毒酒精，垫在斑点上轻轻地拍。香水是不溶于水的，所以慌慌张张地用水或肥皂擦也擦不掉。

如果用酒精也擦不掉，或斑点已残留一段时间，应尽早送到洗衣店处理。若是高级衣物，最好是发现时就立即请专家处理。

适合使用香水的部分

香水一般应涂在身体的主要脉搏部位，例如手腕，耳、背及颈项两旁的脉搏部位，另外手臂内侧及膝盖内侧也是合适的部位。除了直接涂于皮肤上之外，香水还可以喷在衣服上，这时一般多是喷于内衣、外衣内侧，裙下摆以及衣领后面。

不宜使用香水的地方

人身体上有一些不适合涂香水的部位，主要有面部，腋下的汗腺，易被太阳晒到的暴露部位，易过敏的皮肤部位以及有伤口甚至发炎的部位。

东方香型巧妙用

香水的东方香型其实并不是适合东方人的香型。它实际上指的是在西方人眼中所认为的一些东方特质，比如神秘、奇异等，用一些东方的动、植物香料制成的香味，如麝香、檀香、藿香、茴香等，虽然都是带有东方民族色彩的典型东方香料，同时却又是浓烈的。所以这种东方香型，对于现代的东方女性而言，未必是实用的。

切忌多种香水混合使用

香水，各有各的味道，我们选中它、涂抹它亦是由于它的这种个性。但是，多种“个性”的混合，到头来只能是什么也没有了。所以香水切忌将两种以上的品种混合使用，以避免各种不同的香味之间发生冲突，从而发生一些预想不到的味道的变化，且这种混合而成的味儿常常是不太好闻的。

香水礼仪方式

在公共场合里，应用淡雅清新的香水，这样才不会给人以唐突的感觉；在运动旅游场合，则应用各品牌中标有sport字样的运动香水；而在私下亲密的时刻，当然可以用浓烈诱人的古典幽香了。在时辰上，白天和夏季应以清淡的香水为主，如古龙水和淡香水，晚上和冬季由于温度低，香水应相应增加浓度，用Parfum或Eau de parfum。此外，若想香味更持久一点，可以先用同系列沐浴用品，然后喷上淡香水，最后在脉博部位点上浓度最高的香水或香精，这样香味可久久缠绕不散。

香氛喷雾最佳距离

喷雾器最少保持20厘米距离，似穿透浸入肌肤的感觉最好，喷雾式香氛不仅喷洒的范围大而且又不会浪费，所以非常便利，但却容易搞不清楚一次的剂量，经常会喷洒过多而浪费。失败的原因便是喷嘴离身体太近，一般认为应将肌肤都润湿，这一方法是十分错误的。正确的使用方法是距离20~30厘米，手腕或腿好似由雾中穿过，这样喷出的效果不仅范围广，而且香味也会层层递增，持久保留。

敏感肌肤怎样使用香水

敏感肌肤的人可将洒满香水的小棉球放入内衣。肌肤敏感、纤弱，一旦喷了香水就很容易发痒过敏的女性（虽然只是极个别例子），可利用小棉球的方法间接喷洒香水。将棉球蘸上香水放入胸衣之内，虽然没有强烈明显的香味却有着持续的朦胧之香。另外也可喷洒在裙摆、袜子上一两滴，每次走动都带动着香味散发。再有夹克的内侧、领子的里侧也都可以一试，但应避免丝绸质地的衣服。

与化妆品香味相协调

香料科学发展到今天，除香水外，护肤、护发、洗涤用品都在大量使用各种香料。在使用香水时，注意香味应与这些产品的香味协调。建议于护肤洗发、沐浴一个小时后喷香水。如果洗发沐浴产品为花香型，建议使用"可可"、"沙丘"、"璀璨"、"蝴蝶夫人"；若洗发沐浴产品为水果香型，"鸦片"、"迪奥小姐"、"驿动"较适合你。要想充分表现您的个人品味及性格，最好购买及使用无香洗护用品，以保证香味的纯正。

出门前20分钟使用

大多数香水调配分前调、中调、后调，前调持续时间为10分钟左右，中调持续时间约2小时，这时为香水的灵魂时段；后调持续时间为2小时左右或更长，与肌肤融合后的味道形成了此种香水的独特味道，称为后味，也就是所谓的余香或体味。鉴于香水的特性，建议出门前20分钟使用，以便留下完美形象。

避免阳光直射

紫外线可以使香水中的有机成分发生化学反应，造成皮肤过敏。使用香水时，应注意涂抹部位须为阳光直射以外部位。

勿直接接触金银手饰

香料为有机成分，易与金、银、珍珠反应，使之褪色、损伤，因此香水不能直接喷于饰物上。可先喷香水后戴首饰。

香水的"量"如何适合自己

我们先从人的嗅觉谈起。人的嗅觉有两大特点，一是嗅觉易疲劳，因而再香的香水，久闻也就不觉其香；二是人类的嗅觉比许多动物都要迟钝，研究表明，动物中嗅觉比较灵敏的犬类要比人类敏锐100万倍。因此，许多人仅对头香感兴趣，而淡雅、时间持久的尾香却常常被忽略。也有许多人抱怨她们使用的香水质量下降了，这是因为作为一种高级香水，开始用时，留香时间比较长，用到后来，香水的香味变得似乎转瞬即逝。这都是由于不了解自己的嗅觉特点造成的。然而在你个人认为香水味早已转瞬即逝时，对于一个新的环境和新的人群，他们或许正在为您扑面而来的香气惊喜呢。

为了让自己周身染上香气，你会理所当然地认为香水洒得越多越香。其实，过多过浓的香水，会使你因嗅觉疲劳而浑然不觉，但对他人则效果大不一样，人们会认为眼前这位周身散发着浓香的女人浅薄与粗俗。过多过浓的香水还会让人感到一种不愉快。实际上，淡一些，似有似无更妙、更迷人。

喷雾式香水

每次使用1~4次喷雾即可，如果需要清淡些，喷一下即可，隆重或重要场合，可喷4~5下。

瓶滴式香水

每次滴量在4~6滴，清淡时，可滴2~3滴，而需要浓些时，可滴5~8滴。

另外，还要注意香水本身的浓淡。新购香水不了解浓淡，可以试用几次，通过了解，掌握一次的用量。

为使自己的香水用量恰到好处，可随身携带喷雾式的小巧玲珑的香水瓶，根据不同的环境和需要，及时作补充，这要比一下子就用许多香水多一些调整、回旋的余地，不致使自己陷入困境。

养出诱人好体味

人体皮肤上约有330多万个汗腺，密度为每平方厘米95342个，分布最密的部位是手掌及足底部，颜面、头部次之，而躯干处及四肢最少。我们所熟悉的汗液是由遍布全身的小汗腺分泌产生的，其主要成分是水和盐，还有一些新陈代谢产生的废物。出汗是人的正常生理功能，是维持体温恒定的一个重要环节。然而，为什么除了重汗症外，有些人的体味也会有些“特别”呢？

压　力

当一个人处于紧张、窘迫状态下，鼻翼、腋窝、脐窝、腹股沟以及生殖器周围等处的大汗腺，甚至全身各处的小汗腺都会显得异常活跃，臭味物质——短链脂肪酸会过多产生，此时，汗液就充满了“臭味”。

据英国莫里斯研究认为：当人们入睡后，不论床上的温度多高，手掌的汗腺都停止活动。而人掌心的汗腺对压力会特别敏感。通常情况下，如果心情变得越来越焦躁，那么手掌心就会湿润起来。

对策：研究证实，当一个人生活愉快、心情舒畅时，臭味物质生成减少，而丁酸酯、赖氨酸等“香素”分泌适宜，汗腺分泌出来的汗就会富有“香味”。即使平时有汗臭的人，此时臭味也会大大减轻。

嗜肉

吃肉多的人，体质就会呈酸性，代谢过程中产生的酸性物质会增加，以至于使体液逐渐酸化，产生异味，在汗腺发达的地方如腋下，更容易散发出特别的气味。此外，鱼类、洋葱、大蒜、茴香和咖喱，也会产生蛋白质和油脂的分解物，通过毛孔渗出体外，令体味过重。

对策：夏天的时候，尽量食用清淡些的食物，最适宜食用那些含铁的食物，如菠菜、豆类、动物肝等，因为该类食物入胃后，与盐酸结合，能形成氯化亚铁，产生出类似于氢气的春菊香味。而含镁食物如无花果、冬瓜、玉米、红薯、杏仁等，能让体表散发出杏香味来。

疾病

当人体的健康状况发生变化时，如患了口腔炎症、胃炎、胃溃疡等疾病，由体内排出的化学物质成分也会随之发生改变，通过口腔黏膜、呼吸道散发出某些特殊的气味。

对策：在查明疾病，对症治疗的同时，不妨用口香糖、口腔清新喷雾剂，或喝茶等使口气清新。牙周炎是最易引起口臭的，不妨通过洗牙、注意口腔卫生，来摆脱口臭的困扰。此外，可以多喝水，增加尿量，让大多数代谢产物从泌尿道排出，减少皮肤排泄，以避免正常体味被异味掩盖。

吸烟

人的头发和衣服都有较强吸味功能，在酒吧、餐厅或商场等人多的地方呆上一段时间，身上就会吸收到一些烟味、酒味等浑浊的味道，变得十分难闻。尤其是如果你恰巧穿的是吸湿性特别强的纯棉衣服。

对策：科学家已研制出一种能避免体臭的防臭背心、内衣裤，这种新科技产品看起来与普通衣服并没有什么不同，只需在衣料纤维上喷上一种特殊成分，就能有效阻绝，甚至完全消除异味的袭击。此外，可以适量地选用一些止汗产品，使用时应谨防过敏，并且只能小范围、短期使用，以免蓄积中毒。

第五章　配饰：好品位的“点睛之笔”

配饰是区别一个女人与另一个女人最好的武器，是女人身上独特的艺术品，在女人五彩缤纷的世界里，配饰绝非是配角，只一点点，它们便会多悉善感地感怀着女人的优雅高贵。环佩叮当中，独特的气质已被悄然“点亮”。

帽子戏法

中性酷“帽”我行我素

感觉现在的时尚就是男人女性化，女人男性化。不论你是出于对身边男人们的失望，还是天性使然，把自己装扮得更为帅气，绝对是潮流首选，也是另一种气质的升华。而且中性风格的帽款也是选择性最多的，渔夫帽、牛仔帽、棒球帽……保证让你眼花缭乱。

渔夫帽有着很强的户外感觉，穿着T恤衫、休闲裤、宽松短裤，不失为外出郊游、岸边垂钓时较为理想的搭配。

由于《断背山》的热映，牛仔帽成为流行的主角，搭配短款外套和修身长裤为你的帅气加分的同时，更添几分狂野的热辣感。

其实每个女人总有某时某刻是可爱的，不论是装的，还是天生如此，总有那么娇美可人的一面，如果厌倦了自己女生男样，那也可以稍稍发掘自己可爱的潜力，如果嗲嗲的声音不好学，那么就先烫个卷发，戴顶可爱的帽子，然后咱尽可能不说话。

脸小、下巴比较尖的女性比较适合长盛不衰的毛线针织钟型帽，头发大卷、小卷都行，主要就是要有卷，洋娃娃卷发就是王道。

贝蕾帽质地选择比较多，布的、针织的、皮质的都有，颜色上更为花样繁多，适合搭配带有凌乱涂鸦的T恤和牛仔裤，注意，戴贝蕾帽头发最好扎起来或盘起来。

渔夫帽、牛仔帽、棒球帽、报童帽等中性款，如果换成粉嫩的颜色，或加上点搞怪的涂鸦，或点缀些玲珑的小花、珠子、亮片、羽毛……一样可以为你的可爱加分。

田园风情草帽热浪

休假是当今快要贬为廉价劳动力的白领们追求的梦想，也许正因为是梦想，才难以实现。什么时候才能在沙滩上晒晒太阳，在田园闲庭信步一下？草草藤藤之类田园味十足的配件已蜂涌而出，从编织草帽、编织包到麻质楔底鞋，一应俱全，好一派奢华的田园风光。

草编帽搭配有沙滩感觉的花上衣、吊带背心、热裤完全体现出度假风格，帽子一定选用大檐帽，不但美观而且实用性强。要注意花色上衣一定要搭配一顶素色草帽，更显明快，富有节奏感。

草帽充满着阳光的味道，所以，戴草帽时不必把肤色调整得过于白皙，健康的古铜色的皮肤和草帽的气质最相吻合。

但如果是矮个儿的女性，千万别尝试这种帽子，否则会更加突出你的缺点，使你看起来不够干净利落。

“帽”之优雅回潮复古有理

时尚就是个琢磨不透的东西，一次次的复古回潮，击得女人们溃不成军。这不，配合近年流行的六七十年代的优雅风范，帽子也复古了。复古就是简单的旧款新用吗？不，其实每次复古的回潮，都有细节上的转变和创新，也许只是将以前的帽子加一层薄纱，也许只是将皮质换成了金属亮片，或全蕾丝质地，就让古典的帽款再次获得新生。

复古蕾丝帽，复杂的层叠装饰，更适合淑女气质的服装搭配，颜色亮丽的针织小上衣，泡泡袖、小蓬蓬裙都是可以选择的，取其一二、画龙点睛即可，不必把所有可爱元素照单全收。

复古的帽款相对而言比较繁复正式，不太适合平时休闲时搭配，但在一些Party中却是让你脱颖而出的不二法宝，功能相当于奢华的晚宴包。

“帽”之温情提示

脸型与帽子

方型脸或国字脸由于面部不够窄小，选择大方的有宽大帽檐的帽子有收敛和缩小脸部比例的作用。最好不要戴花色帽子，黑、白、灰、粉灰、蓝灰都是很好的选择。长脸型则将要把帽檐下压，调整脸部比例。而如果是倒三角脸、椭圆或者鸭蛋脸等小脸型，任何一款帽子都是合适的。

发型与帽子

如果整身服装中一定要有帽子搭配时，那么最好选择清爽利落易于打理的发型，比如直发，重点在头发下半部分，可辫两个可爱的马尾辫。头发上不要有太复杂的发型或盘头，也不可有太多的发饰。

帽子、脸型与耳环的搭配

帽子抢走了头饰的风光，没有一对漂亮的耳环就会显得脸部很单调。如果下巴略显宽大则最好选择长型有坠、重量感强的耳环，对脸型有极好的修饰作用，也可选择大圆环，要避免大的耳扣。脸型稍小的选择范围就可以广泛些，小耳扣、小而细的耳线都能体现出脸型的美丽。

项饰：勾勒女人颈部的符号

项饰是头部与胸部之间颈项部分的装饰品，位于身体最为重要的枢纽部位，纵向与头部、胸部相连接，横向与人体双眉互为联系，是人的视觉中可读性最强的装饰佩件。

项饰如同个性的表现窗口，不同质地、不同形态、不同色彩的项饰强烈地表达着女性的个性、鉴赏水准和精神风貌。项饰有密实、疏松、立体、规范和随意等各种形态，不同的形态有不同的表现力，如：密实，具有紧凑、独立、严谨和贵族感，可强有力地烘托头部的形象和力度；疏松，具有自由、流畅的个性，赋予肌肤较强的动感和活力。发光的、昂贵的项饰通常适用于华丽的社交场合或婚礼等特定场合。

项饰邻近面部，选择项饰应适合自己的颈形和面部轮廓：粗颈形不宜用粗壮和夸张的款式；短颈形不宜用复杂和色彩抢眼的款式；圆形脸不宜用棱角分明、线条感强的款式；线条分明的脸不宜用圆形轮廓的款式。

项饰包括：项链、围巾、挂件、领结、领花。其中主要以项链、围巾和挂件为代表品。

项链：项链是项饰中最有代表性的饰品，它簇拥头部、连接服饰，在视觉上具有较强的方位感和走向性，最易直观地表现造型款式和形象。

项链佩戴于女性颈部最显要的视觉部分，不仅具有装饰性，对身份、素养、气质、喜好、个性也具有较强的表达力。黄金质地的项链代表着黄金能量，与太阳相辉映，体现造物主的至高无上；钻石体现了永恒的主题和纯净的质地；珍珠体现了纯净和高贵。

较长的项链在装饰上类同于挂件，有着与挂件相似的特性。

围巾：围巾佩戴部位显要、面积大，质地、形式、图案、色彩变化丰富，因此视觉感比较强烈，是女性饰品中的一件要物，围巾与服装搭配性很强，可以给服装带来更多的生动性和可塑性。

由于面积和质地的缘故，围巾从宏观的角度来讲，可以作为服装的一个部分；从微观来讲，也是饰品的一类。利用好围巾的服装功能，可以与衣物结合形成新的服装结构和形象；利用好围巾的饰品功能，可以获得更多的创造空间和个性化的丰富情趣。如：结在颈部的方巾，使得服饰具有较强的礼仪感；结在胸前的长方丝巾，使得服饰有了飘逸的空间感；扎在颈部的围巾皱褶可以表现出较强的立体感和雕塑感；挂披在肩上的长形围巾可以增添服饰的气韵和风度。

围巾的品质是女性心灵密码的指向，它是贴近女性心灵的语言表达。选择围巾第一要看品质，第二要看主体色彩，第三要看质地，第四要看形式。围巾品质不好，再好的色彩和款式都是很难使用的。围巾的特有结法也给了围巾这种饰品更多的创造空间，同样也是女性热爱生活、富有情感、富有灵性的流露。

挂件：挂件是挂在颈部的胸饰，类似于项饰中的长项链，富有动感、空间感、飘逸感，具有较强的线条韵律性和修长苗条的形象感。位于人体胸部正中的垂直线上的挂件，是整体服饰视觉的中心，对人体的形象、个性、气质的表达和塑造有较强的影响力，能形成人体、服装、挂件三个层次以上的立体感，凸显人的内涵。

挂件有明显的装饰取向，不同质地的挂件，可表达不同的造型取向。名贵材质的挂件表达了服饰的华贵取向；木材等天然质地的挂件，表达了质朴、自然、柔韧的取向；水晶玻璃等透明质地的挂件，具有清新、明快、晶莹剔透的取向。

挂件是极富个性的项饰，具有玩味、游戏的情趣，搭配方式有“同形同构”和“异形异构”两种。“同形同构”是指挂件与服装的形态、色彩一致，这种搭配具有对整体服饰的丰富感、烘托感。“异形异构”是指形态与色彩不相一致的搭配，这种搭配具有个性化和异样感，两种搭配特色不同，各有情致。

丝巾：系出无尽风情

薄若蝉翼的丝巾，像梦一样绵长，像风一样轻柔，像爱一样细腻。丝巾在与各色服装搭配时，稍加变换，就能给女人带来无尽的风情。丝巾的创造力很强，或优雅、或精致、或帅气、或浪漫，真正打动人心的，往往是那些微不足道的小小细节，这就是丝巾无法抵挡的魔力。

丝巾特别富有女人味。它的色彩、花纹、质地、线条表达着多情多色的女人心。奥黛丽·赫本曾说：“当我戴丝巾的时候，从没有那样明确地感受到我是一个女人，美丽的女人。”一个生动如花的女人，就像一条条风情万种的丝巾，千种风情摇曳生姿。一个善用丝巾的女人，她的美，她的情趣，她的生命也必然是多姿多彩的。

丝巾不仅仅是一件配饰，更是一种美丽的物化语言。在紧急特殊的场合，通过各种不同的丝巾可以改变服装的特性，通过配合不同的系法，使寻常衣物常穿常新。

丝巾的魔力还在于折叠之间的万千变化，以及与外衣搭配时的随心所欲。有人说，出门旅行，带10套衣裳和2条丝巾的女人比带10条丝巾和2套衣裳的女人智商相差至少50倍。这句玩笑话却深刻地说出了丝巾的特别作用。

颜色的选择

翻一翻衣橱，有各种颜色、各种款式的衬衫、西装、套装，然而，你有几条丝巾呢？如何在最短的时间内花最少的钱从琳琅满目的丝巾产品中买到最实用、最美丽又最适合自己的丝巾呢？

首先，要找对自己的色彩属性。色彩是造型的灵魂，找出属于你的颜色，才能够为自己的美丽加分。世界上每个人都是独一无二的，每个人都有自己的身体特征，你们可能知道自己的血型、星座，但是不一定晓得你还有一个天生的色彩身份，而找到属于自己的色彩则是你一生中的大事。丝巾佩戴时是最贴近脸部的，需要谨慎挑选色彩以衬托出肤色的亮丽，如果选错了色彩，看起来会花容失色。大千世界里，用肉眼可以分辨出的颜色有750万种之多，而这千千万万种颜色可分为冷色和暖色两大系列，以蓝色为基调的是冷色，以黄色为基调的是暖色。“黄皮肤黑头发”是对我们东方人的形象概括，但这种说法从某种意义上来讲并不完全贴切。我们仔细看一看自己身边人的肤色及发色特征，就会发现存在着千差万别。

暖色调：春、秋(以黄为基调)，冷色调：冬、夏(以蓝为基调)。当你中意某一款丝巾时，首先要做的是将其贴近脸部，看一看与脸色是否相配。如果与脸色不配，不要犹豫，立即舍弃。也许你会认为，丝巾如果是单色，就非常容易辨别其冷暖属性，如果是冷暖色交错的图案该怎么办呢？辨别的方法有两种：一是以主题面积来辨别，如果暖色调的面积比较大属于暖色，反之是冷色。二是以折叠后与衣服搭配时的面积范围来辨别，也就是说，当你购买了一条混合冷暖色相间的丝巾时，最好能使用与你肤色属性相同色调的部分，这样才能够充分地把最美好的一面展示出来。当然丝巾色彩的选择也应考虑到与服装之间的搭配问题，但是重点还是偏向于多点考虑和面部肤色的和谐统一。假如你所穿着的衣服色系并不符合你本身的色彩属性，如果再选择一条不相符的丝巾，紧贴着你的面部的话，无疑会造成错上加错的结果，除了令你花容失色之外还让人看起来画蛇添足，失去了本身所想要追求与表达的美感和品位。

一条恰到好处的丝巾，不仅可以协调你整体形象上的统一，达到锦上添花的功效。还可以将你的面部与不相称的服装颜色有效地隔离开来，阻碍它们二者之间的衔接，去获取局部的美丽。

不同的色彩有着它不同的代表意义：红色象征着奔放喜悦，金色寓意着富丽怀旧，明绿萌动着生机，橙色意味着活力十足，宝石蓝蕴涵着高贵，玫瑰紫象征着浪漫。

图案与面料的选择

图案:

1.典雅型的女性比较适合正统保守的印花，如草履虫图案，小的规则的几何图形，规则的条纹、格子等。

2.轻松自然型的女性适合简单的条纹、格子，小的规则几何图案。

3.艺术型的女性则适合大胆的主题和图案，包括花朵、动物图案、人物、几何、抽象派图案等。

4.浪漫型的女性适合浪漫的花朵印花、女性化的主题以及细腻的线条。

面料:

1.如果你的穿着打扮在保守中流露出典雅、高贵的气质，那么丝绸材质的丝巾将是你最好的选择。

2.如果你很浪漫、很想表现出女人味，可以选择一些质地轻柔的丝巾，如真丝雪纺纱材质，系在颈上显露出娇媚的美感。

3.年轻人通常穿衬衫、牛仔裤，应当选择舒适轻软的棉、麻丝巾，更能突出帅气的一面。

4.如果你想尝试大胆、前卫的风格，一条亮泽耀眼的特殊质感的丝巾，便会营造出意想不到的戏剧效果。

佩戴丝巾需要注意的事项:

1.职业女性在上班的时候，宜选用简洁利落的蝴蝶结、链状结、领带式打法，这样能够给人精明干练的感觉。

2.对于身材娇小的女性来说，不可用太大、太长的丝巾，这样会显得头重脚轻。而体型高大的人不可使用太小的丝巾，以免让人看起来不够大方。

3.脖子比较短的女性避免用厚重的丝巾，应选择质料轻薄的，不要把丝巾打在脖子中央，尽量低一些，这样会有伸长颈部的效果。脖子太长的人，丝巾可系在靠近下巴处，起到缩短脖子的效果。

五种丝巾的系法

一条漂亮的丝巾，绝不只是一块漂亮的布，灵活掌握多种不同的丝巾系法，一块丝巾在你的手上就“鲜活”了起来，它能帮助你充分展示女性的风情。

端庄式：一条洁白的丝巾，将一端打结，另一端重复两次穿过那个结。如此佩戴的丝巾，会令女士看上去端庄秀丽，倘若配上盘发，绿色的上衣，更显漂亮大方。

恬静式：黑底碎花的长丝巾，将两端交叉后，其中一端向前绕过，简单的佩戴方式，再配上清爽的短发和白色的上衣，显得文静娴熟、清纯美丽。

奔放式：藕荷色的轻薄丝巾，在胸前打一个大蝴蝶结，结上别一个精美的小饰物，若配上潇洒的乱妆或蘑菇头、或浪漫飘逸的披肩长发，着一件红色上衣，一定会让人感觉热情奔放、充满青春活力。

甜美式：选一条浅色的方块小丝巾，折成三折，绕颈打结，再将一端窝起再结一次，配上一条黑亮的辫子或长刷子，穿上浅红色上衣，显得娇柔甜美、含情脉脉。

西部牛仔：将小方丝巾折成三角形，向颈后围绕，两端交叉绕回颈前，穿进丝巾扣，将丝巾扣向上推至颈部，合上扣环，整理即成；若配以夹克装、运动装，自由奔放。

一个真正有品位的女人至少要拥有60条丝巾，系上一条心爱的丝巾，不仅能让你把情怀彻底释放出来，也能准确地为你表情达意。

指间绽放的光彩

在午餐前的时间里，钻石戒指是惟一可以佩戴的钻石首饰。在通常情况下，一位女士拥有的戒指就只有她的定婚戒指和结婚戒指，因此，在挑选戒指时，值得十分精心。

随着岁月流逝，你自己品位有所提高，经济条件也有所改善，而时尚潮流也在发生变化，所以有时你可以把戒指原有的设计修改一下，甚至可以把钻石或镶座全部换掉。

钻石镶嵌在黄金上或白金上都一样优雅，而结婚戒指与定婚戒指的镶座当然应

该相配。一枚钻石可以用很多种方式来切割：一般而言，较短的手指适合尖状椭圆形(船形)、祖母绿形(方形或长方形，打磨边角)、梨形(水滴形)——这些形状会使手指显得修长一些。细长的手则适合将钻石切割得非常闪亮(即切割成多面体，而且需要高一点的镶座)，或者将钻石切割成正方形。确实，如果根据不同的手来搭配不同的钻石，戒指的设计和镶嵌工艺通常能够产生神奇的视觉效果。而且，一枚相当小的独粒钻石与其孤零零的，不如与其它宝石或闪亮的多面钻石组合在一起，这样会显得更加优雅。

戒指的样式紧随所有首饰的潮流而发生变化，将两种或更多种的珍贵宝石组合在一起是很时尚的，比如蓝宝石、祖母绿和钻石；一颗黑珍珠、一颗白珍珠，再加上钻石；红宝石、蓝宝石和钻石；或者最优雅，也是最奢侈的——淡黄色和白色的钻石。

除了钻石之外，如果戒指只镶嵌独粒宝石则有些不够稳妥。事实上，不论黄宝石还是水蓝宝石都不算十分优雅。一些非常时尚的女士戴这种戒指，而她们戴的黄宝石也属于最漂亮的宝石，但效果仍然不好。另一方面，很大的星彩蓝宝石则是非常漂亮、非常优雅的首饰。

一只手最多只戴一枚戒指(结婚戒指和定婚戒指也包括在内)，多戴并非明智之举。你还必须知道：戒指比其它任何首饰都容易弄脏，要由专业首饰匠一年一次进行清洗、上光，否则用牙刷怎么刷都是不行的。

不同手指的戒指佩戴法

戒指戴在不同的手指上表示不同的含义，而且每根手指因为长短粗细的不同，适合不同造型的戒指。

不同手指要选择不同形状的戒指来搭配：

食　指：是五指中最具主张性的手指，因此，戒指的形状宜纵长，镶的宝石宜大且高。

中　指：属于个性强的手指，加上它位于正中，因此戴的戒指必须有平衡作用，方型、十字形、椭圆形的戒指，都会使左右显得平衡。

无名指：被认为最纤细、最美丽的手指，和它匹配的戒指应典雅，华丽、名贵的白金、珍珠、钻石戒指都不错。

尾　指：应选设计华美甜蜜式样的纤巧款式。

当然，有一种戒指，无论你戴在哪里都不具备任何意义，这就是一般的花戒。这种戒指是起一种装饰的作用，可以戴在任何你想戴的手指上，没有任何拘束。结婚戒指不能用合金制造，必须用纯金、铂金或白银制成，表示爱情是纯洁的。

另外，如果你喜欢一只手上戴两枚以上的戒指或者两手同时戴数枚戒指，应该注意粗细搭配适当，最好两手不要相同，一般是右二左一。

国际上对不同手指戴戒指含义通行的解释是：

1.食　指——表示未婚；

2.中　指——已经在恋爱中；

3.无名指——已经订婚或结婚；

4.尾　指——独身。

至于右手，有一个手指戴戒指是有意义的，就是无名指。据说戴在这里，表示具有修女的心性。

装点腰间的风采

腰带是服饰中很重要的一部分，一条时尚得体的腰带可以很好的衬托出女人的婀娜身材以及与众不同的曲线美。如今更注重腰带的装饰性，能修饰衣服的线条及增添时尚感，同时令女士们的纤腰在衣服下仍显现线条美。在这股潮流推动下，设计也比以前夸张，令大家可更轻易束出自我风格。

各种质料、各种造型的腰带与手袋同样具有装饰功能。女性的腰对构成女性的体态美勿庸置疑是极其重要的。尤其是在裙角飘飞的明媚夏日，若善于用腰带、丝巾、链饰之类的饰物来突出腰部的曲线美则更显出女性的婀娜，也让原本单薄的衣裙更有层次。腰饰必须与自己的体型和服装的款式、色彩、质地搭配得当，才能起到点缀和美化的作用。腰带与服装同色，显得温柔文静；服装与腰带用对比色，则显得活泼靓丽。

运用同色的腰带腰饰，款式可以复杂一点，腰带与服装的材料在质感差异上可

以大一点。身穿灰色的衣裙，可以配一条银灰色闪光皮的细腰带，腰带上镶有亮丽精致的皮带扣，在一侧垂有一小段V字型的链子。采用对比色系的腰带，腰饰则力求简单，避免喧宾夺主。

一般而言，细腰带容易勾勒出腰线，在走动时尤其能够突出腰部的柔美。近年来兴起用链带饰腰，用做工精致的金色或银色金属链带宽松地悬挂于腰间，使人显得高挑修长。在穿套装或连衣裙的时候，一根精美的细皮腰带能弥补服装色彩单调或板型不十分适合自己的缺陷，可以使得服装轮廓更为清晰，剪裁更显合体。喜欢腰饰的时尚女性不妨准备几款黑色、褐色、红色的细皮腰带，有了这几种颜色的腰带，就差不多可以从容应付任何颜色的服装了。

拎在手中的时尚

包，对于女人来说，既盛载着需求和隐私，也盛载着几年甚至几十年的观念与习惯。一包背到底的女人很多，“换包不换款”的女人也不少。更多的女人，是面对日日翻新的包世界发了晕，不是买多了，就是不知该买哪个。

一个女人的包，体现着她的生活品位和生活态度。可以说，包绝对是女人的另一种身份象征。因为一个包，其魔力足以令平凡的打扮变得时尚且有品位。因此，很多女人可以不要漂亮的衣服，不要精致的鞋子，不要昂贵的化妆品，但包，不能没有，而且，一定要质地上乘，剪裁精良，最好是品牌的。

包也是一件具有实用性的配饰物。包除了用来盛物之外，决不能忽视它跟服饰的互相搭配。包和鞋子一样重要，用得好是锦上添花，用得不好则是败笔。因为包不用像衣服一样换得那么频繁，所以包从款式到做工再到质地都要选上乘的，而且要与服装浑然一体，不能将就。因为，包在整个形象中处于很惹人注目的部位。若是皮质的，要注意皮质和皮鞋配套，颜色风格要与所穿服装协调。如果你穿着一套风格朴素的服装，却挎着装饰华美的皮包，会有一种喧宾夺主、“只见包而不见人”的感觉；相反，如果你穿一身华美的丝绒旗袍，却提着一只塑料网袋，则会令人遗憾不已。

女人拥有包的数量不必多，但质量要好。世界上穿得起3000美元裙子和5000美元套装的女人还是少数，更何况，再美丽的衣裳也不可能天天穿，更多女人只有足够的钱买几件常用的配件，来提升自己的时尚气质。尤其是名牌的包，对于女人来说，它是奢侈品中的“必需品”，可以选一只很实用的，只要和身上衣服没有太大冲突，上班休假天天都是它；可以是陪衬衣服的配件，花样巧思，增添特色；可以收藏放置，随时把玩，招摇过市，惹人艳羡，可以最快速度直接地提升时髦感。

包是女性饰品中最为实用的，也是个性和审美情趣最富有张力的表现语言。包可以作为服饰的一种强有力的补充，服饰中的一些缺陷和不足，可借包得以弥补。比如：不够奢华的服饰可以搭配高档的包；不够有个性的装束可以搭配别出心裁的包。包也可作为形体的一种协调和补充，比如过胖的体形限制了服饰的选择余地，可以选择高品质或流行时尚感强的包，起到最好的弥补作用。

包与人相伴同行，选用包能够较强地表现选用者的生活态度和理念，暗示出消费心态，是否选用名牌，选择何种质地，选择何种造型、色彩和成色以及保养程度，是需要用心设计和定位的。

包的美可以用多方面表现，表现的点有外形、质地、包带、佩件、挂件、图案等，不同质地的包，有不同的形象立体感，表面的纹理和光泽还会强化包的立体形象感，因此有“远看其形，近看其面”的说法。

作为女人，尤其是现代职业女人，包既不能太少，也并非多多益善。至少得拥有五个这样的包：

第一个包，是上班用的综合包。它应该有放得下A4的文件书刊那么大，色彩中性，皮质略坚挺，造型庄重。不是放在那里松松垮垮、没形没状的那种，让人怎么看都是一副坍塌落魄的职业形象。

第二个包，是公私两用的偏女人味儿设计的包。最好是单肩带式的。私用时放些随身物品，赴约逛街都足够对付。如若上班或公出，需“左背右提”时，它便可以拿来与第三个包相配。

第三个包，是纯职业类的。如果你是一位经常出差或外出开会，须随身携带电脑或大量资料的人，那么，这个类似男士公文包的“计算机文件包”便必须有。经常看到一些职业女性手里又是纸袋又是塑料袋稀里哗啦地赶赴会议现场，实在有失体面。这个包，记住一定是拿来与第二个包配着用的，单用的话，有点儿像男人。

第四个包，是专供出差或休闲场合用的。夹层多，安全结实，有一定的品质感，最好是可背的。因为，你必须腾出手来拉行李或拿其他的东西。

第五个包，是出席晚会或音乐会等社交场合用的。小型，精巧，华丽，女性化，平时就应买好备用。经常看到穿吊带晚装的绰约女人，却拖着一个与场合相悖的大包，不合规矩。

包，看起来事儿小，但它正雄辩地对外声明着一个女人对生活和职业的态度。作为一件与女人贴身的物品，它体现着女人的心灵和形象的品位。所以女人的包，必须按场合调换着使用，并把它们使用出充满逻辑美的韵律感来，才算正路。另外，应避免使用破旧、不洁净、过时的包。

始于足下的贵气

人们对鞋有不少说法。有人认为，鞋是身份的象征，尤其是在欧美国家，一些出身高贵或家庭教养良好的人，从很小的时候起就会被告知：鞋是人们对你的成就、可信度、社会背景、教养等方面的一个检验标准。因此，在上流人群中，人们常常会先看鞋再看脸。华尔街上也曾流行着一句俗语：“永远不要相信一个穿着破皮鞋和不擦皮鞋的人。”可见鞋的质量还与穿鞋者的可信度成正比。

还有人认为，鞋跟的高低与学识的深浅也有关系。美国的一项有趣的调查发现，中学以下文化程度的女性，鞋的高度较高，有越高越好的趋向。在大学读书超过4年的女性，多数人通常只穿薄薄的平底鞋。在美国，了解美国女人的文化水准，可以低头看看她的鞋。当然，这种观察有些绝对，不过是个可以参考的有趣的现象。

鞋不仅与身份象征有关，事实上，女人迷人的气质，很大程度也与鞋有紧密关系。穿平底鞋与穿高跟鞋，走路的感觉是完全不一样的。不管你是否喜欢穿高跟鞋，一旦穿上它，因为要平衡身体的重心，你会不由自主地变得挺拔起来。为了不至于走出“虾米”或“坐板凳”姿势，你必须适当地收紧小腹，伸直膝盖，将重心自然地从脚跟过渡到脚尖，让步履尽量轻盈一些。如此一来，走路时自然会变得优美婀娜起来。因此，即便个子偏高一点的女性，出席正式场合也可以选择稍有高度的鞋子。

当然，不要选择鞋跟超过5厘米的鞋子，那会损害身体健康。要想鞋与形体美完全统一，买鞋时首先要考虑舒适度，一双不舒服的鞋，会因不得不改变行走姿势而破坏体态，久而久之，会严重损伤形体。此外，对于职业女性来讲，过高的鞋子会限制活动范围，降低工作能力。

因此，在举行正式活动前特别要注意，不要在活动期间穿新鞋或高度不适合的鞋，这种场合女性最吸引人的魅力不是性感和妩媚。

鞋的选购和使用很重要，在法国女人选择鞋子非常慎重，既要耐穿，符合个性，还要注意可配搭性。一个有气质的女性，至少得有30双以上能够穿得出去的鞋子。其中12～16双可以搭配各式各季、适合搭配三种自己常用色彩的正式套装的鞋，3～5双晚会鞋，3～5双休闲便鞋，2～3双运动鞋，还应根据喜爱的运动项目选择适宜的专业运动鞋。如果你喜欢旅游、徒步旅行，还得特别准备心爱的旅游或登山鞋。运动休闲是放松和快乐的，穿上心爱的鞋，心中会充满的快乐和喜悦感。

如果讲究一些的话，你的鞋可扩充到80～100双左右。偏于时尚行业的女性还得有时装鞋，应当每一季都购进1～3双符合心境或者当季流行或经典的新鞋，让自己从脚底时刻散发出新鲜感与时尚感。

买鞋时要根据经济能力选择鞋的价位。但要注意，用于正装的鞋至少得有1～2款尽可能是知名品牌或品质非常好的。价格高昂的皮鞋不仅贵在牌子上，而且在精良技术和可靠质量上。通常600元的皮鞋，穿着时间是1200元皮鞋的一半；而2000元以上的皮鞋可以越穿越舒服且不容易走样。不过，如果不加保养，2800元的皮鞋很快就会看起来和600元的皮鞋没有什么区别。

高品质的鞋通常是手工制作的，制作者缝合时小心翼翼并且力求每道工序都尽善尽美，这会延长鞋的使用寿命。意大利的纯手工定制鞋，要经过多达300多道繁复工序的精工细作，并充分考量了人体工程学与力学原理，价格高昂是有道理的。

晚装鞋和时装鞋重在选择装饰性和可行性，品质方面不必太在意。当然，如果你是经常出席各种Party的社交名媛，这类的鞋可是亮点之一了。

如今，世界顶级女鞋品牌有：Roger Vivier、Manolo Blahnik、JIMMY CHOO、Salwatore Fer-ragamo、MIU MIU、Bally、BERLUTI、Gucci等，不管你是否消费得起这些名贵品牌，你都应该对它们有所了解和学习，正如你不可能拥有所有的名车、古董、珍宝，但你可以鉴赏和熟悉它们，这是一种修养和品位。每一个名牌都传承了特定的文化，凝聚了经典元素，可以陶冶你的情操，提升品位。倡导风格元素的品牌的鞋，是优雅女性的象征。这些品牌的鞋具有极强的舒适性和良好的耐穿性，从鞋面到鞋跟，都经过了精细的琢磨和处理，外表也优雅端庄，俏丽秀美，内部结构材质上乘，可以衬托出脚的性感与妩媚。一双好鞋会让人产生独特的自信，与鞋融为一体。

正装鞋选用3～4厘米高度的小牛皮鞋，端庄大方容易搭配。颜色以中性色为宜，尤其是黑色，黑色宜于和中性色调或更多色调的衣服搭配，包容性较强。当然，黑色并不能配所有的服装，浅色调衣服搭配黑鞋会显得过于沉重，这时你可选用有黑色部分的衣服来呼应，或是配一些黑色的帽子、围巾、项链之类的饰品。此外，如果找不到适合的鞋子配某件衣服，可以选中间色调。一般可选古铜色或红铜色的鞋子搭配暖色调的衣服，灰色、银色的鞋子搭配冷色调的衣服。因此，通常你应备有三种色调的鞋子，中性色黑色，中间色古铜色、红铜色、灰色等，还可选择任何一种你喜爱的色调，与你喜欢和适合的服饰色系搭配。

现代女人新饰品

几年前，手机、MP3、数码摄像机、笔记本电脑等数码用品，还只是女人的提包和上衣口袋里藏着掖着的一些工具，如今，这些装备早已不知不觉间转换了角色，成了与手袋、腰带和围巾一样，功能和装饰合二为一的现代饰品，成了知性和时尚女性的品位标识。女性们已经开始讨论什么颜色的手机配什么款式的发型、服装以及妆面色彩和指甲油了。

现代女人是离不开数码用品的，由于随身随手使用，数码用品的色彩、款式会对服装、化妆和其他饰品产生影响关联作用，选择数码用品时，已经不能仅仅考虑它的功能性了，还要考虑其装饰性，用好数码用品已成为现代女人时尚魅力的新元素。

选择数码产品作为饰品时，首先要注意产品与肤色及服装的整体感觉是否协调，特别是在色彩的冷暖方面是否和谐。

例如，如果你的肤色为冷色调，服装色彩应以蓝色、薄荷绿等为主，手机也应选银色装饰；如果肤色为暖色调，服装大多数都是橙黄、大红、橄榄绿等，手机应选金色装饰。黑、白、灰等中性一点的色彩，也可能符合部分人的气质，并且可以和大多数服装色系相配。现在有很多手机可更换外壳，有品位的女性更要用它与服装搭配。遇到你特别喜欢的款式，又没有适合的颜色，使用时可以在服饰中另找一点同色来搭配和呼应，如同色的某件衣服、丝巾、皮包等。

其次，选择数码产品作为饰品时，要注意符合个人的气质。现在的时尚数码用品款式设计非常具有个性，如诺基亚的折叠式手机7200，外壳的图案由一条盘旋的细线萦绕而成，看上去就像是俯瞰之下的米洛斯王朝迷宫，曲折、神秘、充满想象力，机身为鹿皮质感织物，还可以更换外壳，这类手机比较适合成熟、优雅、沉稳的职业女性。另外，手机的品牌也可以反映一定的信息，每一个品牌都有其特有的品牌内涵，可以反映取向类同的人群的喜好。比如，诺基亚倾向沉稳、实用，适合成熟人士；索尼、爱立信倾向感性、浪漫；摩托罗拉富有商业气息；西门子比较适合活泼一些的年轻人；蒙宝欧娇小、灵巧，很有女人味；三星时尚、个性，其非常独特的个人形象设计可满足时尚中人的个性需求。

另外，像手机一类的时尚用品，由于使用时接近头部和面部，在选择时还应考虑与发型和面部妆容的协调感。如果手机的颜色以冷色调为主，在搭配时要注意脸上所画妆容的色彩，尽量做到协调统一。配带色彩明快艳丽的手机时，唇彩的颜色应与其协调搭配，否则使用时整体感会显得突兀和有冲突。

对于时尚感较强、化妆用色较重的女性，数码产品的颜色可与妆容的眼影选择同样的色彩，以达到整体中两个色彩亮点相映成辉的搭配。至于与发型的搭配，主要取决于数码用品的造型、款式。如西门子首款旋屏设计的折叠手机，纯银白色的机身外壳时尚而不乏浪漫的气息，适合与风情万种的长卷发相配；清纯的长直发顺滑、流畅，可以选择东芝TS10之类的直线型款式；俏皮的小卷短发散发着青春气息，配活泼造型的索尼爱立信V800c比较适合；蓬松而略显零乱的束发，配NEC的N720等比较自然随意的手机；自然的空气烫卷发，可配三星的SGH-E418，圆润的线条如同一面小小的镜子，还具有健康、肥胖指数测试及粉红日记等女性化功能，很适合婉约气质的女人；古典而高贵的盘发可选择诺基亚7610、7280的经典黑红搭配系列，适合气质高

雅的成熟女性。职业感较强的中长发，可以选摩托罗拉的E680、E680i，干练且不失时尚、简约。喜欢平性化装扮的个性女士，还可以选三星的SGH-E758，黑色和银色的搭配，非常前卫。

第六章　声音：女人裸露的感性灵魂

声音是女人自然天成的乐器，是穿越男人灵魂的旋律，美与不美，就看你如何掌握和驾驭。一个有着动人音律的女人必定离气质优雅的美女距离不远，也许只是唾手可得的一步之遥而已。

优美是养出来的嗓声

甜美圆润或浑厚磁性的嗓音，会给人留下美好的回味和遐想。但声带是非常娇嫩和脆弱的发声体，如果不加保养，一旦损坏了，就会像一把没有哨嘴的唢呐一样，看着像一件乐器，其实已失去了原有的价值。

嗓音的保养，一半以上取决于细致的生活方式。在这个需要沟通的时代，打电话、交谈、开会发言、讲课或演讲等，都要用嗓。因此，建议大家重视声音的保养。

保养声音，首先应该学会如何正确地发声。有专家说，大约有七成人不会“说话”，也就是说有很多人的发音方式是不正确的。在任何时候说话都不要用力过度，而要用柔和的气息使其发声。运用声带发声就像打鼓的原理一样，有人总觉得鼓不够响而拼命用鼓槌砸，结果鼓面损坏了。声带比鼓面更娇嫩，用气过猛或用力过大都容易损坏声带。所以，千万不可拼命地喊叫。同时，应经常锻炼发声，巩固发声方法，提高发声水平。

身体健康是嗓音良好的保证，日常生活中，要注意保持身体的健康，让整个机体处于正常有序的状态，不要过度熬夜。人们大多有这样的体会，当身体不适时，声音也会变，这时要尽量少用嗓。比如在感冒时，声音会变得沙哑和粗糙。另外，女性生理期期间也应注意适度用嗓。鼻炎、慢性咽喉炎、扁桃体炎等疾病更直接影响嗓子的健康，要及时标本兼治。注意日常饮食，少吃强刺激性食物，常喝开水，连续说话15分钟以上时就休息、喝水。在较长时间用嗓后，不要马上吃太冷或太热的食物。

由于“发音器官”与“呼吸器官”紧密相关，平时可以多食用一些润肺的产品与饮料。比如琵琶膏、纯杨桃汁、葡萄柚汁、胖大海、罗汉果对喉咙都非常好。在长时间讲话前喝一杯热的而不是冰冻的杨桃汁等饮料，因为冰冻的饮料会使声带紧缩。嗓子有点发炎时可以用一点冰块来消肿。热茶的茶碱成分会让喉咙干涩，所以不建议长期饮用。咖啡由于过多的酸性物质会让口腔黏性物质过多，发音时会产生过多的唾液，影响声音的优雅，也不建议饮用。一般清淡的汤比浓而油脂过多的汤更为适合。

最后还应注意避免一些用嗓的坏习惯，如说话太快会影响呼吸和加重用嗓负担，一般一句话不应超过10个字。此外，习惯性清嗓也是坏习惯，清嗓会加重声带的紧张度，给声带造成损伤。

声带不理想和有问题的朋友，可以通过手术的方式得到改善。目前，在欧美已经开始流行“整嗓手术”，或许在中国也会流行起来。

传递清风的声音之源

大多数流连于梳妆台前的女孩，对自己的外貌、服饰很感兴趣，也很有信心，但她们却很少能留意自己的声音。我们常会看到一些容貌姣好、衣着入时的漂亮女孩，说起话来，却叫人直摇头，倒是那些面貌普通，但说话不快不慢、抑扬有致的女孩较能给人“舒服”的印象。所以，你若想使自己更具迷人的气质，除了一切外在条件，还得注意你的声音，更何况声音不单是吸引异性而已，与你个人工作顺逆成败也有关。

表达方式

其实，要想使声音更具表达力、说服力，只要用一点点时间训练即可，而且这也是一种乐趣。你不妨找一首最喜爱的诗，以各种戏剧化的腔调把它念出来：激动地、无精打采地、哀伤地、滑稽地、悲恸地，这样你就能更有效地掌握声音的魅力。

音　量

若想使自己过于轻柔的声音变得简洁有力，可以坐直（或站直）身子，头抬高，面向室内最远处高声说话，注意镜子里的身体语言；若想压抑过高的声调，应先放松心情，想一些熟悉的音乐旋律，并且练习使用轻声细语——即在说话中，故意将某句话说得很轻，不也可以吸引听者注意吗？

语　速

你若说话太慢或总是有气无力，可以在心理上制造些兴奋情绪，比如想想昨天老板夸奖你办事细心，或想想明天晚上的约会等。相反地，如果你说话太快，就要先了解原因：是因为你很性急，还是担心别人对你的话题不感兴趣，所以赶快把意思交代了事？

发　音

几乎每个人都需要在这方面加强练习，每个字不但要咬字清晰，尾音更要念清楚，很多人说话开头音量很大，最后几个字却含糊、咕哝起来。

音调的变化

写一个完整的句子，反复念出来，每一次强调一个字的读音，看看一句话会有多少种不同的含义。

语　汇

你如果发觉自己有某个习惯语，例如，每说一句话后面都加上“你知道吧？”或其他叫人听了无法忍受的口头禅，一定要设法改正。平时交谈固然可大量使用，但要看对象为何人，尤其正式谈话或演说时应避免使用为宜。

用手捂住一只耳朵听自己的说话声，就和别人听到你的声音一样：很成熟吗？还是太油腔滑调？太武断？有点傲慢？……你希望听到的是什么样的声音呢？

你若在贸易公司做事，商业会谈时的声音技巧就更重要，最好要给人积极的印象。你可以将要说的话先练习一两遍，以免正式说话时听起来像背演讲稿似的。在任何重要演说之前，最好关起门来安静独处五分钟。

声音既然能泄露你深邃的情感，你就必须尽量让自己在心灵最安适的情况下说话；用腹部深呼吸，将背部紧靠椅背，收紧臀部，再放松，重复这样做对你会很有帮助。对自己要有信心，为谨慎起见，可准备一张小卡片先做好摘要。

说话时要注意听者的反应，如果他心不在焉，你可以变化声调或者突然停顿一下，也可以暂时转开话题。

不要低估轻声细语的力量，若能利用它，比增强音量更能获得效果。当然，这时你不能说错话，因为对方会小心倾听你说出的每一个字。

别让你的谈吐“露馅儿”

你有没有想过，当你开口说话，从声音的质感、频率快慢，到你的表情动作、谈话内容，都会影响旁人对你的观感？

我们常在餐厅看到抢着付账的生活剧。男士们倒也罢了（虽然也不甚雅观），但请试想，将那些拉袖扯衣、又争又抢、加之以高分贝吼嚷“你这是干什么！”“不准付不准付！””我请我请！”等言行，放诸各位女性身上，会好看吗？

热情虽属我们的文化之一，或者你可以说，抢着埋单是一种美德，但真有必要在此时此地表现吗？好朋友谁请谁何须锱铢必较，轮流不也很好吗？

女性的谈话内容很容易“露馅儿”。听一个人说话，她的教育程度、气质、个性乃至年龄都可以猜出八九成。有时候，只需闻其声，而不用回头就知道她是不是“欧巴桑”。为什么这么准？因为有些人口中所传出来的都是一些八卦是非，她们旁若无人，口沫横飞。

还有些女人，衣着入时，不说话还能唬唬人，但一开口，前功尽弃。

音质是可以训练的。有些女人其实深具内涵，无奈受了破锣嗓的牵累，让人误以为欠缺气质。

什么时候该用什么音质和音量说话，也很重要。比如，在大场所演讲，如果你轻声细语，恐怕有一半听众会睡觉。又比如，在会议上说提案，声音听来毫无自信，你拿什么说服人家？生气骂人的话不可能好听，表情也不可能好看。对朋友也许还有顾忌，若对家人很容易就会失了分寸。所以，对家人若有不满，需要“好好谈一谈”的时候，应尽量约在外面。咖啡馆毕竟是大庭广众，顾及面子，我们自然会提醒自己注意话语和音量，反而谈得轻松圆满。本来可能会有的争吵和伤害，因为环境的制约，保住了感情，也保住了形象。

声音会透露情绪，也会显现你内心的情感。这么说来，它也算是一种外貌。

所以，你怎能不注意声音的美丑呢？

谁能发出独具魅力的声音

说话也是一门艺术。说话的过程是控制发音系统的过程，只有发音器官健全，并通过科学的方法不断地练习，才能掌握这门艺术。如果不能正确地控制和协调身体各发音器官，不去体验整个发声体的运动过程，要想拥有独具魅力的声音是非常困难的。

为什么我们会信任那些优秀的电视节目主持人呢？原因之一就是他们准确清晰、端庄悦耳的声音，他们的声音具有使听众不会轻易转移注意力的特质。这些主持人并不一定天生就有一副好嗓子，而是经过长时间的练习提高了音质和音色。有个非常优秀的主持人曾说，好的主持人是要进行严格的发音训练的。发音训练的第一课就是呼吸训练。说话和唱歌的发音方式是相通的。一些学习唱歌的方法也可以用到说话上。意大利男高音之父卡鲁索说："在所有学习歌唱的人中，谁掌握了正确的呼吸，谁就成功了一半。"气息是发出声音的动力，更是各种声音技巧的"能源"。

歌唱时正确的呼吸，既不是用两肩上抬、胸廓紧张的浅胸式呼吸法，也不是用腹部一起一伏、胸部僵硬紧逼的纯腹式呼吸法，而是打开口腔用胸腔和腹腔同时运动而完成呼吸动作。

其吸气要领是：吸到肺底——两肋打开——腹壁站定；

呼气要领是：稳劲——持久——及时补换。不过，要掌握好这一方法是有一定难度的，通常要经过专业训练。

也有一些简单易行的方法，如：平心静气地去闻鲜花的芳香；突然受到惊吓时的倒吸冷气；模拟吹灰尘。还可以利用早上起床的时间做一些训练，具体方法是：

全身平躺在床上，尽力伸展身体，收缩腹部，把一只手平放在横隔膜上，将另一只手放在胸骨上，然后尽力吸气，吸气的同时说："哦，哦，哦"，呼气的同时说"哈，哈，哈"，这样练习几次，能够使气息充盈全身。然后再说出"早——上——好"，说的时候，手要能感觉到胸腔是在振动。

然后坐起，双脚紧贴地面，保持身体挺直，再说几次"早——上——好"。最后，站起来在房间里来回走动，连续说"早上好，早上好"。注意在说的时候，要对自己充满自信。

接下来是共鸣训练。人的口腔、胸腔等发音器官就像一个音箱，搭配使用得当就能发出具有磁性的嗓音。为什么有的人说话的声音穿透力特别强，即使房间里噪音很大，也能听清他在讲什么，这就是共鸣的原因。你的声音必须是通过胸腔共鸣产生的，而不是堵在嗓子眼里被憋出来的。共鸣训练要注意对发音器官的控制练习，以达到好的音质音色。首先要练习如何张开嘴说话，而不是发声不动嘴，咬着牙齿说话。我们会注意到歌手唱歌时都是张大嘴，这样才能够清晰地唱出每一句歌词。讲话时你也应该尽力做到这一点。开始训练时，朗读以下的内容，大声进行练习：

胸腔共鸣练习：暗淡　反叛　散慢　计划　到达

口腔共鸣练习：澎湃　碰壁　拍打　喷泉　品牌

鼻腔共鸣练习：妈妈　买卖　弥漫　出门　戏迷

在练习时要注意仔细体会发音时胸腔、口腔、鼻腔共鸣的感觉。

最后是吐字归音训练。强调的是对发音动作过程的控制，是一种经过加工的艺术化的发音方法，目的是要做到吐字发音准确清晰。在培养歌手的录音室里，歌手要在一个规定的非常低的音量范围内，让人听清楚他唱的每一句歌词。吐字不清晰的人，即使声音很大，别人也听不清在说什么，更谈不上谈吐有魅力了。

声音不仅与喉咙有关，还是身体许多部位协调作用，相互配合的结果。你的身体就像一套最为先进和精密的音响系统，高品质且运行良好，才可以发出美妙的声音。

不管你原来的嗓音是什么样的，通过练习都能使嗓音体现出魅力、能力和个性，也能让坐在最后一排的听众进入你的声音磁场。

给你的声音做个“体检”

很多女性忽视声音所带来的非凡气质。通常，我们感受一个人的气质，是通过视觉、听觉、嗅觉获得的。感官系统能够收到的信息既可以给气质加分，也可以减分。这也就是气质的修炼要从多方面着手的原因。

气质的总分是由多方面复合而成的。女性随着年龄的增长，一些天然的青春美好的条件会渐渐减少，如果再不重视或没有后天修炼自己的气质，生命周期相对会短暂。修炼气质很像储蓄，平时积蓄得越多，最后获得的总值就越大。有没有储蓄，储蓄了多少，年轻的时候不以为然，年龄越大，价值和需求越大，用处也越大。

对于女性来说，声音的气质是相对容易修炼和保持的。很多人还没有意识和重视提升这方面的气质，增长和对比的空间是很大的。此外，声音源自体内，每个人都可以有更多的驾驭力，而不受条件和金钱等因素的限制。同时声音由听觉感受，少了视觉感受的复杂性，成本和代价相对较低。

要应用好声音，首先应分析和了解自己的声音状况，再有针对性地做相应的训练和调整。可以先给自己做个声音“体检”，看看你的声音是否存在不足。具体方法很简单：

用一台质量好的录音机或录音笔，把你的声音录下来，慢慢研究。注意不要刻意为录而录，而是收集你平时日常生活中的真实声音，例如，与他人交谈时的声音，发言时的声音等等。你可以找个朋友聊天，至少半小时，还可以请你的朋友帮忙，录你在电话中的声音，这样才能收集到分析时所需要的各种有用的声音。假如你做过这样的实验，你大概不会相信这是你自己的声音，因为我们讲话时所发出的声音不只是经过听觉器官，还会穿越口腔与咽喉引起振动，使声音发生变化，所以人们通常并不熟悉自己真实的声音。

以下是几种常见听的声音带给人们的形象及印象。检查时可做参照，用于分析和了解自己真实的声音：

声音过细：很多人认为声音细弱是女性发音的特征，这是一种误解。虽然女性的声音委婉柔美非常重要，但声音过细会给人柔弱、没有主见、缺乏工作能力的印象。

声音过尖：尖而刺耳的声音是一种比较神经质的声音，容易让人产生过于敏感、缺少自控力、心胸狭隘、不易沟通的感觉。

语速过慢：容易造成性格犹豫不决，缺乏自信和见地以及魄力不够的印象。

语速过快：容易给人偏于自我、急躁、情绪易波动、做事缺乏持久力，甚至固执己见、缺少合作精神、思想偏激的印象。还容易显得缺乏修养。

语音含糊：常常意味着缺少安全感，目标不明确，做事没有条理性，缺乏原则。

腔调做作：常常意味着轻浮、功利、缺乏内涵和自信。

另外，你还应该检查：说话时的发音部位是否靠前，是否有口头禅，是否有不文明的语言，是否带有地方口音，是否鼻音很重，咬字的清晰度如何，说话是否含混不清，声音的辐射范围如何，声音的表现力如何，是否让人感觉做作，呼吸的声音是否太大，说话时的停顿和语速的变化如何等等。

了解自己的声音形象特点，有利于调整和塑造更适合自己的声音形象。最后记住：最有气质的声音是自然、诚恳、充满自信和富有活力的声音。

灵动中跳跃的音符

在与人交往时，给人的第一印象除了举止仪态之外，那便是声音了，一个人的声音好不好听，给人留下的印象有着举足轻重的作用。

有人说，在决定第一印象的要素中，仪表与声音可以各占一半。因为只有开口说话，才能决定他人对你的真正印象。如果一个女人的外表举止很美，说话的声音也很美，那就等于在交往上长了两只翅膀，会更加充满感染力。

要使自己的声音有吸引力、让人耐听，用一个时髦的词语，就是要“包装”声音，塑造出声音的美。同样的话，从不同的人口中说出，其效果可能就大不一样。说话与发声是门艺术，除讲究抑、扬、顿、挫之外，还要求速度适中、强弱得当、高低和谐、感情丰富、转折自然等。

包装声音有三个要素，即节奏感、音量、说话的速度。

（1）要注意音调的高低变化。有的人讲话习惯于保持同一个音调，时间长了，就会使听的人昏昏欲睡，打不起精神，达不到讲话的表达目的。这样再精彩的内容也不会引人注意，也不利于交往。

（2）注意口齿清楚，不要有太多的尾音，每个音节之间要有恰当的停顿。太大的声音会让人反感，以为你在那里装腔作势；音量太小会使人听不清楚，让人误以为怯懦。一般来讲，要根据听者的远近，适当控制自己的音量，最好控制在对方听得见的限度内。

（3）说话速度不要太快或太慢，应追求一种有快有慢的音乐感。在主要的词句上放慢速度作强调，在一般的内容上稍微加快变化。无变化的声音是单调的，如同催眠曲，令人进入精神抑郁状态。说话的音量和音调也应随着内容和情绪的变换而变换，时而侃侃而谈，如淙淙流水；时而慷慨激昂，似奔泻的瀑布。在不同声音段里，要有高潮、有舒缓、有喜忧，才能引人入胜、扣人心弦。巧妙地利用嗓音来加强语言效果，这是演说家的秘诀。优美的嗓音富有磁性，具有声乐感，能使人一开口就吸引住对方。

至于声音，除了技术性的修饰之外，重要的在于内在感情的个性色彩。现代人讲究男女平等，男女之间应该是平等式交流，有的认为淑女应该轻启樱唇，说话轻声细语，忌张大嘴巴。有人遮着嘴巴说话，故作矜持，也是不可取的。某些不符合现代观念的古老礼仪应当摒弃。人的声音虽说是先天的，但也离不开后天的培养与修饰。

要修正自己的说话习惯并不容易，这需要不断学习。平时可以听一听周围说话动听的人是怎样控制声音的，还有一个最好的范本，就是新闻播音员、电台主持人或明星的说话，因其经过专门训练，其语速快慢、音调高低、音量大小就恰到好处。当然，这并不是要求说话的方式与他们一模一样，恰恰相反，我们需要在讲话中逐步形成自己特有的风格。比如有些人盲目模仿港台明星们说话，极不自然，令人反感。所以在练习说话时，应力求找到一种既适合自己又动听的语言表达方式。这样通过包装声音，就会使你的整个形象得到提升。

脚步声的美容

近几年来，因为流行高鞋跟的鞋子，脚步声理所当然的变大了。

脚步声很大，而且还有特征，这对女人来说象征了什么？

如果说有特征，怎么想都觉得是不正常的走路所造成的。轻快、优雅的脚步声，宛如时钟的规律滴答声，并不太会传入耳中。但是拖着鞋跟走路的声音，却像噪音一样，让人觉得刺耳。

静心倾听自己的脚步声，并不是“叩、叩，叩”清爽的声音，而是“喀嚓、喀嚓、喀嚓”沉重的声音；如果身体疲倦，听起来则是“咯达、咯达、咯达”的声响；“喀嚓、喀嚓”般浊重的脚步声，就如同我们面临的沉重压力一样。

当我们垂头丧气地走路时，会是什么样的脚步声？反之，昂首挺胸时又是什么样的声音？结果，其间的差异十分明显。垂头时每步的脚步声都很沉重，昂首向前时的声音则是短而轻快，真令人诧异，答案就是这么简单。走在暗夜的路上，尾随在后的脚步声会产生一股莫名的压迫感，那样的声音如果不是真正的“怪客”，就是因为被人怀疑而感到紧张的脚步声吧。脚步声竟有如此微妙的差异，不仅可以呈现当天的身体状况，甚至连精神状态也能显露出来。这令人联想到，灰姑娘的鞋子小而华丽，而坏心肠姊姊的鞋子则大又笨重。

女性上班族就有女性上班族的声音，家庭主妇就有家庭主妇的声音，也许人的职业都能从脚步声中展现出来。

别人尚未见到你的身影，你的脚步声就已经在诉说自己。在身体未及的地方，脚步声已经在透露你是哪种类型的女性。女性朋友一定要尽量留意自己发出的脚步声。朋友会觉得你的脚步声像在说：“我正在工作！”压力大的女性上班族，虽然不希望让别人只注意到这一面，但是脚步声是骗不了人的，它是声音的另一种诠释。

第七章　举止：优雅的举止，迷人的气质

粗俗必定会毁了女人的气质。只有举止优雅的女人，才会赢得尊重和爱。一个普通女人，就凭自己的优雅举止，便足以表现出诱人的气质。

拥有迷人的身体语言

很多人相信身体语言揭示人的内在世界比语言更真实、更可信。也许你还没意识到你的每个动作会有这么大的影响，但是不要忘了，每个观察你的人都是业余心理学家，他们会无时无刻地、准确地分析你的每个动作。

很多无意识的身体语言，可能带来意想不到的后果。呆若木鸡、抓耳挠腮、僵硬的手势和指手划脚的动作，都会毁坏你的形象，在工作中，也有很多“性骚扰”的开端，是由身体语言而引起的。

一个有气质的女人会懂得如何运用一切可以掌握的技巧去强化自己的形象，身体语言是现代人必须掌握的一门交流语言，身体语言的交流比语言含蓄、微妙、可信。

避免消极身体语言：

（1）避免抓耳挠腮、摸眼、捂嘴等具有说谎嫌疑的动作。

（2）避免双臂交叉在胸前，它表示抵触、抗议、不屑一顾、防范。

（3）不要脚、腿不停抖动，它在告诉别人你内心紧张、不安。

（4）不要做不必要的身体移动，这样会显示紧张、焦虑。

使用积极的身体语言：

（1）身体的接触，传递亲和力。

（2）交流时与他人之间的距离尽可能缩短，以增加情感距离；但也不要太近，不要侵犯个人的空间。

（3）倾听时，身体前倾，全神贯注。

（4）入门时，目光平视、挺胸、抬头。

（5）就坐时，尽可能占领空间。

（6）交谈时，不要忘了点头。

（7）开会时，坐在领导的左边，而不是右边。

可以利用的身体语言：

（1）倾听时，把手掌放在脸颊上——评估和分析你的说话。

（2）手抚下巴——考虑你的意见。

（3）双手指互对并指向上方——展示出自信。

（4）双手掌互贴——说服你，请求你。

（5）眼睛迅速上挑——对你所讲的很兴奋。

（6）双手互搓——积极参与。

体态折射内在的品质

人体的骨架由206块骨头组成，骨骼支撑着女人的血肉和灵魂。最美的女人，体态也是优美的，也许她体形略胖或稍瘦了一点，但是体态一定是优美的。体态端正而挺拔，是体态美的基本要素，好的体态不仅是女人外在美的基础，也表现着女人对生命的态度和对未来的追求。

身心和谐的女人，体态是柔和舒展的；积极进取的女人，体态是挺直端庄的；心胸豁达的女人，体态是雍容饱满的；优雅高贵的女人，体态是优美动人的；善良温柔的女人，体态是柔美感人的。体态是女人灵魂和内在精神的物化，女人的

体态、品质和性情应该是和谐统一的，寻找和锻炼属于自我风格的体态，是气质美女的又一门重要课程。

女人有静态和动态两种美的形态，女人的曲线、质感、举手投足是最为动人心魄的美，是在两种状态中交替表现出的美，要想获得这种形态美，要从人体的几种基本姿态做起。

一个气质美女不仅仅要学会怎么站立、怎么行走、怎么坐卧的基本形态，还要学会日常工作生活中常有的姿态，比如携带和提拿物品、下蹲、读书、打字、打电话、讲演等等的姿态。你在家里应该安装一面足够大的落地镜子，以便可以经常在镜子前练习最佳的基本姿态。你还需注意如下的体态问题：

1．随时注意收腹挺胸，专家的美丽秘诀是“提收松挺、持之以恒”。

2．感觉脊椎、胸背、尾椎呈一直线，向上牵引，头部朝天。

3．提拉颈部，舒展盘骨，使颈椎引导脊椎，处于正确的正位状态。

4．无论是站、坐、行、蹲、抬头或是低头，腰、胸、背部都应尽量保持挺直体态是女性气质所在，挺拔和舒展是体态美的核心。

5．避免不良的体态习惯，比如斜肩、驼背、隆胸、罗圈腿、内外八字等。

6．体态保持端正，动作和谐，避免怪异动作，肢体形态应规范紧凑。

7．梳理和疏通体内气息，促使内分泌系统正常有序，保持良好和健康的身体机能。

8．学习正确的体态知识和形体礼仪，诸如如何就坐、如何行走、握手、举杯、交谈、接待等等姿态的礼仪常识。

心灵闪动的一束光芒

眼神是透过眼睛传递情感的一种动态语言。瞳孔的变化，眼球的运动，直接受脑神经支配，因此，人的感情能从眼睛中反映出来。瞳孔的放大和收缩，真实地反映着人复杂多变的心理活动。

如果你细心观察会发现，很多成功的演说家之所以很有感染力，除了语言、声音、内容等因素外，他的眼神起着至关重要的作用。通常，他们非常善于通过丰富和生动的眼神与听众互动和沟通，充分调动和影响听众的情绪，调整会场的气氛，获得理想的演讲效果。

在人际交往和两性关系中，如果你善于借助眼神表达，善于从眼神中了解对方，往往会给对方默契和善解人意的印象，无形中也提升了你的个人气质。

当然，不同的场合，面对不同的人，眼神是不同的。道理很简单，如果你用看情人的眼神去看同事或朋友，那是不恰当的。

如何借助眼神运用增添女性的气质，是需要学习和修炼的。人际交往中，如何做到见面打招呼能从你的眼神中读出微笑？可以试用这个方法：打招呼之前，先用眼睛静静地看对方 1 秒钟，将对方的面容印入脑中，然后从眼睛开始，让亲切和温暖的笑容从眼部表现出来，再慢慢扩散到整个脸上，1 秒钟的目光停留，是为了给对方一个尊重的礼遇和专有的笑容，容易让对方留下深刻的印象和好感。

男女交往时，眼睛“放电”是感情交流的重要方式，不同的眼神有不同程度的电波，不同特性的人对不同的电波有不同的感应力，如果想增加对对方的吸引力，也可以学习如何“放电”，如何让眼神更带“电”。方法是：首先你应掌握如何注视他，传情的眼

波是不能死死地盯着对方看的，最好的做法是，先注视对方5～10秒，之后转开眼睛2～3秒，然后再充满笑意地迎上他的目光。开始时，你可以对着镜子，想象它是你心中的对象，反复练习妩媚、柔和、专注的眼神。这种眼神一定要真诚和由心而致，能不能做好的标准是首先能不能感动你自己。在搜索和练习的过程中，你可以多看一些经典、感人的爱情影视剧，多观察剧中男女之间怎样用眼神，多模仿，多练习，这是修炼情感眼神的一个好方法。

要用好眼神，眼神的光泽和神采很重要。为此，在饮食方面可多吃一些含维生素A的食物帮助眼睛保持和增添水润和生气，让眼神更有光采。还可加强眼部训练，可做美化眼神的眼部体操，常做眼部"体操"可提高眼球、眼睑运动的幅度、灵活性和可控能力，从而让你的眼神更为灵动。方法是：

第一步：自然站立，头部正直、下颌微收。练习中，头部的位置始终不变；

第二步：眼睑抬起，瞪大眼睛，正视前方某一物体，努力将其看清；

第三步：眼睑渐渐放松，眼球回缩，虚视前方；

第四步：眼睑抬起，眼光自左向右缓慢扫视，直至看到最侧面的东西，目光所到之处努力看清视线内的物象；

第五步：目光由右向左扫视，方法同上；

第六步：眼光由下向上缓慢扫视，眼睑尽量向上抬，直至看见最上方，目光所到之处，努力看清视线之内的物象。

每个女人都有自己的星座，每个星座的女性通常有共同的特性，专家给出了名星座的眼神特色，你可以试着设计自己的眼神：

白羊座眼神特色——热情；金牛座眼神特色——憨厚；

双子座眼神特色——灵活；巨蟹座眼神特色——善良；

狮子座眼神特色——自信；处女座眼神特色——沉稳；

天秤座眼神特色——优雅；天蝎座眼神特色——神秘；

射手座眼神特色——直率；摩羯座眼神特色——自制；

水瓶座眼神特色——知性；双鱼座眼神特色——朦胧。

微笑，动人的乐章

古人云：“回眸一笑百媚生”，此言有些夸张，但是，笑能给你增姿添色却是真实的。

在日常生活中，友好、真挚、楚楚动人的微笑，必将会散发出女性的芬芳气息。在你使用化妆品的同时，切莫忘了微笑的化妆奇效。

当然，要笑得优雅，必须要有丰富的心灵内涵和较高的文化涵养。

腹中空空、言语粗鲁的人发出的笑声，没有音乐的美感倒似闹市上的噪音。

笑对于女性尤其重要，适当场合适当的笑，能够展示自身的最佳品位和气质。

笑容，尤其是女人迷人的微笑最让人心动。

女人在微笑的时候，一定要表现出温馨、关切的表情，这样能有效地缩短与他人的距离，给他人留下美好的心灵感受，从而形成融洽的交往氛围。

没有一个人喜欢怒容，也没有一个人不喜欢笑容。

各种场合，各种情况下，都应该学会随机应变，用微笑面对每一个人，让人觉得你有着良好的修养以及真诚的态度。

微笑有一种魔力，它可以使强者变得温柔，使困难变得容易，它是人际交往的催化剂。

微笑是一门学问，又是一门艺术。笑本身也有优雅与粗俗之分。抿嘴一笑、嫣然一笑、回眸一笑当属优雅之笑；哈哈大笑、皮笑肉不笑对于女性来讲总是不合时宜的。笑要不露齿，笑要掌握分寸。如果我们能够巧妙地运用，那么，女人在异性的心中就会魅力大增。

笑要发自内心，要自然、美好、真诚，切忌虚假做作的微笑。微笑时把对方当成自己最真挚的朋友，将会笑得更开心。

在正常的社交场合下，不要使用冷笑。冷笑是面对敌人，面对屠刀时使用的，它表现的是英雄女性的豪放。而对你面前的亲朋好友千万不要使用这种笑容。

"笑眯眯"也不好。笑眯眯总给人一种不自然、不真实的感觉，有耍奸、耍滑之嫌。

媚笑，这种笑法也是笑不露齿，但眼睛微斜，一旦与异性目光形成对视便立即转移，似有挑逗之意。这种笑不可不分场合、不分是谁随便使用，除非是丈夫、情人或心爱的人，否则会引起误会或令男士们想入非非。不过，这种笑对男性历来是很有杀伤力的。

爽朗的笑，这种笑给人一种愉快开心的感觉，易获得好感。但笑时切忌拍手拍腿，因为这样会显得粗鲁，除非是和自己非常熟悉的朋友在一起才可以。这种笑是笑出声，嘴张大而露齿，有时会笑得前仰后合。但在一般的场合中最好控制自己，不要笑得太过分。

瞬间的笑，这种笑介于微笑和媚笑之间，有附合、同意、赞赏和鼓励等意思。

不同的笑具有不同的魅力，作为现代女性恰到好处地采用各种笑，这不仅是有教养、有气质的表现，同时也是吸引众人目光的最佳方式，尤其更能吸引男性。

粗俗的举止会毁掉你的优雅

有些服装会毁掉女人的优雅，有些行为习惯也同样如此。哪怕是设计最优雅的服装，有些行为举止也会让它失去原有的效果。

先说说那些会让你举止失当的服装，你应该坚决避免穿这些衣服：

◎ 又长又紧的裙子。当一个脚步不稳的服装模特儿在时装沙龙里踉踉跄跄地走过时，人们都会对此忍俊不禁。那么你也能想到：当你穿上这种裙子，小心翼翼地在客厅里迈着碎步时，朋友们也会窃笑。

◎ 太宽的袖子。这种袖子所过之处，一切都打扫得干干净净。当然太窄的袖子也不行，太窄的袖子会让你没法伸起胳膊梳头，或者摘下帽子。

◎ 太窄的裙子，如果你穿上这种裙子，那么你迈步登上公共汽车时，就得把裙子撩到大腿上。也不要穿那些一走路就向上卷的裙子——好象裙子里有什么诡异的装置似的。（原则：买服装时，一定要试试穿上后能不能自由活动，并且能正常坐下。）

如果你想在行动时如同在静止时一样优雅，那么应该把上面列举的所有衣服都坚决地从衣橱中清除出去。

有些难看的动作会在一瞬间毁掉你衣着得体的形象。

相信你们决不会失态到这种地步，不过，你肯定见到过某位女士做出一些动作，一举毁掉了自己的优雅:

◎ 勤奋不懈地琢磨某种不熟悉的、费解的事物，结果把一根手指头伸到嘴里去琢磨了。

◎ 抓头皮。

◎ 拽腰带。

◎ 抻拉胸衣的带子。

◎ 用化妆盒里的镜子仔细地检查肤色和牙齿的状况。

◎ 咬手指甲。

◎ 站立或走路时内八字。

◎ 坐着的时候两腿叉开。

◎ 坐在餐桌边梳头。

◎ 公共场合过分大声地说话。

所有这些细小的动作会毁掉你在别人心目中的可爱形象。优雅的根本是可爱和得体，而可爱和得体则离不开行为举止的优美适度——这些都是在幼年时期培养形成的习惯。

不过，如果你在行为举止方面走到另一个极端，则同样令人讨厌:

因为害怕弄皱自己的裙子，所以直挺挺地像根棍子。

为了不坐在外套上面，因此把外套掀起来，或者任何时候一坐下就把裙子撩起来。

搔首弄姿地做出过分优美的动作，弄得自己像是巴厘岛上跳舞的土著人。

没完没了地在镜子前顾影自怜。

故意设计一些动作，并不断练习，力求完美，如同舞台表演(尽管第一次做这些动作时也许会很迷人)。

如果一个女人的动作完全不自然，那也是非常令人生厌的，这种做作的举止和粗俗的举止一样，最终也会让她失去优雅。

有修养的女人气质更优雅

对女人而言，比美貌更重要的，是那种从姿态中透出的魅力。时装模特并非个个天生丽质，她们之所以显得好看，是因为她们能摆出很多迷人的POES。香港著名影星张曼玉到韩国访问时召开记者招待会，在场的记者都忘了自己的问题，当时，女记者们被张曼玉的美貌所吸引，而男记者们则被她优美的跷腿坐姿迷得神魂颠倒，以至于大家都忘记了自己来的任务。男人看女人并不是单纯地看漂亮的脸蛋，他们会欣赏从某种姿态中流露出来的优雅和女性美，以及由此形成的和谐感。同样的动作也会由于做的人不同而姿态万千，所以让人感觉有魅力的姿势也是需要训练的。时常注意别人的眼光也很重要，随意地跷腿、向后倚坐、弓腰驼背地走路，这样的女人显然已经放弃做气质美女了。在任何时候任何场所，都不应该松懈对自己姿势的注意。基本姿势应该从站姿开始，因为只有保证站姿端正，走路时才能姿态优雅。首先，你靠墙站好，将脚后跟、小腿、臀部、背部紧贴墙面，肩膀和头不用完全紧贴墙壁。在这种状态下，腹部用力，这样腹部和臀部会感觉用力。然后将头向后靠，这时你要想象有人在拽你头顶的头发。肩膀放松，自然下垂，下巴一定要抬高。眼睛向前上方看是最佳的，胸部也要稍微朝前挺。现在离开墙壁，向前迈一步，这就是基本姿势。一定要随时记住这个姿势，坚持不要松懈。

充满魅力的优雅姿态的训练法

1. 优雅的走路姿态

美国女性中一度流行像玛丽莲·梦露一样摇摆臀部的“梦露走法”。这种走法别说性感，一不小心就会给人轻浮的感觉，因为这样走的时候重心是在下腹上。走路时最好尽可能地减少臀部的摆动，可以腹部用力，但要注意，腿部、肩膀、头部中的任何一部分不要先移动，一定要等上身在一条直线上之后一起移动，就像后面有风在吹着你走。最重要的是不要弯着膝盖走路，两个膝盖在走路时要轻轻地互相擦过，呈11字形。

如果走直线的话身体就会晃动，如果你走得比平时的步伐大一些，就会显得很有自信。脚后跟要先着地，然后才是前脚掌落地，此时手臂也要自然摆动，向前呈30度、向后呈10度是最自然的。

2.优雅的坐姿

坐在椅子上时很容易忽略姿势。坐在椅子上的时候，首先臀部要尽可能地完全坐在椅子里，伸直腰板。背和椅子的靠背相隔一个拳头的距离最合适，膝盖弯曲的角度要大于90度。在公共汽车上或其他公共场所，尽量不要跷腿。那样不仅显得腿短，而且会给人留下很无礼的印象。在随意的场合，跷起腿来，脚面放平，也会显得很优雅。不过如果你穿着短裙，跷腿的同时不停地拉裙子，这样子可不太好看。

3.用餐时的优雅

很多人吃饭时低着头，随着食物转动头部。这样显得很没有品位，因为不应该人跟着食物走，应该是食物送到嘴里来的。

在电影《公主日记》中，有个镜头是女主人公的公主课程。在训练用餐礼仪的时候，她被丝巾绑在椅子上吃饭，很吃力地用叉子叉住食物送进嘴里。这样的训练是为了改正弯腰吃饭的毛病，当然，除了姿势，还要记住吃饭时要尽可能地不发出声响。

4.优雅的身体语言

女性的每一个动作都要自然优雅，突然的奔跑或其他突发的动作都会让人觉得轻浮。抚摸头发的时候，从座位上站起来的时候，扭头向后看的时候，都要注意节奏，这样才能看上去更优雅。开关门的时候也要有暂时的停留时间。

需要注意的姿势

1.歪头

这样会给人留下挑剔或消极的印象，所以要抬头正视前方。

2.过分地向后仰

过分自信的人或傲慢的人往往采取这样的姿势。要给人自信的感觉，但不要让别人有抗拒感，试着拿出谦逊的姿态。

3.双手横胸的姿势

这也会给人很傲慢的感觉，似乎告诉对方你不是个轻易对别人坦诚相待的人，所以不要采取这种姿势。

4.下巴高昂的姿态

这样会显得你很没品位。要让下巴保持水平。下巴太低垂则会显得没有自信，所以也要注意。

5.拖着脚走路的姿势

感觉你很松散邋遢，要充满活力地轻盈迈步。

6.无力的姿势

就是肩膀无力地低垂，或者整个身体显得很无力的样子。通常事情不顺利或意志消沉时人们会这么走路，越是这样的情况，越应该意气风发地走路。

7.经常晃肩膀

适当地晃动肩膀会显得你的性格活泼，但是如果过分地晃动就会给人轻浮感，失去女性优雅的魅力。所以要注意，只能轻轻地晃动。

亭亭玉立

经常会发生这样的事，站在陌生人的面前时，突然发现自己不会站了，手放在哪都不好，只能去频频摆弄发梢或是不自觉地绞着衣角。

站立是生活中最基本的举止，站姿是生活中的静态造型，女性站立的姿势美与不美，直接关系到你的形象。所以你的站姿一定要优美、典雅，亭亭玉立。

站立的时候注意不要搞一些有损形象的小动作，像摆弄衣角、发梢、背包等物品，这种姿态显得小气、拘谨，给人一种怯生生的感觉。双手抱胸则会给人一种傲慢和不可亲近的印象。若在听人谈话时采取双脚交叉的站姿，表明一种基本上是排斥和审视的态度，也是不安、紧张心情的流露。过于随便的姿势也不可以：靠着其他物体，伸脖、塌腰、身体歪斜，或者两腿叉开距离过大，双臂交叉或双手

叉腰，远远看去如同鲁迅先生笔下描绘的豆腐西施，“像一只细脚伶仃的圆规”。

挺胸收腹，肩部放松，两脚跟要并拢，或者双腿靠拢成小八字或小丁字站法，身体重心要落在前脚掌。这时候双手可以相叠，轻轻地放在身体的前面（胃部或腹部），也可以双臂自然下垂；背手站立的姿势也可以。

头部一定要摆正，目光平视，背要挺直，下巴微微往里收，你要感觉好像有一根线从头顶穿到脚底，并且感觉有人在头顶向上提，这样就站直了。这样的站姿是具有充分自信的表现，并能给人以“气宇轩昂”、“心情愉快”的印象。

很多时候你做出什么样的姿势就会有什么样的精神状态，注意自己良好的站姿不仅会给别人留下一种优雅的印象，自己也会变得神采奕奕。

拥有轻盈的步态

每一个女人都想拥有流云般优雅的步态，款款轻盈的步态是女性气质高雅、温柔端庄的一种风韵。

挺胸抬头，目光平视前方，神态平和，脚尖向前，重心在脚尖上，双腿有节奏地向前迈进，双臂在身体两侧自然摆动。在这同时，手的摆动将带动整个上身，使脚步平衡，即当右脚跨出去时，整个上身随着左手往前摆动，而自然向右转动；当左脚跨出去时，上身即转向左边，而右手则摆向前方。连续动作看起来，就好像因肩膀左右晃动，带动了全身的摆动，而不是像有些人走路只扭臀部，而上身不动，这样会使上身看起来僵硬，缺乏美感。光扭臀部，又太浪漫性感，失去大方的感觉。

你一定看过小鹿走路时候轻盈优雅的姿态吧？没错，把小鹿班比当成偶像来学习，你一定可以为自己添加娴雅温柔的魅力，展示自身的风采。

穿着不同的服装，步态也要随之改变。当你身穿旗袍或窄裙、脚踏高跟鞋的时候，就不要迈着很洒脱的大步（当然穿着旗袍或窄裙要想迈大步也不是很容易），这可不是展示你潇洒的时候。但是膝部和脚腕也不要过于僵硬，更不可将臀部扭动得很厉害。步幅以小为宜，轻盈一些。

穿平底鞋走路时，应以脚跟先着地，所以平底鞋穿习惯了，要穿高跟鞋走路，就会同样以脚跟先着地，使脚尖抬起，会让人看到鞋底，如此的走姿就不太美观了。因此，穿高跟鞋走路时，一定要记住：脚底板平一点儿伸出去，让脚尖儿先着地，有一点儿像跳芭蕾舞时走路的姿态，这样就会感觉脚步较轻盈、优雅。

优雅地出入健身房

在一些最高档的健身中心，有这样一个让人倍感困惑的场景：

在年费高达16000元的某饭店运动俱乐部，许多平时衣冠楚楚的女性蒸完桑拿后，一丝不挂地在更衣室里走来走去。

而在年费为18000元的某俱乐部健身中心，上瑜伽课的女名人、CEO和贵妇们长时间迟到、高声打电话的现象也并不少见。

对于普通的市民来说，每天为工作而奔波忙碌，能够挤出时间去健身房锻炼已经很不容易。然而等到打算好好锻炼时，却发现健身房已经成为不太文明的场所。所以，如果不想自己失礼或者苦恼于如何应对别人的失礼，请温习以下“健身房礼仪”：

1.得体地观看电视。若是共享公用电视，请尊重他人喜好，切勿播放肥皂剧。尽管众口难调，可是像旅游、体育以及音乐频道，基本上都能兼顾大家的喜好。选择节目也讲究先来后到，离开时，可把遥控器交给你后面的人。

2.禁止高声交谈。经常有一些女孩在这里畅谈泡吧的神奇经历，老板太可恶so I want to kill him ，家庭苦恼以致成为Desperate Housewives，还有一些无名女演员抱怨制片人声名狼藉，贵妇们则到健身房尽情炫耀新近的采购成果，但是，这些更适合在私密场合而非健身房谈。

3.着装要得体。这里不是时装show，也不是鸡尾酒会，不必每隔五分钟就对着镜子补上厚厚的粉底，也没有必要穿着色彩鲜艳或带精致绣花的服装，更无须戴着价值10000多块钱的镶钻劳力士表，或者精致耀眼的耳环。也许你的耳环碰巧就砸到了旁边健身的帅哥，或者很不幸地卡在踏车里。

女士们，请不要在健身房太暴露胸部，我们不想让男性健身者因此怦然心动，特别是运动后，他们的心脏已经跳得够快了。

4.及时让出健身设备。在健身高峰期，不要在某个器材上停留多于20分钟。

5.管理好你的眼睛。别目不转睛地盯着某位穿着紧身莱卡、曲线毕露的女士或男士看，请把目光停留在相对中性的位置。

6.清理自己的汗迹以及别人的汗迹。离开前，请主动清理自己留下的汗迹。如果担心汗水会溅到其他健身者，请预先找一个远离他人的器材，或避免在高峰时段跟人挤。当你面对器材或座位周围散落的斑驳汗迹时，有三种解决方法：第一，让工作人员把汗迹擦掉，然后让身材魁梧的他去把那个粗鲁的人痛斥一顿。第二，把“肇事者”请过来，让他（她）自己收拾残局，假如被拒绝，告诉对方你将给健身部门经理写一封投诉信。大部分五星级酒店都有自己的健身中心，记录了会员的详细资料，可以给会员以警告。最后一招，就是要让在场所有人都知道他（她）的所作所为。

7.别让不识趣的人影响你的心情。去健身房不是为了结交新欢，倘若遇到有人想跟你闲聊，告诉他（她），你是来锻炼而不是来找男（女）朋友的。假如他（她）对你的话毫不理会，你同样可以尝试以上办法。

第八章　身体：怦然心动一瞬间

身体是承载气质的基础。身体是区别于肉体的，它与灵魂相连，与心灵相通。身体韵律的协调，让女人变得更加立体，饱满和生动。

探测你的神秘躯体

不同的年代、不同的国家和不同的种族，关于女性身体的美有不同的衡量标准，但仍然可以从中找出共通点。西方有位从事美学研究的人曾经归纳整理出了32个要点，包括线条柔和、乳房丰满、腋毛较淡、骨盆宽大、两腿修长、阴毛集中且浓密、体毛不明显、关节灵活、手形优美、肩膀微圆、腹部平坦和踝骨修长等等。

美究竟有没有标准呢？美是各人各异的，但当深入调查研究之后会发现，美的确是有标准的，比如古希腊著名学者毕达哥拉斯认为和谐能够产生美感。他发现的1∶1.618和1∶0.618，这种固定比例称之为黄金分割率。在达·芬奇时代已经有了相关数据，比如人的肩宽相当于1/4人体高度，头相当于1/8人体高度等，可见大量数据是客观存在的，一个领域、一门技术，只有当寻找到它内在的规律，掌握到量化的标准，才有相对的成熟性，人们才能更好地去研究、去探讨、去普及。

为此，我们研究的中国女性的审美标准是有价值的，女性朋友可以了解一些基本标准，提高对人体的审美能力。

女性身体的曲线美是通过各部位的围长比例来体现的。国际通行的三围标准是胸、腰、臀的比例为90-60-90，中国人的数值要低一点，中国专家提出是80-60-80。女性脸、眼、鼻、唇、颈、肩、胸、腰、腹、臀及腿等身体局部的美决定了整体的美丽程度，具体标准为：

脸：脸是一个人容貌美中最基础的部位。在众多脸形之中，瓜子脸是最美的一种脸型。

瓜子脸上部略圆，下部略尖，形似瓜子，一般又称为鹅蛋脸，这是中国美女的标准脸型。理想瓜子脸的长宽比例为34：21。

眼：不同的眼形其体现出的审美效果是不一样的。漂亮的眼睛应该是长条形的，中间宽，顺着眼角逐渐变细。内眼角有内陷的弧度，较长；外眼角有上扬的弧度，使双目呈现出神采飞扬的动感。最美的眼形称为桃花眼，其特点是：眼长，眼尾略弯，经常水汪汪的，闪出的光芒十分迷人。

鼻：美丽的鼻子要具备三个“黄金三角”，分别是：外鼻从正面观，以鼻翼为底线与眉尖点构成一个“黄金三角”；外鼻从侧面观，以眉尖点为高，鼻背线与鼻翼底线构成又一个“黄金三角”形；鼻根点与两侧口角点的连线是一个“黄金三角”形，并且这个“黄金三角”形的两条腰要正好与鼻翼的两面相切。

唇：中国传统对嘴唇的审美要求是其色要红润、其形要小巧，嘴角微翘显得俏皮。长期以来，人们对美的唇型基本达成了共识，即上下唇协调对称，双侧饱满对称，上下唇厚度适中，唇的曲线、弧度优美流畅。

肩：美的肩应两侧对称，拐角处圆润、丰满，曲线优美，不能平、削、垂、耸。平肩指左右两肩点呈一水平线；削肩指左右两肩明显窄而下垂；垂肩指两肩点明显下垂；耸肩指两肩点前倾，肩骨明显微微凸出。

手：手的长度应是宽厚的两倍半左右，中指的长度是手的长度的一半以上，手指纤细灵巧，指甲大而薄圆，皮肤嫩滑细腻无斑点。

臂：臂宜洁白细嫩如莲藕，臂腕骨骼要纤细，线条要圆润，脂肪要适度。

胸：丰满匀称，柔韧有弹性；乳头突出，略向外翘；以1.65m身高的女性为标准，两乳头距离应大于20厘米，乳房直径为10～12厘米，高度为5～6厘米。未婚少女以圆锤形乳房为美，已婚妇女半球形乳房为美。

腰：腰部是女性曲线美的核心，女性的腰应粗细适中、柔韧灵活、圆润，肌肤紧致不松弛，无赘肉，能体现女性的柔美。

腹：女性的腹部应有优美的对比曲线，正面看平坦，侧面看微凸，使整个躯干曲线柔和圆润优美；皮肤无色素沉着和妊娠斑，无脂肪堆积。

臀：圆润上翘；脂肪及肌肉丰腴，富有弹性；曲线柔和流畅；臀部大小与腰围粗细比例恰当。

腿：大腿白皙丰满、细腻而富有弹性；小腿肚浑圆适度；脚跟结实，踝部细而圆润；并拢时，双腿间有四个接触点，即大腿中部、膝关节、小腿肚和脚跟，这种既有接触又有间隙的形态使腿形看上去很美；大腿长度一般应为身长的1/4，围长平均比腰围小10厘米；小腿围长比大腿围长小20厘米。

足：皮肤要细腻白嫩、柔软光洁，无硬皮及老茧，大小适中。

甲：呈现健康的粉红色，有光泽，指甲大而薄圆，无棱纹。

美丽女人的七大营养

健康离不开营养，美丽离不开健康，这是一般人都有的常识和概念。可是又有多少人具备营养的基本常识，又有多少人在生活中真正能够重视营养，通过营养来获得健康，获得美丽？通常人们都知道，构成人体的营养素有七大类：

蛋白质、脂肪、维生素、碳水化合物（糖类）、矿物质（无机盐）、水和纤维，这是健康和美丽的源泉。目前有很多书籍介绍了七大营养素与人体健康的关系，这里主要谈一下这七大营养素与美容的关系。

蛋白质

蛋白质是生命的基础。是构成更新、修补组织和细胞的重要成分，是促进人体生长、发育、补充能量的重要物质。适量的蛋白质能维持皮肤正常的新陈代谢，使皮肤白皙滑嫩，富有光泽和弹性，头发乌黑发亮，指甲透明光滑。

缺少蛋白质，机体就会变得消瘦无华，皮肤弹性降低，皮肤干燥，无光泽，早生皱纹，头发枯干脱落等。大家都知道肉、蛋、奶、鱼是提供动物蛋白质的主要食物。植物蛋白质也有很好的完全蛋白质，如豆类蛋白质。此外，葵花子、杏仁、栗、荞麦、芝麻、花生、马铃薯及绿色蔬菜中也都含有丰富的完全蛋白质，可以补充食用。

脂　肪

脂肪是人体能量的来源之一，脂肪存储在皮下，可滋润皮肤和增加皮肤弹性，推迟皮肤衰老。人体皮肤的总脂肪量大约占人体总量的3%～6%。脂肪摄入不足，皮肤会变得粗糙，失去弹性。食物中的脂肪分为动物脂肪和植物脂肪。过多食用动物脂肪会加重皮脂溢出，促使皮肤老化。植物脂肪不但有强身健体作用，还有很好的美艳皮肤的作用，是皮肤滋润、充盈不可缺少的营养物质。此外，植物油脂中还含有丰富的维生素E等营养皮肤及抗衰老成分。

维生素

维生素对人体正常生长发育和调节生理功能至关重要。缺乏维生素易使皮肤枯黄和粗糙。维生素A能促进皮肤胶原蛋白和弹力纤维的生长与再生，更新老化细胞，加强细胞的结合力，避免和减少皱纹生长。维生素C有益于美白肌肤。维生素E能强健肌肤，抵御肌肤压力，清除自由基，促进皮肤微血管循环，让皮肤明亮干净，肤色自然红润有活力。蔬菜水果是提供维生素的主要营养素。

碳水化合物

碳水化合物是人体的主要能源物质，人体所需要的能量70%以上由碳水化合物供给，它也是组织和细胞的重要组成成分。碳水化合物能促进蛋白质合成和利用，并能维持脂肪的正常代谢和保护肝脏，从而从根本上起到美容养肤的作用。五谷类是提供碳水化合物的主要营养素。增加碳水化合物摄入量，还可减少脂肪摄入量，预防慢性疾病的发生。

矿物质

矿物质是人体所必需的元素，是骨骼、牙齿和其他组织的重要成分，能活化荷尔蒙及维持主要酵素系统，具有十分重要的生理机能调节作用。矿物质的主要来源是蔬菜、水果类。在美容护肤方面，矿物质起着重要作用。如铁缺乏时，可引起缺铁性贫血而出现面色苍白，并可导致皮肤衰老及毛发脱落；锌缺乏时，不仅可使皮肤干燥无光，保护作用降低，而且可以引起各种疾病，如痤疮、脱发及溃疡等；铜缺乏时，可引起皮肤干燥、粗糙，面色苍白，头发干枯等。

水

水是人体内体液的主要成分，约占体重的60%，有调节体温、促进体内化学反应和润滑的作用。水还具有传送的功能，人体通过水来吸收各种各样的营养物质，也借助水来排泄运送代谢物。因此合理地给机体补充水分，营造身体内正确的水流方向，是维持健康的一个有效方法。每天饮用的水是水的来源，从美容的角度来讲，体内水分充足，才能使皮肤丰腴、润滑、柔软、富有弹性和光泽。当皮肤缺水时会干燥起皱，缺乏柔软性和伸展性，加速皮肤衰老。

纤　维

纤维是植物中不能被消化吸收的成分，是维持健康不可缺少的因素，它能软化肠内物质，刺激胃壁蠕动，辅助排便，并降低血液中胆固醇及葡萄糖的吸收。人体肠道内每日都有废物聚积，如不及时排出，会产生有害的物质，不但对人体健康有害，还会造成一些皮肤疾患，如痤疮及酒渣鼻等。纤维素可清除有害物质，保持肠道功能正常，大便通畅，从而使皮肤健美光滑。纤维还具有较强的吸水功能和膨胀功能，容易使人产生饱腹感并抑制进食，对肥胖人群有很好的减肥作用。纤维含量高的食物主要有米糠、麦糠、燕麦制品、豆类、小麦及蔬菜等，每天的摄入量应为24.9~35.4克。

保鲜年龄始于颈

电影《画魂》里有这样一句话："十个美人九个美的是脖子。"可见颈部之美对于女性的重要性了。美颈是有标准的，既要线条优美圆润挺拔，又要皮肤白皙光滑，触之如丝绒。如果你细心观察，那些脖子漂亮的女性总能吸引更多异性的目光。

与面部相比，颈部的皮肤更加细薄脆弱，皮脂腺和汗腺的分布数量只有脸部皮肤的三分之一。皮脂分泌较少，保持水分的能力比脸部差很多，皮肤容易干燥老化，加之颈部经常处于活动状态，更使颈部肌肤容易出现松弛和皱纹。如不尽量保养，容易导致人未老颈先衰，有人说："数一数女人颈部的褶皱，就知道她衰老的程度。"

颈部护养要提早开始，尤其是已过25岁的女性，更要有针对性地对颈部进行护理，千万不能等到老化松弛、皱纹重重甚至沉积了许多脂肪之后再行动。

颈部保养可从以下几方面入手：

美容院定期专业颈部护理　现在很多美容院都开展有专业颈部护理项目，如芳香美颈护理、颈部美白护理、颈部嫩滑紧致护理等，侧重点各不相同，美容师一般会根据你的颈部状况和需求制定适合的护理方案和疗程，为你推荐美颈产品。这种专业美颈护理一般分为清洁、按摩和敷膜三大基本步骤。首先是彻底清洁，去除颈部老化脱落的角质；接着进行颈部按摩，以收紧肌肤、淡化颈纹，美化颈部线条；最后敷抹具有高度滋润和保湿作用的颈膜，为肌肤及时补充水分和营养。这种颈部专业护理一般适合每周做一次。

持之以恒的日常颈部保养　如果没有条件去专业美容院做颈部护理，也可以做好居家日常保养，同时，为配合美容院护理，居家保养也是必要的，因为单靠每周一次或每月一次的专业护理效果也是有限的。每天早晚要使用专业的护颈霜，进行简单的5分钟按摩，并注意防晒等，这些方法都有助于增强颈部肌肤的弹性，减少、淡化皱纹，防止松弛老化。还可选择品质好、有美白功效的按摩膏晚上睡前自己按摩颈部，这样可淡化颈部肌肤的色素。

如果你的颈部已经有了皱纹，可以为颈部作重点按摩来缓解，以令颈部肌肤紧致，淡化或消减颈纹。按摩时要使用颈霜或按摩膏，否则效果不佳。

按摩操作可这样进行　头部微微抬高，双手取适量颈部霜或按摩膏，由下至上轻轻推开，利用手指由锁骨往上推，左右手各做10次；用拇指及时推，在颈纹明显的地方向上推，切忌太用力，约做15次，最后用左右双手的食指及中指，放于腮骨下的淋巴位置，按压约一分钟，以促进淋巴循环。

多做颈部旋转、拉伸运动　如果你想美化颈部线条，就多做颈部运动，维吾尔族女性的颈部线通常比较优美，而且较修长，这和她们从小跳舞善动脖子不无关系。长期坚持做颈部运动，不但有助于塑造颈部曲线，还可避免因下巴皮肤松弛，脂肪沉积而形成双下巴。令颈部皮肤富有弹性，而且可缓冲颈部肌肉与皮肤的疲劳感。颈部运动可以在富有节奏感的音乐声中进行，方法为：将头部交替前俯和后仰；分别向左和右侧摆动；从左至右旋转，再反方向从右至左旋转；用头部画圈带动脖颈全方位转动等。

另外，还可练习瑜伽、形体芭蕾或普拉提一类的柔韧性运动，在美化塑造全身曲线的同时，颈部形态自然也得到了美化。

养成良好的日常生活习惯　良好的日常生活习惯对于颈部健美具有非常重要的意义。比如：睡眠时，应有良好的睡姿，高的枕头容易使颈部过度弯曲，容易产生皱纹。因此应使用较平的枕头；气候冷而干燥时，可围上柔软的真丝巾或羊绒围巾以保暖，防止干燥；穿高领毛衣或硬质立领衣服时，应穿一件棉质高领上衣，以避免磨擦颈部皮肤，皮肤敏感者不要穿透气性差的化纤高领衣服；避免将香水直接喷到颈部皮肤上；平时需保持良好的坐、站、立姿势，尽量保持挺拔之态；洗澡时水温不宜太高，以免过度刺激皮肤，造成松弛；经常用鸡骨头煲汤，其中的软骨素可以提高皮肤纤维的弹力，或用猪蹄炖黄花菜，其胶质亦能增加皮肤的弹性。这些好的习惯一旦养成，会获得很美的颈部。

如果颈部天生形态不美，过于细长或粗短，还可以借助衣饰进行巧妙的修饰。颈部太过细长会影响人的整体比例，可以用一些辅助饰物引开别人的视线。如在颈部使用围巾，提高领子的高度，佩戴引人注目的胸针等，在视觉上制造断面，使颈部显短；还可选择颜色鲜亮的口红，使人们的视线集中在唇部；选择蓬松的发型，使颈部产生膨胀感。脖子太短的人，可以选择凹领或V型领的服装，使颈部产生延伸感；借助稍偏长点的项链延伸人的视线；在颈部少量使用暗色调修饰；用阴影粉，加强立体感；把头发拢在脑后盘起来，亮出整个颈部。

提升韵色和形状，美胸现在时

乳房是女性特有的美的部位，每个女人都希望自己拥有一对美乳，可以为自己的气质加分。然而，由于遗传、生活方式、心理等因素的影响，不是每个女性的乳房都能完美和理想。乳房保养通常应从以下几个方面做起：

专业丰胸保健塑形　美容院的专业美胸护理多是采用具有丰胸功效的精油、健胸霜等专用产品，配合手工或仪器按摩及穴位指压，刺激胸部皮肤组织和穴位，促进血液循环。紧实胸部肌肤，增强弹性，丰胸或改善乳房萎缩及下垂松弛的状况，重塑胸部曲线。专业美胸护理一般包括清洁、按摩和敷膜三大基本步骤。这种护理可以结合女性生理周期来安排，还应给出相应的饮食建议。现在很多大型高档的美容院都配有营养师，这种做法在国外已很流行，服务变得科学而人性。通过专业的护理保养，既有助于美化胸部线条，对抗地心引力，防止乳房过早松弛下垂或萎缩，还能增进乳房健康，预防乳房疾病。

一丝不苟地做好日常保养　在做专业护理的同时应坚持日常保养，每天进行保养的效果是明显的。还应坚持使用一些实用的护理方式，这些方法是：

洗澡后，坚持用精油或植物型健胸膏对乳房进行5～10分钟的按摩，之后务必涂抹使用保养品；选用大小适合的高品质胸罩；每次淋浴时将莲蓬头的水流直冲击胸部至少1分钟，水温不能过高，以27摄氏度左右为宜；时刻保持正确的坐、立、行、卧姿势，走路时背部平直，收腹、提臂，坐立时挺胸、抬头、挺直腰板，睡觉时半侧卧或仰卧；运动时或户外活动时穿柔软的运动胸罩，使胸部活动舒适自如；每日清晨或夜晚做3～5分钟腹式深呼吸；坚持运动，最好是每周游泳2～3次，并注意使用防晒产品；不过度节食，每日保证食用新鲜蔬果和低脂肪的饮食；每天做扩胸、俯卧撑之类的能锻炼到胸肌的运动5～20次；进行"我的乳房又长大了"、"我的乳房又坚硬了一点"这类积极的心理暗示。

膳食丰满调理　女性乳房的状况与长期的饮食结构和习惯有密切关系，西方女性的乳房多发育良好，即使人很瘦，胸部也较为丰满，这不仅与种族因素有关，也与饮食结构有关。节食减肥过的女性多有这样的感受：节食期间，形体消瘦的同时，胸部尺寸也"缩水"了，因此，饮食连着你的胸部曲线。

保持乳房的丰满，可以适量吃鱼、肉和乳制品，保证身体所必须的脂肪供给量。多吃富含维生素的食物，如新鲜蔬菜、水果等。维生素A（胡萝卜等）有利雌激素分泌；维生素B（牛肉、牛奶及猪肝等）有助雌激素的合成；维生素E（大豆等）可促进和完善卵巢发育，增加雌激素分必量，刺激乳房发育，防止胸部变形。适量食用药膳，可在调理食物时加入红枣、山药、桂圆、川芎等具有活血补气功效、能药食两用的食材。

丰胸食材推荐　猪尾巴、凤爪、猪蹄、莴苣科蔬菜、瓜果类食物、核果类食物。

花生、腰果、核桃、杏仁、莲子、黄豆、红枣、桂圆、芝麻等都是具有良好丰胸功效的食材。

丰胸食谱推荐　青木瓜炖排骨、当归花生粥、核桃蚝油生菜、木瓜炒牛肉、腰果虾仁、猪尾莲子红枣汤、莴笋炒牛肉、猪尾凤爪香菇汤、木瓜黄豆猪脚汤等。建议最好在每次生理期过后连续食用。

褪去你最后的野蛮——脱毛大行动

当夏天款款而至时，爱美的女性，穿上飘逸露背裙、别致小背心、美丽的凉拖鞋，以美丽光洁的皮肤展现夏天的风情。与此同时，对自己腋下、胳膊以及双腿也要开展一次全面的“脱毛行动”。

1．蜜蜡脱毛法：主要分成两种，即热蜡脱毛法和冻蜡脱毛法。组成成分基本上有松香、蜂蜡、石蜡、凡士林、动物油或植物油等。脱毛时，均匀地沿毛生长的方向涂上一层薄蜡，然后，取一片布，上面也要均匀地涂一层薄蜡，轻压在脱毛区，5分钟后，一手按住周围的皮肤，另一手扯住布片，快速地逆着毛生长的方向撕开。

适用部位：蜜蜡脱毛适合于手臂、腿部、腋下的体毛。

效果：一次可以去掉一大片毛，即使再长出来的毛也比较细。

副作用：会引致疼痛；化学合成的蜜蜡容易对皮肤造成刺激；往下撕时，一部分体毛容易留在毛孔内，断了一半的毛端极容易扎入毛囊，引起毛囊炎。去毛后要特别注意清洁护理。

2．药膏脱毛法：类同此法有脱毛液和脱毛露等各种形式，但它们大都是利用氧化锌和硫化钡等化学药物，涂抹在脱毛区，运用化学反应，使毛发中的角蛋白溶解，从而达到脱落毛发的目的。可是，毛孔里的毛干及深层的毛囊却丝毫无损。

适合的人：适合怕痛但肌肤不容易过敏的人。

适用部位：腋下、四肢。

效果：专门对付细小柔软的体毛，可将大面积的毛发迅速清除。此方法对毛囊没有任何破坏，故持续时间不长，大概3天左右就会再长出来。

副作用：产品中的化学成分对皮肤有刺激，频繁使用或敏感皮肤会有过敏现象甚至发生皮疹，敏感体质的人更应慎用。

3．镊子拔除法：不少人喜欢用小镊子自己拔除汗毛，因为该方法可以斩草除根，毛发再次长出来的时间也比较长。但此法使用不当的后果也十分严重。

适合的人：毛量少，不怕痛的人。

适合部位：手臂、腿部和腋下的毛都适合用夹子脱毛。

效果：长出的毛比较细柔。

副作用：如果毛细孔清洁度不够，会使肌肤抵抗力下降，出现红肿和感染。要使用一些抗生素，以免感染。

4．电动剃毛法：电动剃毛刀的使用原理就好像男士剃胡须一样，剃之前要在皮肤上涂抹剃毛膏。随后把刀片紧贴于皮肤表面上，以同一方向拉动。这种工具比较适合于腋下、手臂和腿部的位置。其花费不大，只要定期更换刀片就可以了。但由于剃毛刀只能除去毛发外露的部分，所以，使用后仍然会在肌肤表面留下毛囊的黑点，不能达到彻底白净的效果，而且效果只能持续数天。

适合的人：怕痛而且皮肤敏感的人。

适合部位：适合脸部、手臂、腿部的细毛和手指上的短毛。

使用方法：要养成天天刮的习惯，否则长出一层黑色的毛茬很不雅观。

副作用：使用剃刀刮毛，汗毛会越长越粗。如果操作不熟练，容易刮伤毛细孔，损伤幼嫩肌肤，导致红肿。

5．激光脱毛法：波长在640～1000nm的光，照射皮肤后，能有效地穿透皮肤抵达真皮层，而位于真皮层中的毛囊和毛干中的黑色素，对此光极为敏感，选择性吸收这些光能后，同样转变为热能，使毛囊萎缩、毛干松动脱落，但数月后仍会复生。

适用部位：肤色浅，毛发较细且黑的人。

效果：通过破坏毛囊而形成永久的脱毛。

副作用：费用高，处理部位容易变黑或起水泡，处理不当易留疤痕。

夏日脱毛的注意事项

（1）并非所有人都适合进行激光脱毛。黑色对激光的吸收能力较强，所以已经晒黑或者肤色偏黑的人不适合激光除毛的方法，否则会灼伤肌肤。

（2）激光脱毛后，需要注意防晒，不然会发生局部色素沉着的情况。

（3）非医疗方式脱毛不能够达到永久脱毛效果，有些产品如脱毛膏所含成分易引起皮肤过敏。

做气质美女的细节美学

手脚、肘和膝盖，都是身体的细节部分，要让它们美丽柔滑，除了清洁、保湿和去除死皮之外，还有几个好办法：

在家里的每个洗手池边都放置一瓶润肤露。洗手后立刻用它，来防止脱皮和干裂。

每晚睡觉前，在手、肘、脚和膝盖处涂上润肤霜。

如每晚坚持的话，在夏天要穿露足凉鞋时，你一定很高兴。

洗澡时，用宽锉子或火山石来去除脚上的死皮。

经常做足部按摩

当脚后跟变粗糙或是脚踝干裂时，就用火山石轻轻磨掉表皮后涂上大量的润肤霜，几分钟后穿上袜子睡觉。应该经常这样做，尤其在冬天。

不光着脚走路

当觉得皮肤需要格外护理时，可在手上使用面膜。

修指甲的基本工具

火山石、剪皮剪刀、指甲剪、指甲锉、能帮助把角质皮脱落的木棒，护手霜、去光水、护甲油、指甲油和足尖分开物。

选择脚趾甲用的颜色

因为脚趾甲不如手指甲漂亮，所以鲜亮的颜色会使它们看上去好点。可以经常使用鲜亮的颜色，如大红。涂白色脚趾甲也流行过，不过它很容易显得脏。

牙齿爱美丽

在美国，只要你打开电视就会看到许多亮白牙齿的产品的广告，拥有亮白的牙齿是每个美国人的梦想。拥有健康的牙齿使你看起来年轻而清新。

拥有一口好牙，首先要靠父母给你好的基因。我们总以为自己的牙齿结实、牢固，然而事实并不是这样。不能养成把牙齿当工具的坏习惯，除了咀嚼食物外，牙齿不能作为任何工具。要修补它们，不仅痛苦，还要花很多的金钱和时间。如果你意识到你少年时拥有的牙齿将伴随你一生的话，你便会在生命中的每一天都好好照顾它们。

越早开始，越好。

拥有亮白牙齿和灿烂微笑的几个方法——

小心护理牙龈。每天早上，用食指套着湿的小毛巾来按摩牙龈，上上下下，前前后后。这样能帮助防止牙龈疾病。

使用电动牙刷刷牙，在每颗牙齿上花上5秒钟的时间，三餐后都刷牙。

刷完牙后使用牙线，它能十分有效地清除牙缝中的残留食物，防止蛀牙。

用金属匙来清理舌头。舌苔上有许多细菌，清洗它会对口腔卫生有帮助。现在有的牙刷背部做成粗糙的表面，也可以用来清洁舌苔。

口气不清新时，请用漱口水漱口，而不是嚼口香糖。

从不把牙齿当做开罐头和咬坚硬物品的工具。不要经常磕瓜子或坚果，以免弄坏或弄裂牙齿。

每半年做一次专业的口腔清理来防止牙斑形成（由于遗传的因素造成的）。每次清洗后，牙医会检查你的牙龈和所有牙齿，并为有可能生蛀牙的牙齿拍x光片。

服用维生素B来保持强健的牙龈和牙齿。

有些中国人的牙齿呈灰黄色，这是因为他们在幼年时服用“四环素”的缘故。对此，除了戴牙帽或者用粘贴术，我们没有更好的办法。目前，这些技术正日趋成熟，而且很有效果。

交替使用不同的牙膏。每3个月更换一次牙刷，超声波电动牙刷每半年更换一次刷头。

学会调节身体压力

冥想是停止知性和理性的大脑皮质作用，使自律神经呈现笼络状态的一种方式。简单地说，冥想是意识停止一切对外活动，而达到“忘我境界”的一种心灵自律行力。这不是一种消失意识，而是在意识十分清醒的状态下，让潜在意识的活动更加敏锐与活跃，调整自己与自然界感应的一种方式，冥想原本是宗教活动中的一种修心养性的行为，现在已经广泛运用在许多心灵活动的修炼中。如果每天能坚持做10～30分钟的冥想，能让身心归零，身心的调整会出现让人想象不到的变化，消极、疲惫、压力随之化解，人会更多地体验到喜悦、快乐、从容，每天感受到阳光的温暖和灿烂。

冥想的方法有很多种，瑜珈冥想、坐禅冥想、芳香姿势冥想、祈祷冥想等等。找到适合自己的冥想方式是最重要的，能使自己身心感觉舒适的方式是适合自己的冥想方式。如果冥想的方式不适合自己，反而会有压力感和痛苦感，带来更多的负面作用。

进入冥想状态，必须使全身的肌肉、细胞以及血液循环等都缓慢下来，当进入冥想状态时，不仅会体验到宁静和放松，一段时间后还会源源不断的涌出想象力、创造力与灵感，人的判断力、理解力都会大幅度提升。有几种目前流行的冥想方法，你可以根据自己的身体状况、时间和喜好选择进行。

瑜珈冥想：瑜珈冥想是运用瑜珈动作，达到身体关节放松及拉伸，使心情彻底放松，把注意力集中在某一特定对象上的深思方法。一般来讲，瑜珈冥想适合想深度放松、调养身心和有焦虑症、轻度忧伤状态、轻度强迫症、慢性失眠及更年期身心症等问题的人。瑜珈冥想是确保身体与精神两方面受益的方式，还能够让练习者放弃对健康具有摧残力的坏习惯，如饮酒、吸烟等。

简易坐势冥想法，是比较容易学习和坚持的瑜珈冥想方法。动作步骤为：坐在垫子上，左脚心贴在右大腿内侧，右脚脚心反方向贴在左小腿内侧，调整身体重心，双腿尽量铺在地板上，直立腰背，微收下颚，并尽量向上拉伸颈部；双手拇指与食指相接（莲花指），手心向上，手臂、肩部保持放松垂于腿部，闭双眼，用鼻子做深呼吸。这种方法需要注意：背部要始终保持挺直，不能下塌。

瑜珈冥想还有半莲花坐式、莲花坐式、仰卧式等，可以在专家的指导下练习。

坐禅冥想：坐禅冥想是发掘并发挥人类潜在智能和体能的良好方法。人如果受到过多和杂乱的妄念的影响，会消耗体能、降低智能，还会导致情绪波动、欲望强烈、怨恨、傲慢、失望等，使身体系统严重失调而失去平衡。坐禅冥想能够减少无益的妄念，使大脑经常保持轻松与冷静的状态。坐禅会让人坚强意志，改变气质；在身体方面，可以获得新的能量和活力；在心理方面，会得到新的希望，对周围的环境和状况，会产生新的理解和认识。

坐禅冥想的方式为：双腿盘坐，右脚背压于左大腿内侧，左脚背压于右大腿内侧。采用腹式呼吸，将注意力集中在呼吸上，一开始不必强求腹式呼吸，顺其自然，保持平常呼吸。持续下去，日子稍久，放慢呼吸速度，从而逐渐达到腹式呼吸。

音乐冥想：音乐冥想是一种优雅的冥想方式。选择一些舒服、放松和喜欢的音乐，最好是自然界声响的音乐，如浪涛、花香鸟语等，也可以是自然加上柔性的东西方乐器、神秘的电子合成音乐……这些音乐能够引你进入神奇的自然冥想，不同的音乐能带给你不同的心灵境界，总体来讲，音乐要柔和、愉快和轻松。音乐冥想在使人获得身心平和安宁的同时，还有激发无限的精神之爱和幸福美妙感受的作用，同时能刺激内心，焕发新的体内能量，净化心灵，释放心灵毒素。音乐冥想没有固定的动作，只要自己觉得舒服和适合就可以。

芳香冥想：芳香冥想是一种有嗅觉功效的冥想，选择自己适合的、喜欢的香薰精油，利用嗅觉慢慢释放心灵毒素，调节身体压力和不适，达到良好的减压和美容效果。这不仅是洁净心灵的一种有效的方式，更是舒缓并唤醒肌肤和身体活性，提高身体敏感度的一种方式。这种方式对女性更为感性，在冥想的同时，还会提升女人优美的性情和高尚的情趣。

2

内在气质修炼——“真女人”

气质优雅的女性是一幅多姿多彩的画，一首内涵丰富的诗，一个美丽无限的童话。她们不仅善于借助化妆和服饰妆点自己，还更注重内在气质的塑造。要知道，你的外在容貌会随着时间的流逝而改变，但你的内在气质却是永恒的，它刻在你的骨子里，永远消不去，抹不掉。

>>>>>>>

第九章　社交：让你的气质闪亮登场

衡量一个女人内在气质的另一标准是看她是否能赢得一个“自己的圈子”；是她在与外界的交往中换回的是“如鱼得水”的欢快还是“车辆堵塞”的难堪；是备受拥戴和欢迎，还是饱尝冷落和遗弃。

气质美女的自我检验

你可知道，你的一言一语莫不在昭告世人你是谁。透过谈吐，你的家庭背景、社会地位和教育水平便都泄了底。

你可知道，在开始交谈的四分钟内，就决定了人与人之间的关系。人们内心的真实感受几乎都是在瞬间完成的，这也决定你们彼此是有缘人，还是无缘人。

谈话是一门综合性的艺术，反映出每个人的性格、内涵、情绪、思维、教养等等，呈现出一种独特的个人方式。

生活中，有三种人谈话的情况最令人受不了。

第一种人，便是在初次相遇的社交场合中，向人问起个人隐私。比方说别人挣多少钱、情感世界，还有年龄。这可是大忌！如果西方人被问到这些事，回你一句：关你何事？那可是大大没面子的事。倘若你有探人隐私的习惯，别人便会忌你三分。关于私生活，除非别人自己说，便不要问。一般而言，年龄，更是女性介意的事情，除了不要询问，在称谓上也别把人叫大了。不要随便叫人阿姨、大姐、奶奶。

第二种人，是极度以自我为中心的人，他们总在滔滔不绝地述说自己。人多的时候，宜进行交谈，而不是独控发言权。与一个自我中心的人谈话，是一件令人万分厌烦的事。

第三种人，遇人便开始大肆倾倒情绪垃圾，拼命散播负面能量，令人避之唯恐不及。尤其是那种谈及个人复杂而不美好的关系时，会贬低对方的人，更令人无法苟同与信任。君子之交，不要口出恶言，说别人坏话的人，先给自己扣了分，令人怀疑转身你也会说他的坏话。

说完了让人不喜欢的三类谈话，也要检讨检讨自己是否经常犯以下的三种毛病：

第一种毛病，爱逞口舌之利，性喜斗嘴。在与人交谈的时候，往往挑战和挑剔对方不同的观点和语病，并常把问题个人化。强烈的好胜心，令自己呈现出缺乏宽容和理性的状态。想想看，一个人赢得了辩论，却失去了人缘，毕竟不值！

第二种毛病，口直心快。一个人老是管不住自己的嘴巴，尤其在情绪中说话失控，让舌头跑得比脑子快，经常说些不该说的伤人话，那可就是祸从口出了。有口无心，毕竟是莽夫和莽妇的行为。

第三种毛病，不肯认错，又吝于说对不起。过于刚强的人，往往拉不下脸来认错和道歉，其实认错和道歉是关系的软化剂和消毒剂，往往可以使僵持的问题和关系有转圜的余地。

在人际关系愈加复杂的当今社会，说话技巧和沟通能力变成日常生活和事业运作的基础，有一些准则必须要掌握：

1．尊重。在社交上最重要的技巧便是予人尊重。对于一个高等生命而言，最为宝贵的便是尊严。千万别忘了，每一个人的自尊心都是极为脆弱的，我们必须温柔对待。而且，待人有区别心，显现出势利眼，会令人感到浅薄。

2．友好。通常我们对别人友好时，别人立即可以体会，并且回应友好；倘使你采取敌对态度的话，对方亦然。笑容可掬，而且是发自内心地笑，因为笑容是可以传染的。

3．话题。谈话要以对方和大家感兴趣的话题为宜，同时，话题亦可显现出个人的素养和内涵。在这里有一个重要原则可供参考：一等人谈思想，二等人谈事情，三等人谈人。八卦固然有趣，可是实在缺乏营养，不妨从一些活动切入话题。例如电影、音乐会、画展、运动、佳酿、美食这些知识性话题，并且最好避开宗教和种族问题。

4.幽默。懂得幽默的人，可以达至谈话的最高境界不说，而且也是为人心胸宽大、具有风度的显现，这与个人的学养、经验、阅历有关。一个缺乏幽默感的人，又过于认真严肃的话，容易与人产生距离，不易沟通。相反地，幽默不仅给人带来欢乐，而且可以舒缓紧张气氛，并易于让对方接纳。不过，生活中能够妙语连珠的人毕竟是少数，但是至少应该学会幽默，并且学会自嘲，这样才能人际亨通。

学会讲笑话，而且不断开发和储备新颖笑话来及时运用，会为个人增加人气指数。再者，如果现在还会有人认为女性缺乏幽默感，又不会讲笑话，那才奇怪！许多女性不仅谈吐幽默，而且还都是讲笑话的高手。不过，有件事要十分小心，便是别人说笑话时，我们要采取鼓励的态度，对于听过的笑话，千万不要替人先说出结尾，那是令人十分讨厌的不上道之举。

5.粗话。一个有讲粗话习惯的人，绝难登上大雅之堂。如果一个长得十分秀气又十分时尚的女性，为了显现豪迈之气，常爱在谈话中加入“妈的”两字，听起来会十分刺耳，也折损了优雅。语言里出现了脏字，就像饭里掺了沙子，令人难以忍受。再者，现在流行讲黄色笑话，不过讲黄色笑话还是要顾及场合，因为但凡有一个人不愿听，也不能随便讲。

6.声调。说话的时候音量不要太大或太小；音调不要太高或太低；速度不能太快或太慢。咄咄逼人的语态令人无法消受，而平淡乏味的语调又令人昏昏欲睡。如果真想完善自己，录音下来自己听听看。

7.礼貌。当你在说话的时候，一定不希望别人左顾右盼吧？那么，己所不欲毋施于人。同样的，你不希望说话时有人插嘴，老是被人打断谈话，那么也不要对别人这样做。每个人都有优点缺点，你不希望别人批评你，那么就学会赞美，别做一个讨人嫌的专业批评家。最重要的一招，把“谢谢”挂在嘴上，万事亨通。同时，也别忘了要永葆清新的口气，烟味、蒜味、酒味等各种异味，尤其口臭，要用喷雾剂祛除，也是必备礼仪。

8.表情。希望你的表情能为你的话语作见证。小心，言不由衷时表情会为你泄密；皱眉，没人会相信你开心；走神，表示心不在焉；撇嘴是不屑，久了还会形成法令纹；吮指，幼稚；还有眨眼、挑眉、搔头、掩嘴都是不优雅的仪态。

9．体语。你的身体语言比口头语言更为可信，虽然它是微妙又含蓄的。例如双臂交叉在胸前是一种防范和抵制，双腿抖动显示出紧张和不安，眼睛不敢正视有说谎嫌疑等等。我们无时无刻不在通过丰富但无声的肢体语言说明自己，你的步姿、神态、眼眸都能表现你的幸福和痛苦指数！

10．聆听。你可知道，听与说同样是一种技能。用心倾听，不仅仅可以听出言外之意，而且可以使自己的思路更加清晰，并且不做无谓的谈论和争执。何况，多听少说本身就是一种最佳的学习之道。

身处这个凡人凡事凡物都讲究包装的年代，人际关系变得也和万事万物一样难辨真伪。也许要求做人纯真，有点太不切合实际了。不过，纯真还是必须的。纯真指的并非无知，也不是装傻，而是指人与人之间的一种可贵的澄澈透明度，也就是诚信。当然，坦白很好，交情深了，有些话该说当说，有话不说就显得疏离了。不过，交浅言深，交深言浅，这适当不适当，就得通过自己的经验和智慧来判断了。

谈话，真是一门深奥的艺术，而不光是技巧，我们得用心琢磨。

我是巧言 Lady

很多女人都有这样的体验，在走进一间陌生的房间，或是与一个不熟悉的人碰面时，在心里对自己说得最多的一句话就是：“我该怎么样打破僵局，交到朋友？”

而独处的时候，有时又会突然想起：“啊，那天我很唐突地说了那样的一句话。”或者是：“哎呀，我当时怎么说了那么破坏气氛的话。”想起来的时候，真是恨不得咬掉自己的舌头。

怎样避免这种尴尬呢？不要急，现在教你几招“巧言秘诀”，让你以后无论在职场上，在派对中，还是在朋友身边，都可以轻而易举地跨过与别人之间的栅栏，做个巧言OL (Office Lady)。

陌生朋友攻略

在觥筹交错、犹如美女帅哥集中营的派对上，怎么可以让别人认为你是一个沉默寡言的人呢？不要说这里没有你所熟悉的人，其实有些看起来很亲昵的人很可能是刚刚认识的朋友。只要勇敢地说出第一句话，你就已经成功了一半。

你可以观察一下你身边的人（或者你感兴趣的人），看看他们是否有比较特别的地方，如：有异族风情的配饰，或是一款你也非常青睐的手表。谈论这些细节很可能立刻吸引他们的兴趣。

聊天的话题最好选择节奏感比较轻松明快的，开心的一笑，会瞬间拉近你们之间的距离。

遇到自己感兴趣的人，为了给第二次的见面作好铺垫，你不妨直呼他的名字，说点无伤大雅的笑话，讲点轻松的小故事，给彼此留下轻松和谐的印象。

但要注意的是，交谈中，尽量不要提出一些只能让人回答“是”或“不是”的问题来。这样的话，等于在扼杀你们的谈话。

要给人能够展开话题的余地。而且，不要说出太随便的话，否则很有可能会冒犯到你新认识的朋友，使得你之前所作的努力全部报废。

办公室攻略

办公室虽是弹丸之地，但流言蜚语却此起彼伏，而其杀伤力之强简直令人匪夷所思。如何在办公室里保护好自己，实在是当务之急。

避免敏感话题，不要去探究别人的年终奖金之类你也不喜欢告诉别人的话题。

不要随意对同事发牢骚，诉说对公司制度的不满，小心传到老板的耳朵里，落得连申辩的机会都没有。

做个“含蓄”的人，无论富贵有余，还是穷苦不足，都不要向别人显露。而对于私生活，更应该保有隐私权。不要让老板认为你是一个控制不了自己情绪的女人。

雄心壮志要藏好。大张旗鼓地告诉全天下人你要坐上××职位，这无异于向同事乃至于你的上司宣战，小心“出师未捷身先死”。

上司如果对你发火了，你要保持自身一贯的作风，做到不卑不亢，应对有度。最后可以告诉你的上司，你已经作好听的准备了，请他坦诚地说好了。这样你反而会起死回生。但是如果是你的错误，你要恳切地道歉，弥补自己的过失。

想做一个洁身自爱的受欢迎的OL吗?那么请不要做办公室里的BMW(Big Mouth Woman)。适时地闭上你的嘴巴，你看起来会更加可爱和美丽。不要不顾别人的想法而肆意倾倒你的垃圾信息，更不要随便对一个不熟悉的人卖弄你的小道消息和私人问题。

举手投足显风仪

讲究仪表的女性往往具有高贵的气质，温柔妩媚的女性往往散发一种迷人的气息，彬彬有礼的女性能使其自身的美焕发出一种特殊的力量，而这一切是雅致、和谐和仁爱的总汇。一个女人的气质，包括了她日常生活的全部，一举手、一投足、一颦一笑，道尽美人无限魅力。一个受人尊重的女性，并不一定是最美丽的女性，但一定是仪态最佳的女性。

女性欲使自己得到内外一致的和谐美，必须娴熟地掌握社交礼仪。因为形体的美胜于颜色的美，而优雅的行为美胜于形体美。一个具有优雅端正的体态，敏捷协调的动作，高尚文明的言行，大方适度的修饰，还具有本人特点的仪态的女人所体现的内外美的统一，其精髓在于表情的温柔。温柔本身就是一种礼貌，一种仪态。

女人的优美仪态，包括日常活动的全部内容。例如坐的姿势、走路的步态、站立的样子、待人的态度、说话的声音、面部的表情等等，无不传递着自信、宽容、温柔、坚韧、独立的自我个性。良好的内在气质，配上美丽的外表，会让你的青春年华更加灿烂，更加光彩。

女性社交应把握的原则

1. 平等宽容

社会交往中，友谊第一，既然大家都是朋友，就没有高低贵贱之分。因此，相互间人格的尊重，友好和善的态度，亲切轻松的气氛，就显得格外重要。平等真诚、宽容大度从来都是高尚的美德。而自命不凡，咄咄逼人，尖酸刻薄，或者搬弄是非、妒嫉多疑不仅是愚蠢的，而且是惹人厌恶的。

碰上权威人士或名人，应从容淡定、不卑不亢，对名人也能像和普通人一样轻松自如。碰到争强好胜、锋芒外露的人，要敬而远之，千万不可与之硬碰硬。假如有人言谈举止不得体，或是某位女性服饰俗不可耐，你也不要显出自己的优越而对人投以鄙视的目光。

2. 礼貌待人

所谓礼貌，就是对人尊重。待人彬彬有礼是文明的表现，而粗俗无礼、蛮横放肆的人是不讨人喜欢的。作为女性，对于别人的礼让和关心，不必忸怩作态，可以自然大方且愉快地接受；同时，还应抱以微笑以示感谢，不可表现出理所当然，受之无愧的样子。

在初次见面和告别时，女性应主动作出握手的姿态。假如男性向你伸出了手，你应当也微笑地把手伸过去，而不要冷冷淡淡，置之不理。

3. 主动热情

待人主动热情可以表现在多方面。比如，主动接近那些被冷落的人，鼓励他们恢复自信心；当见到同事或朋友遇到困难，主动给予精神上或物质上的帮助；为客人热情地倒上一杯水等。不过，主动热情也有个“度”的问题。

殷勤得过分，会让人觉得虚假，或引起他人误会。最好的情况是主动的一方与被动的一方都感到自然舒畅，而不带有勉强成分。

4．注重信誉

信守契约，即“言必信，行必果”。不论与人约会，还是合作，或者答应别人的事，只要是有约在前，必须遵守，有言在先，必须做到。不能出尔反尔，如果有特殊原因确实不能履行，也应该先通知；事发突然来不及告诉的，事后定要恳切说明，表示道歉。

5．遵守时间

在与人交往中，树立严格的时间观念，会面、交谈、办事，最好事先约定，而且力求在安排好的时间内完成。在科学高速发展、知识爆炸的今天，时间就是生命。尤其对于名人、领导、律师、医生、科学家这类人，如果你不请自来，一待就是几小时，使他们正常的工作与生活经常受到干扰，不胜其苦，那么，你就成了一个不受欢迎的人。若有事，事先约定，然后准时赴约。

就餐礼仪

在宴会上，坐位顺序必须等女主人坐定之后，才能决定你该坐哪一个位子。

一般来说年长者先入坐，然后是第一次与主人见面的人，最后才是交情普通的朋友。

吃饭时，无论手肘靠在餐桌上，或者放在餐桌下，都违反礼仪。正确的做法是，手腕或手腕和手肘的中间点，轻靠在桌边，放在餐盘的两侧；进食后，手腕微微离开桌面。

坐定之后，餐巾往内折约1/3，将其轻轻铺在自已大腿上，餐巾可以用来擦嘴角和指尖，但是不可用来擦桌子。

吃饭前，最好能用面纸将多余的口红擦掉，口红会呈自然的色泽，就不容易弄脏杯子了。

进餐时，如果还没有结束，不要将刀叉并列摆放在盘子里。那样会让服务员以为你已经进餐结束，而收走你的餐具，中途停下来聊天或者做别的事情，要将刀叉摆成一字形或者八字形。切忌拿着刀叉手舞足蹈地说话。

女人与女人的社交艺术

俗话说，“三个女人一台戏”。“有女人的地方，笑多；有婆媳的地方，是非多”。由此可见，女人作为社会角色，她们的和睦相处不仅关系到一个小范围或局部的祥和，而且也关系到整体和全局的安定。那么，怎样才能做个在交往中讨人喜欢，赢得同性爱戴的好女人呢？

不要藐视对方，要适度赞美

女人通常视同性为天敌。正像一则笑话所讲：两对男女迎面走，男人看女人，女人也看女人。女人一般不把男人当作对手，这固然与传统的意识有关，更重要的是，女人先天带有某种自鄙的成份。所以，女人的敌人最终还是女人。女人吝啬对女人的赞美，女人轻蔑自己的同类。女人之间相处实非易事。

不要盛气凌人，要平易随和

有架子的人是人见人烦的。与其做个孤芳自赏的高傲“公主”，不如平心静气地与人谈天说地，做个善解人意的“灰姑娘”。女人，格外不喜欢倚仗容貌傲视自己的同类。相比之下，她们更愿意接受随意、温婉，同自己一样柔和、普通的女子。

不要浮躁轻飘，要笃定持重

好女人是所学校，认识一个稳重沉静、兼收并蓄的女人等于进入一所好学校。无法设想，一个见面嬉笑拍打的女人会在意和顾忌些什么；同样无法设想，一个轻佻风流的女人会以你的友情为重。端庄的女人是块标牌，她永远不会被漠视，永远令人怀想。相反，飘摆的女人有如水性杨花，智慧远她而去，美丽不能长久，甚至连善良也变得忽忽悠悠，缺乏应有的力度。

不要出语刻薄，要宽容待人

“刀子嘴，豆腐心”真写绝了女人！女人的心地或许是善良的，但那张不服输的嘴巴却往往坏事，影响了女人的交际成果。“瞧她那副德性，脸抹得跟白脸狼似的！”不用说，此种女人必定不会有好人缘。因为一个厉害、苛刻、得理不饶人的人是不会真正让人信服的。

不要唠叨，要恰到好处

唠叨是女人易犯的通病。婆婆妈妈，爱讲“车轱辘话”的女人无疑讨人厌，而且女人见面话又格外多，反反复复，倾诉自己的喜乐哀愁，也不管别人爱不爱听，径自讲个没完，自己倒是舒心，沉溺于一时的渲泄中去了，别人的情绪却给搅个乱七八糟。这种人，说白了，就是自私。所以，聪明的女人在与人谈话时，首先是个好听众；其次又能随时注意对方的反应，适机调整谈话内容，而不是一味自顾言语。

不要飞短流长，要守口如瓶

做女人最忌讳的是说长道短，所谓“长舌妇”，是最让人头疼的。今儿李家锅盖没掀就上了炕，明天张家婆媳打成了一团粥，后天王家三小子在镇里惹了什么事……如此种种，不一而足。且不说邻里不和、纠纷四起，单是那不值一提的“短长”，就足以使家庭内部分化瓦解，可谓后果严重。

不要炫耀卖弄，要自立自强

“你们瞧！我老公给我买的项链，24K 的，足金足赤！”“有啥稀罕？俺们那口子弄回辆宝马，瓦蓝锃亮，开起来别提多神气啦！”类似这样的场景和对话在我们的生活中并不鲜见。女人嘛，话题多半围绕丈夫、孩子，故而言语间有意无意总要甩带出那么一种自豪来，要么妻以夫荣，要么母以子贵。殊不知，正是这种自觉不自觉的炫耀，表明女人还没有从根本上自强自立。一个真正有智慧有实力的女性绝不会置身在他人的光环之下，她应该靠自己的气质赢得一切，包括友谊、爱情等等，而无须假借他人的什么来装点自己、陪衬自己、标榜自己。

不做闲话女人

扯闲话是女性的强项。无聊地谈及他人的事情可能并非恶意，但有时则适得其反。话一旦出口，就无法收回，任何由此带来的后果都无法挽回。因此，女性如果意识到某些话题会使自己和他人感到不舒服，就应尽量避开这样的话题。历经世事的人会经常这样说：“问问自己这话该不该说，这样说对吗？这样说是善意的吗？有必要说这话吗？”如果还有疑问，最好三思而后行。

让我们记住，不要总是打听别人的私事，女人不该老在这一问题上出错。的确，我们有时会经不住诱惑去打听别人的私生活，一旦意识到这一点，素质较高的女性会主动回避这种诱惑。

既然恶毒的闲话会伤害他人，使人难堪，何不温柔地讲一句：“既然她不在场，我们最好不要谈她的事。”或转移话题，这其实并不难。对恶意的言语不必认真。

我们时常会听到一些粗俗的语言。有些人专门喜欢在社交场合开一些有伤风化，甚至低俗下流的玩笑。一些笑话的确令人生厌，有些甚至并非玩笑，而是故意诋毁他人。我们对这种无聊的笑话嗤之以鼻，对一些带有偏见、极其乏味和影射他人的笑话，绝不随声附和。更重要的是，女人应当学会怎样对付那些令人讨厌的家伙，阻止他们散布无稽之谈，使大家都感到自在，你可以：

◎ 做愁眉苦脸状或借故暂时离开，表示你对这个话题不感兴趣，这样大家就知道你不赞同说话人的态度。你也少听了不少废话。

◎ 当有些人讲粗俗的笑话时，想方设法说些别的内容以打断他的思路。最好的方式是让他转移话题。

◎ 有时可以将计就计，装作没有听懂，让开玩笑的人解释一下。这不失为一条妙计。开玩笑的人会十分尴尬，于是就不再继续讲下去。用朱迪斯·马丁的话说：“要学会用社会学家的思维促使那些顽固不化的人转移话题。”

◎ 女性也可用旁敲侧击的方式暗示说话人，让他知道，他的语言不能被大家接受和欣赏。建议他说一些大家都感兴趣的话题，也给他挽回一些面子。

女性不要急于改变对方的观点，有些事情不是一天两天就能改变的。但是如果你长期和这种人在一起，比如在工作和社交中没办法回避他们，他（或她，指常讲无聊笑话的人）的出现，会时刻提醒你该及时地打断他，以防他一不小心又喷出脏话来。

最后，女性不要用一言不发或无动于衷的方式来回敬这些人。这样做很可能被人误解，人家还以为你赞同他（她）的观点呢。永远不要背离自己的信仰，不要做一个懦夫——女人不应对这种偏执的行为置之不理。

懂得赞美的女人最受欢迎

女人都希望人家说她漂亮，而男人都希望人家说他潇洒。在潜意识里，我们每个人都渴望得到别人的赞美。由此及彼，别人也渴望得到我们的赞美。所以，学会赞美别人会让你的交际无任何阻碍，也会成为你攻克社交难关的法宝。

谁都喜欢听好听的，人的天性如此。西方心理学中有一种说法叫做“真诚的肯定”，意思就是用赞美、热情及真挚的字句向你的朋友说你真的相信。

只要你适时而确切地发出了真诚的肯定，你就会得到接受你肯定的人的直接、友好的回馈。

赞美绝不是虚伪，但一定要真诚。朋友把事情搞砸了，你却“不失时机”地赞美道：“你做得真好，我还做不到那个样子呢。”这个时候，你的朋友会有被赞美的美妙感觉吗？

赞美是一件好事，但绝不是一件易事。赞美如果不审时度势，不掌握一定的赞美技巧，即使你是真诚的，也会变好事为坏事。

所以，我们一定要掌握下面六个技巧。

因人而异

人的素质有高有低，年龄有大有小。因人而异，突出个性，有特点的赞美比一般的赞美能收到更好的效果。

比如老年人总希望别人记得他当年的雄风。所以和他们交谈的时候，可以多称赞他引为自豪的过去；对年轻人不妨语气稍为夸张地赞扬他的创造才能和开拓精神，并举出几个例子证明他的确前途无量；对于经商的人，可以称赞他头脑灵活，生财有道；对于有地位的干部，可称赞他为国为民，廉洁清正；对于知识分子，可称赞他知识渊博、宁静淡泊……当然这一切要依据事实，不要夸大其词，以致让人觉得你很虚伪而产生反感。

有理有据

在日常生活中，成绩显著的人并不多见。所以，交往中应从具体的事件入手，善于发现别人哪怕是微小的长处，并不失时机地予以赞美。赞美用语越具体，越说明你对他长处的了解和看重。让对方感到你的真挚、亲切和可信时，你们之间的人际距离就会越来越近。如果你只是含糊其辞地赞美对方，说一些“你工作得非常出色”或者“你是一位卓越的领导”等空泛飘浮的话语，就会让对方产生反感，认为你是个溜须拍马、别有用心的人，甚至对你产生怀疑，更别提会信任你了。

情真意切

赞美要发自内心，只有有真情实感的话语，才不会给人虚假和牵强的感觉。有真情实感的赞美既能体现人际交往中的互动关系，又能表达出自己内心的美好感受，对方也能够由衷地感受到你对他真诚的关怀。

虽然人人都喜欢听赞美的话，但不是任何赞美都能使对方高兴。所以能引起对方好感的只能是那些基于事实、发自内心的赞美。相反，如果没有根据，虚情假意地赞美别人，会让人感到莫名其妙，更会觉得你油嘴滑舌、诡诈虚伪。例如，当你见到一位相貌平平的先生，却偏要对他说："你真是太帅了。"对方就会认为你说的是违心话，从而对你的第一印象大打折扣。但如果从他的服饰、谈吐、举止等方面出众之处真诚地赞美，他就会高兴地接受，并对你产生好感。

合乎时宜

注意观察对方的状态是很重要的一个环节，如果对方恰逢情绪特别低落，或者有不顺心的事情，你的赞美往往会让对方觉得不真实，所以一定要注重对方的感受。

赞美的效果在于见机行事、适可而止。比如当别人计划做一件有意义的事时，开头的赞扬能激励他下决心做出成绩，中间的赞扬有益于对方再接再厉，结尾的赞扬则是对其成绩的肯定，对其进一步的努力予以支持，从而达到"赞扬一个，激励一批"的效果。

雪中送炭

俗话说："患难见真情。"最需要赞美的不是那些早已功成名就的人，而是那些因某种原因被埋没而产生自卑感或身处逆境的人。他们平时很难听到一句赞美的话语，一旦被你当众真诚地赞美，便有可能振作精神，大展宏图。所以，最有实效的赞美是雪中送炭，而不是锦上添花。

对事不对人

真诚赞美绝不是阿谀奉承。如果你的赞美毫无根据，只是说"你真是太好啦"或者"我对你佩服得如滔滔江水连绵不绝"之类的话，恐怕没有什么人会认为你真的是对他们充满了善意吧！所以，一定要赞美事情本身，不要以人为对象，这样你的赞美才可以避免尴尬、混淆或者偏袒的情况发生。

凭你自己的感觉去发现别人的感受。要相信自己对周围一切的感觉，把它与赞美融合在一起。如果我们既了解自己的内心世界，又经常去赞美别人，相信我们的人际关系会越来越好。

另外，赞美并不一定仅局限于一些固定的词语，见人就说好。有时候，可以借助于身体语言，比如投以赞许的目光、做一个夸奖的手势或送一个友好的微笑，都能起到很好的效果。千万不要吝惜你对别人的赞美，你会发现，自己也在真诚的赞美中受益匪浅哦。

学会巧妙拒绝

你可能为了迎合别人，总是对他们有求必应，即使在自己很疲惫的时候，你也从不拒绝。别以为这样大家就都会很喜欢你，学会巧妙地拒绝也是一门艺术，会在潜移默化中提升你的影响力。

假设一位同事突然开口让你帮他做一份难度很高的工作。答应下来吧，可能要连续加几个晚上的班才能完成，而且这也不符合公司的规定；拒绝吧，面子上实在抹不开，毕竟是多年的同事了。应该怎么找一个既不会得罪同事、又能把这项工作顺利推出去的理由呢？

有人会直接对同事说：“不要，就是不要！”这绝对不是最佳的选择，可能会让你和同事以后连朋友都没得做。

有人会推托说：“我能力不够，其实小A更适合。”那你有没有想过当同事把你的这番话说给小A听时，他会做何反应？

有人会不好意思地说：“我真的忙不过来。”理由不错，可是只能用一次，第二次再用时，你面对的一定是同事疑惑的眼光。

这些好像都不是最佳拒绝理由，那我们到底应该怎样婉转地拒绝office中的不合理请求呢？

耐心听别人说完再表态

当你的同事向你提出要求时，他们心中通常也会有某些困扰或担忧，担心你会不会马上拒绝，担心你会不会给他脸色看。因此在你决定拒绝之前，首先要注意倾听他的诉说。比较好的办法是，请对方把处境与需要讲得更清楚一些，自己才知道如何帮他。接着向他表示你了解他的难处，若是你易地而处，也一定会如此。

倾听能让对方先有被尊重的感觉，在你婉转表明自己拒绝的立场时，也比较能避免伤害他的感觉，或让人觉得你在应付。如果你的拒绝是因为工作负荷过重，倾听可以让你清楚地界定对方的要求是不是你分内的工作，而且是否包含在自己目前重点工作范围内。或许你仔细听了他的意见后，会发现协助他有助于提升自己的工作能力与经验。这时候在兼顾目前工作原则下，牺牲一点自己的休闲时间来协助对方，对自己的职业生涯绝对有帮助。

倾听的另一个好处是，你虽然拒绝他，却可以针对他的情况，建议如何取得适当的支援。若是能提出有效的建议或替代方案，对方一样会感激你。甚至在你的指引下找到更适当的支援，反而事半功倍。

拒绝别人时语气要温和

当你仔细倾听了同事的要求、并认为自己应该拒绝的时候，说“不”的态度必须是温和而坚定的。好比同样是药丸，外面裹上糖衣的药，就比较让人容易入口。同样地，委婉表达拒绝，也比直接说“不”让人容易接受。

例如，当对方的要求是不合公司或部门规定时，你就要委婉地表达自己的工作权限，并暗示他如果自己帮了这个忙，就超出了自己的工作范围，违反了公司的有关规定。在自己工作已经排满而爱莫能助的前提下，要让他清楚自己工作的先后顺序，并暗示他如果帮他这个忙，会耽误自己正在进行的工作，会对公司与自己产生较大的冲击。

一般来说，同事听你这么说，一定会知难而退，再想其他办法。

显示你的关心，灵活行事

拒绝时除了可以提出替代建议，隔一段时间还要主动关心对方情况。

有时候拒绝是一个漫长的过程，对方会不定时提出同样的要求。若能化被动为主动地关怀对方，并让对方了解自己的苦衷与立场，可以减少拒绝的尴尬与影响。当双方的情况都改善了，就有可能满足对方的要求。对于业务人员，例如保险业者面对顾客要求，自己却无法配合时，这种主动的技巧更是重要。

拒绝的过程中，除了技巧，更需要发自内心的耐性与关怀。若只是敷衍了事，对方其实都看得到。这样子有时更让人觉得你不是个诚恳的人，对人际关系伤害更大。

总之，只要你是真心地说“不”，对方一定会体谅，他会觉得你对人很真诚。

第十章　事业：骨子里的真魅力

女性的天空是很广阔的，作为新一代丽人应该创造出别样的内在气质，只要你大胆地去“show”。因为再完美的女人，也需要定义得更完美，也需要真正的实力来证明，那精明、干练中展现出来的就是我们在自己的事业中挥洒而出的非凡气质。

把握职业女性的天然资本

漂　亮

真正倾国倾城、艳惊四座的女人到底还是稀有动物，所以懂得这个道理的女人也当然懂得怎么改变自己、弥补自己的先天不足，变得天生丽质。用服装、发型、化妆品……当一切能用的家伙儿都齐全了之后，哪个女人不让男人目瞪口呆呢？漂亮不分年龄，每个阶段的女性都有她美丽的地方。知道自己的漂亮，学会使用自己的漂亮，天下便无坚不摧，无往不利——谁会喜欢邋遢的黄脸婆呢？

关　心

女人的关心是世界上最容易让人感动的事情之一，甭管她是母亲、妻子、情人还是同事。你轻柔的一句关怀话，有时候能让被你关心的人铭记一辈子，信不信由你！

镇　定

女人天生不是镇定的动物，遇见什么都会大呼小叫。下回再想发出尖叫的时候，你就马上给自己一个巴掌，习惯了你就长记性了。时间增长了，镇定自然就产生了。到那时候，哪怕你吓得喘不过气来，别人也只当你胜似闲庭信步，都佩服你临危不惧的胆略，还觉得你本就是个与众不同的领袖人才。

文　静

你要像个假小子一样，成天在办公室里摔门撞桌子，谁能放心交代给你什么事？你当然也不能像旧社会的无聊妇女那样东家长西家短地传话，你要做得起码像半个淑女，学会用微笑来回答或中断你认为会影响集体团结的问题和话题。

自　信

你应该懂得办公室不是男人的天下，你也应该知道你的权利和男同事是平等的。你更应该了解自己的能力不次于任何人，所以，你完全可以用充满自信的目光看待每一件事每一个人。

快　乐

现在谁还喜欢像林黛玉那样的病美人？再说，在工作场合，你成天一副痛苦相，别人看着也难受，还觉得你矫情，那你不是在给自己制造困难吗？其实，还有一种公用的最美丽的武器，那就是：快乐！快乐的含义无须多说，因为你明白，快乐是你从事所有事业的基础。

摆脱工作丑女的形象

有的女人没上班时看起来十分亮丽，但是一进公司仿佛变成另一个人似的，神情黯淡，我们姑且称这样的女性为“工作丑女”。

不说也知道，原因就出在表情上。工作丑女的表情大致上分为两种类型，一种是满脸的不高兴，另一种则是在公司内尽可能不被人发现的“躲避神情”。为什么要躲避呢？因为对工作缺乏自信，没有干劲，因此本能地想尽量躲开上司的召唤，尽量不彰显自己的存在，不惹人注目，默不作声地悄悄做事。因此这一类女性容貌显得模糊，让人印象不深，以相片来比喻的话，就像是没对准焦距一样。她们希望逃开他人的目光，不和他人的视线交汇，不进入他人的视线中，如此一来，反而使自己的容貌看起来显得模糊不清。

当然这类女性肌肤一定没有光泽，即使再漂亮的肌肤，也会显得出奇的黯淡。如果没有向外界显示自己存在的意图，肌肤的光泽就会被掩藏，无法呈现透明感，看起来就会黯淡无光，容貌、五官、轮廓等在人们的印象中也都会变得模糊一片。一味自我抹煞的结果是，最后让自己真的变成了透明人。

至于另一种怏怏然的丑女，明显是对工作或同事感到不满，或是无法接受其他现实，因而无意识地想对周遭诉说内心的不满，这种心态会从容貌清楚地显现出来。即使不和他人目光交会，甚至是背对着他人，也会散发出负面的能量，这是诉说不满的意识所造成的。

同时，不高兴的心情也会显露在脸上，使容貌发生变化，五官逐渐走样，肌肤看起来像坚硬的岩石一般。连旁人看到都觉得惊讶，怎么肌肤质地会变得如此粗糙。

此外，如同逃避和不高兴会形成工作丑女一样，我想不化妆也是形成丑女的另一个原因。不想惹人注目，不喜欢公司，有这些想法的人，早晨当然不可能高高兴兴地化妆，这种类型的丑女多数是不化妆就到公司上班。即使化妆，也很难呈现具有化妆效果的“美人妆”。以这样的面貌上班，不可能会用开朗的声音吐出让大家都回头的问候语，因为说不出口，所以一瞬间，逃避或不愉快的神情就会僵在脸上。因此，工作丑女从早上上班开始直到下班都是一个丑样。如果你发现自己是工作丑女时，至少希望你早上能高高兴兴地化个妆。这或许是拯救自己免于成为丑女的唯一方法吧！

做受人喜欢的白领

白领女性讨人喜欢的秘诀

◎ 长相不令人讨厌。如果长得不好，就让自己有才气；如果才气也没有，那就经常微笑。

◎ 气质是关键。如果时尚学不好，宁愿纯朴。

◎ 与人握手时，可多握一会儿。真诚是宝。

◎ 不必什么都用“我”做主语。

◎ 不要向同事借钱。

◎ 不要逼同事看你的家庭相册。

◎ 与同事打的时，请抢先坐在司机旁。

◎ 坚持在背后说同事好话，别担心这好话传不到当事人耳朵里。

◎ 有同事在你面前说某人坏话时，你只微笑。

◎ 自己开小车，不要特地停下来和一个骑自行车的同事打招呼。人家会以为你在炫耀。

◎ 同事生病时，去探望他（她）。很自然地坐在他（她）病床上，回家再认真洗手。

◎ 不要把过去的事全让人知道。

◎ 尊敬不喜欢你的人。

◎ 对事不对人；对事无情，对人要有情；做人第一，做事其次。

◎ 自我批评总能让人相信，自我表扬则不然。

◎ 不要把别人的好视为理所当然，要知道感恩。

◎ 榕树上的“八哥”讲，只讲不听，结果会乱成一团，要学会聆听。

◎ 尊重传达室里的师傅及搞卫生的阿姨。

◎ 说话的时候记得常用“我们”开头。

◎ 为每一位上台讲话的人鼓掌。

◎ 有时要明知故问，比如：“你的钻戒很贵吧？”有时，即使想问也不能问，比如：“你多大了？”

◎ 把未出口的“不”改成“这需要时间”、“我尽力”、“我不确定”、“当我决定后给你打电话”。

◎ 不要期望所有人都喜欢你，那是不可能的，让大多数人喜欢就是成功的表现。当然，自己要喜欢自己。

令人讨厌的白领女性

◎ 妆化得太厚，厚得“不见庐山真面目”的女人。

◎ 顶着满脑袋发卷、趿拉着鞋到处跑的女人。

◎ 将女性用品大大咧咧随手扔的女人。

◎ 吆五喝六、高腔大嗓门说话的女人。

◎ 摆开架势当众化妆的女人。

◎ “出门满身鲜、家里赛猪圈”式的女人。

◎ 对所有男性充满警惕，以为随时可能遭到入侵的女人。

◎ 把刻薄当作深刻、把骄横当成气魄的女人。

◎ 敢打、敢闹、敢抹脖子、敢上吊的“泼”女人。

◎ 动不动就摔坛子吃醋的女人。

◎ 看了半天看不出是男是女的女人。

◎ 张家长李家短、不弄出点是非心里没着落的女人。

◎ 对自己的爹妈心太软、对公公婆婆心特硬的女人。

◎ 对凡是年轻、漂亮、优秀的女性看着都不顺眼的女人。

◎ 背地里总翻老公手机、衣袋、钱夹……想办法找出点儿破绽的女人。

◎ 对谁都漫洒秋波、嗲声嗲气的女人。

◎ 老大不小仍有勇气作青春少女状的女人。

◎ 拍上司马屁千方百计，“服务领导”不遗余力，而对下级颐指气使的女人。

◎ 人际关系紧张，群众基础很差，而自我感觉好极了的女人。

做个有涵养的Office Lady

职场如战场，因为有太多的利益纠葛，也不可避免地上演着一幕幕没有硝烟的战争。平时温文尔雅的白领们，也许会忘了自己的职业素养，跟着参与到这场斗争中来，这种粗俗让人不敢恭维。那么，怎样做一名涵养Office Lady呢？如果你想要保护自己不中冷枪暗箭，并在枪林弹雨中寻求更好的发展，至少要学会遵循以下几大办公室的生存法则：

永远排在倒数第二的位置上

做策划，开办公会，你总是抢着发言，样样都当成生命中最重要的事情来做，到最后，烦你的不但是那些同事，还包括你的上司。

俗话说：“枪打出头鸟”，但却又不能总是落后，所以，一个舒服的状态就是知道在自己之后，还有一个排在最末位置上的同事。

假如，你身处最末一位的层级，赶紧实施紧急救助，不要让自己总保持在这样的状态。

否则，你输掉的可能不只是工作成绩，还有你的工作信心。

不要做嚼舌之人

对同事客观公正的评价当然无可厚非，但切不可做一个背后张长李短的嚼舌之人。

一方面，以后谁还敢跟你接触和交流；另一方面，谁愿意重用一个连判断力也没有，除了只会用嘴巴什么也不会用的人呢？

办公室不是走秀台

工作是人生的舞台，可办公室不是走秀台。作为一名Office小姐，在办公室的着装要与工作气氛相协调。

反之，如果你今天是露背装、明天是低胸吊带、后天来个T字底裤配低腰裤，天天在办公室里玩“性感”，时间一长，不仅会引起上司，尤其是女上司的反感，恐怕就连那些平时“色迷迷”的男同事们，为了避嫌，见了你也都要往后闪。

办公桌不是产品展台

不要在办公桌上陈列过多的私人物品，否则，被访客当作是公司的产品展台，那可就尴尬了。

此外，乱糟糟的办公桌并不能表现你的敬业，反而显得你做事毫无头绪，要养成随时整理手头文件的好习惯。

办公室拒绝“情绪污染”

每个人都会有情绪不好的时候，切忌把坏情绪带进办公室。在办公室里大哭、大叫或做其他感情冲动的事，不但不会博得别人的同情，反而会增加同事们的烦恼。

即使同事们愿意去抚慰一颗受伤的心灵，办公室也不是合适的场所。

如果实在控制不住情绪，建议你离开办公室，做深呼吸或其他能让你放松的事情。

立足职场应守时

要养成守时的习惯，至少你应该提前5～10分钟到达办公室。这有助于体现效率原则，更能让你做好充分准备，以饱满的状态投入工作。相反，哪怕迟到一分钟，仍会使你显得缺乏敬业精神。即使上司或同事对你的迟到行为没有多说什么，那也不表示他们对此毫不在乎。

想想看，重任或奖金怎么会落到一个天天迟到的人头上呢？

永远忙碌的心态

在上司与同事的眼中，永远的忙碌是最有说服力的。

虽然你也许觉得你的忙碌假假的，但却给

所有的人危机感，时间长了，大家都会形成一种印象：你是个好职员。

而你在公司中树立的好口碑，将提供给你更多的加薪、晋升以及接受重任的机会，这正努力工作所要达到的目的之一。

多使用内线电话而少窜办公室

如果你要跟其他办公室的同事交代事情或交换看法，打内线电话能节约许多花在寒暄及周旋上的时间，有益于养成单刀直入的工作作风。

细节决定女人事业的成败

现代社会对女性的要求越来越高，女性柔软的双肩上，有家庭的负担，也有工作的压力。想要在事业上有所建树的女性，往往要付出比男性更高的代价。以下几点是女性必须牢记的：

尽快学习业务知识

你必须有丰富的知识，才能完成上司交代的工作。这些知识与学校所学的有所不同，学校中所学的是书本上的死知识，而工作所需要的是实践经验。当上司分配给你某件工作时，首先你必须进行事前的准备，也是拟订工作计划，无论是实际做出一个计划表，或仅有一个腹稿。总之，你需要对整个工作排出日程、进程，并拟订执行的方法等。如此才能提高工作效率，成为上司眼中的好职员。

在预定的时间内完成工作

在“时间就是金钱”的现代社会里，一个具有时间观念的女性是受人欢迎的，尤其是在进行工作时，更要注意按时完成任务。一项工作从开始到完成，必定有预定的时间，而你必须在这个时间内将它完成，绝不可借故拖延；如果你能提前完成，那是再好不过的了。

整洁的办公桌使你获得青睐

有人说过，可以从办公室的桌上物品的摆置，看出一个人的办事效率及态度。凡是桌上物品任意堆置，显出杂乱无章的样子，相信这个人的工作效率一定不高，工作态度也极为随便。相反地，桌上收拾得井井有条，显出干净清爽，想必你是个态度谨慎、讲求效率的人。事实也的确如此，一张清爽、整洁的办公桌可增加工作效率。另外，还可以使人对你产生良好的印象，认为你是一个做事有条理的女性。

因业务外出要保持警觉

商业间谍早已不是什么新鲜名词，更何况业务机密的泄露，往往是人为的疏忽造成的。作为公司的一位女职员，免不了要因业务外出，在外出搭乘交通工具或中途停留于某些场所时，应提高警惕，留意自己的举止。即使是在上班时间以外与朋友会面，也应避免谈及公司的事情；不要将与公司相关的文件遗忘在外出地点；当对方询问有关公司的事情时，应该采取避重就轻的回答方式；因公外出时不可为了消磨多余的时间而随意出入娱乐场所。

做琐事时要耐心

一位缺乏经验的新职员，自然无法期望公司将重要的责任赋予她，换言之，刚刚开始接手的工作往往以一般的杂务居多。这种情况对于刚刚踏入社会，雄心勃勃准备一展才华的女青年来说，极易令她们产生不满。可是无论心中有多少不乐意，也不要让这些想法溢于言表。从公司的角度来讲，培育一名新人不容易，必须由基础开始，让她们一点一滴地学习工作内容，等有了一定熟练程度后，才逐渐委以重任。你明白了这一点，便会自觉地做那些琐碎的杂务。总之，你应当记住，“一屋不扫，何以扫天下”。

职场礼仪要掌握

办公桌的礼仪

保持办公桌的清洁是一种礼貌，那些所谓的越乱工作态度越认真的说法只是玩笑而已。

在办公室里用餐的时候，如果使用一次性餐具，最好吃完立刻扔掉，不要长时间摆在桌子或茶几上。如果突然有事情了，也记得礼貌地请同事代劳。容易被忽略的是饮料罐，只要是开了口的，长时间摆在桌上总有损办公室雅观。如茶水想等会儿再喝，最好把它藏在不被人注意的地方。

吃起来乱溅以及声音很响的食物最好不吃，会影响他人。食物掉在地上，最好马上捡起扔掉。餐后将桌面和地面打扫一下，是必须做的事情。

有强烈味道的食品，尽量不要带到办公室。即使你喜欢，也会有人不习惯的。而且其气味会弥散在办公室里，很损害办公环境和公司的形象。

在办公室吃饭，时间不要太长。他人可能按时进入工作，也可能有性急的客人来访，到时候双方都不好意思。在一个注重效率的公司，员工会自然形成一种良好的午餐习惯。

准备好餐巾纸，不要用手擦拭油腻的嘴，应该用餐巾纸及时擦拭。嘴里含有食物时，不要贸然讲话。他人嘴含食物时，最好等他咽完再跟他讲话。

电梯间里的礼仪

电梯很小，但是它里面的学问好大呢。

伴随客人或长辈来到电梯厅门前时，先按电梯按钮；电梯到达门打开时，可先行进入电梯，一手按开门按钮，另一手按住电梯侧门，请客人们先进；进入电梯后，按下客人要去的楼层按钮；行进中有其他人员进入，可主动询问要去几楼，帮忙按下。

电梯内尽可能不寒暄。电梯内尽量侧身面对客人。

到达目的楼层，一手按住开门按钮，另一手做出请出的动作，可说："到了，您先请！"

客人走出电梯后，自己立刻步出电梯，并热诚地引导行进的方向。

有借有还的礼貌

有借有还，再借不难，这是妈妈在我们小时候告诉我们的。

假如同事顺道替你买外卖，请先付所需费用，或在他回来后及时把钱交还对方。若你刚好钱不够，也要在次日还清，因为没有人喜欢厚着脸皮向人追债。同样的，虽然公司内的用具并非私人物品，但亦须有借有还，否则可能妨碍别人的工作。还有就是严守条规，无论你的公司环境如何宽松，也别过分从中取利。可能没有人会因为你早下班15分钟而斥责你，但是，大模大样地离开只会令人觉得你对这份工作不投入、不专一。此外，千万别滥用公司的电话长时间聊天，或打私人长途电话。

洗手间的礼仪

如果在洗手间遇到同事，当时正在想事情，没有主动打招呼，同事也没跟你打招呼，她会认为你一定是高傲，这样后来彼此之间好像就有了一种隔膜。

所以，在洗手间遇到同事不要刻意回避，尽量先和对方搭话。千万不要装作没看见把头低下，给人不爱理人的印象。也不要与上司在同一时间上洗手间，特别是洗手间小的情况下。

有的洗手间采用封闭的门扉，在有人敲门时，应回答："我在里面！"

拜访客户的礼仪

第一条规则是要守时。如果有紧急的事情，或者遇到了交通阻塞，立刻通知你要见的人。如果打不了电话，请别人替你通知一下。如果是对方要晚点到，你要充分利用剩余的时间。例如坐在一个离约会地点不远的地方，整理一下文件，或问一问接待员是否可以在接待室休息一下。

当你到达时，告诉接待员（或助理）你的名字和约见的时间，递上你的名片以便接待员能通知对方。如果接待员没有主动帮你脱下外套，你可以问一下放在哪里。

在等待时要安静，不要通过谈话来消磨时间，这样会打扰别人工作。尽管你已经等了20分钟，也不要不耐烦地总看手表，可以问接待员对方什么时候有时间。如果等不及，可以向接待员解释一下并另约时间。不管你对对方有多么不满，也一定要对接待员有礼貌。

当你被引到对方的办公室时，如果是第一次见面应做自我介绍，如果已经认识了，只需互相问候并握手。

一般情况下对方都很忙，你要尽可能快地将谈话引入正题，清楚直接地表达你要说的事情。说完后，让对方发表意见，并要认真地听，不要辩解或不停地打断对方讲话。你有其他意见的话，可以在他讲完之后再说。

OFFICE 里的礼仪禁忌

打情骂俏

无论是通过电话谈恋爱，还是与相恋的同事在办公室里公然谈情，都会影响到旁边正在工作的同事，即使你的工作再出色，在形象方面也会大打折扣。

煲电话粥

在办公时间打工作以外的电话本来无可厚非，但切忌说得太长，得意忘形，疏忽周围环境。

取公为私

公司的文具，往往成为顺手牵羊的目标，虽都不是什么贵重物品，但如果个个如此，后果便不堪设想。

多角恋情

异性相恋本是人之常情，但必须小心处理，若出现多角恋等错综复杂的情况，工作心情往往大受影响，更可能会面对某些危机。

衣着夸张

低胸衣、迷你裙、夸张的饰物除影响周围同事工作的专心程度，更令人怀疑你的工作能力。

浓妆艳抹

工作的环境中，淡雅的妆容最为讨好，若化太浓的妆或在工作时间经常补妆，有欠礼貌且妨碍工作。

说三道四

切勿在办公时间公然搬弄是非，给人不良印象。

谎话连篇

一般老板对于不诚实的职员都会心存芥蒂，又如何委以重任呢？

迟到早退

一个上班也经常不准时的人，很难令人对她准时交差投下信任票。

找借口请假

此举往往令上司反感。

职场5种魅力助你成功

现如今是一个越来越“以貌取人”的年代。据说，只需30秒，你的客户或你的面试官就会在他们心目中给你下一个“最终判决”：能不能争取到某张订单，能不能被心仪的公司录取，能不能被大老板提拔……也许就决定于你的一个手势，一句措词，或是一个微笑。

从某种程度上来说，很多女性之所以成功，是因为她们“看上去很像一个成功人士”。这就是所谓的“职场魅力”。在这里，我们给你提供了5种针对性极强的练习方法，从今天就开始行动吧！

拥有权威的声音

慌慌张张而又刺耳的声音往往会让别人感到神经紧张。如果能将声音放得稍微低沉一些，速度控制得快慢适中，并且通过一些短小的停顿来引导听你说话的人，便能够很容易地赢得对方的好印象。

在国外，有专门的职场声音教练，他们给出的最基本的一条建议是：“在谈话的时候，将身体放松，并且好好地控制自己双脚的位置。”也就是说，如果我们能够在说话的时候保持身体挺直，并将身体重心平均地分配到双脚上，我们的言谈就能够给别人带来更深刻的印象。

同样重要的还有：经常用“充满磁性”的声音说话。比平常的声音稍微低沉一点的声线，听起来会特别引人注意。不过，注意保持“度”，过了，就变成故意装酷了，好多电台和电视台的主持人就都有这毛病。

对策：一早就可以开始训练，让你的声音变得更有磁性。在准备早餐、煮咖啡的时候，或是化妆的时候，用喉咙轻轻地反复发出“田”的声音。这个训练还能够改善平时在重要场合说话时声音颤抖的不好习惯。

优雅的姿势

我们不得不承认，这一点在55%的程度上要取决于我们的身体语言。当穿着套装的你耷拉着眼皮，慢吞吞地横穿整个办公室时，肯定会在老板心目中留下没有睡醒、对别人不加理会或是唯唯诺诺的坏印象。然而，假如你是很轻松地、挺直腰板地快步走进办公室的话，那么就不会给人前面的那种印象。

这并不意味着我们就要像模特一样走夸张的猫步，只要注意，不要驼背弓腰就可以了。因为只会将身体蜷起来走路的女人，常常会给人以一种很不真实的感觉。老板在考虑升职名单的时候，往往会把像她这样的人的名字第一个删掉。

对策：你留意到从办公桌望出去某块玻璃上你的影子了吗？你是不是把头习惯性地偏向某一边？这是一个典型的女性动作，在动物世界里则是一种谄媚的象征。记得时时提醒自己，改掉它。

真诚的尊重

一个聪明而受人欢迎的谈话对象往往会将自己的注意力集中在对方身上。他会和对方保持眼神的交流，而且说的话比对方所说的要稍微少一些（最佳的比例是49%）。

这样就标志着：“我不是一个以自我为中心的人，我会给你足够的空间，因为我是个注重和谐的人。”抱有这种态度的人往往能够给对方充分的信任感，因为他感到自己所谈论的东西对于你来说很重要。真正充满魅力的人是一个值得尊敬的听众，同时也会是一个很忠诚的保守秘密的人。

对策：如果你觉得自己每天倾听的时间太少了，不妨和一个与你性格完全不同的同事一同进餐，听他（她）说话。你一定会对你从他（她）那里所了解到的信息感到惊讶。

明智的大胆

在新的环境里，如何区别自己的行为是勇敢还是冒险，女性往往会觉得有些困难。原因是，女性往往对自己的行为、外表更挑剔，也更喜欢把自己隐藏起来，而且还喜欢不停地想，别人对自己都有些怎样的看法。只有当你对自己的信念坚定不移的时候，令人鼓舞的火花才会出现。

对策：把在会议中所有以“别人”开头的句子换成“我”，作为句子的主语，以此来强调你的观点。试试看，在某个小时里，不在发表意见之前加上“我觉得”、“我以为”这样的修饰语。

吸引人的汇报

不管你的点子有多么好，要想让别人对此也感兴趣，就必须尽可能地将它描述得言简意赅。在报告资料里加上一些有色彩的标记，或是注释，会比枯燥的数据堆积更有吸引力。对于你的老板或客户来说，他们也会因此更容易集中注意力去理解你所阐述的观点。而且，看到别人对你的报告感兴趣，正在发言的你自然也会觉得做报告是件令人愉快的事情。

对策：通常，我们的工作领域对于别人来说可能是非常陌生的，要他们一下子理解，会有一定的困难。因此，不妨试着把你的一个新点子解释给你在别的行业工作的朋友听。15 分钟后，如果他明白了你的意思，你就成功了。

巧妙应付男上司的邀请

在单位里，女人免不了要与男人接触，其中还会有许多来自男上司的问题，尤需女人认真应对。要说最难应对的，莫过于男上司热情邀请女职员同赴晚会或共进晚餐。这其中也许有工作的需要，但也可能是为了感情的发展。如果贸然拒绝，势必伤害上司的自尊心；但倘若不明上司的用意和居心就欣然应允，恐怕有可能给自己带来麻烦，甚至身心的伤害。因此，女性特别是年轻女性，应慎重应对上司的晚约。

善于婉拒

如果你不愿赴约，应设法拒绝。但直截了当的拒绝方式恐怕会让对方难以接受而显得尴尬。此时不妨换个角度或说法，让对方听了需揣摩一阵才能回过味来；或者找个借口推辞，让上司碰个软钉子而取消邀约。

如果一时找不到借口推托，那就只好奉陪了。既然同意赴约，就应精心打扮一番，但又不能刻意。此时的打扮要做到一要三不要。

一是化妆要清淡，忌浓妆艳抹。清淡的化妆表示对上司的邀约很慎重，体现了尊重之意。清淡妆以粉底为佳，适当着红，轻点朱唇，淡描秀眉，展示女性的庄重和自然美。倘若浓妆重彩，使自己变得陌生起来，反而会让男上司误以为你是为了吸引他，触动其非份之想。

二是着装要淡雅，忌透影露形。白色或素色的衣服，既能使人感受到高雅文静，又能展示女性俏而不妖的俊美。应邀者绝不能为展示女性的魅力而一“露”二“透”，否则会让男上司误以为你是在挑逗他而想入非非。

三是发型要整齐，忌披头散发。整齐的发式可以显示出女性态度严谨、办事认真，给人以有风度、有气质、有条理的感觉。而蓬发的形象会增加女性温柔恬静的魅力，尤其是在温馨晚餐的氛围里，容易令男上司难以自持，以至做出意想不到的举动来。

巧于应对

既然已经赴约，必定要有所应酬了，但要严把分寸。

一是饮食适量，切忌贪嘴。饮食适量表明既领受了上司的邀约之情，也体现了女性的文雅气质。特别是饮酒，如果过量，不仅是对上司的不尊重，也会给自己带来一些尴尬，甚至影响身体健康。更可怕的是，醉后失态，或影响女性形象，或造成终身的遗憾。

二是言辞适度，切忌滥侃。首先要明确，邀请者是主人，被邀者是客人，因此谈话时不能喧宾夺主。适度的言辞既能显示自己的素质和教养，也表示对上司的尊重。反之，会给上司留下一个不稳重、多嘴婆的坏印象。

三是适时告辞，切忌贪恋，如果是一个正派的男上司邀约谈公事，他自会把握好时间；但倘若是为了发展私人感情，或者只是公事以外的闲聊，而你又无此意，那么最好适时提出结束交谈。办法有二：一是请男朋友定时来接，一是直接握手告别。因为在幽静的环境以及酒的作用下，容易言及个人隐私，留下后患。适时告辞不仅减少了后顾之忧，也能让上司了解你做人很有原则。

总之，年轻女性要用自己智慧的语言、文雅的气质、稳重的举止去应对男上司的晚约，让上司为你的应变才华和清正人格叹服，在他的眼里，你永远是那样的可望而不可及。

轻松应对职场压力

你是不是觉得整天疲于奔命却既没升职也没加薪，成功的目标似乎遥不可及？或者月薪逾万却似乎从来没有感到真正的快乐？有时甚至会感到家庭、事业、同事关系都是一团糟……

美国心理学家协会所公布的一项调查结果显示，65%左右的美国就业人士内心都是消极情绪占上风，这种情绪轻则表现为不满现状，深感疲惫；重则不堪重负，患上严重的身心疾病。知道有成千上万的人有着和自己相同的感受，也许能让你觉得轻松许多，读完下面专家提出的9项法则，你离轻松步入职场、全心追求成功的日子也就不远了。

1．充分利用互联网

互联网不仅仅能聊天发E-mail，它还应该成为你职业中的最好帮手。

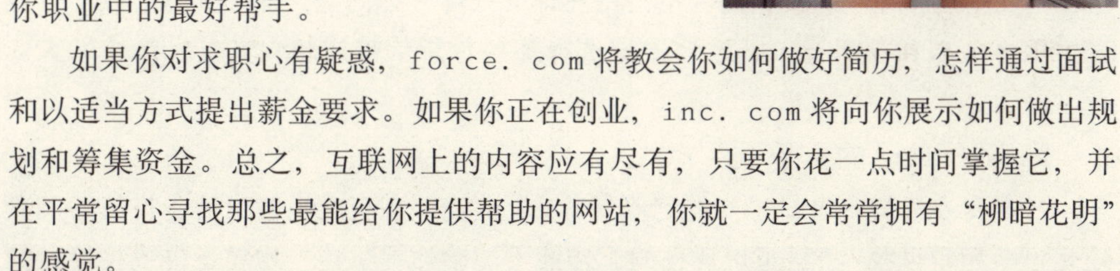

如果你对求职心有疑惑，force. com将教会你如何做好简历，怎样通过面试和以适当方式提出薪金要求。如果你正在创业，inc. com将向你展示如何做出规划和筹集资金。总之，互联网上的内容应有尽有，只要你花一点时间掌握它，并在平常留心寻找那些最能给你提供帮助的网站，你就一定会常常拥有“柳暗花明”的感觉。

2．正确评价自己的优缺点

将你的优点和缺点列出一张表，并让那些熟悉你并能坦率直言的朋友对这张表做出修改。然后决定你该如何充分利用自己的每项长处并有效避免暴露缺点。

3.克服畏惧情绪

开发出潜力的关键是克服人人都会有的畏惧情绪。你可以从和工作毫不相关的小事入手。比如，主动和刚认识的朋友打招呼，独自一人去看恐怖片等。经常尝试一些你想做却不敢做的事，能让你在工作中也逐渐拥有无所畏惧的魄力。

4.让生活充满秩序

有秩序的生活会使你每天头脑清醒，心情舒畅。每天下班前整理好办公桌，定期清理电脑中的文件和电子邮件都是必要的。光是看见桌上堆满了报告、备忘录和要回的信就足以让你产生混乱、紧张和忧虑的情绪了。

另外，千万不要小看家庭生活。事业的成功与否往往与家庭生活有直接关系。一个从容的早晨、一顿丰富的早餐也许就决定了你一天的心情和工作效率。没有人会觉得蓬头垢面、饥肠辘辘地赶去上班会让一天都有好心情。

5.保持平和的心境

不要感到备受压力，是保持良好心境的关键。为此，你应该每天至少从事一种体育活动，时间不少于半小时；最好还能在家里开辟出一块能彻底不受打扰的地方，每天去那里呆上一刻钟，在这段时间里，只想积极的、让你开心的事情。这种短时间的充电对你的情绪会大有帮助。

6.不要盲目相信他人

不要指望和你一起工作的人都会站在你的立场考虑问题。认识到这一点，你会减少很多失望和挫折感。一定要谨慎选择那些你想信赖或想向其一吐为快的人。

7.坚持自己的价值观

一定要弄清楚自己最想要的到底是什么?金钱、富有变换的生活、挑战的刺激还是不断超越自我?然后想想现在的工作能不能给你提供这些物质条件或精神上的感受。如果两者相去甚远，你就应该考虑变换一下工作了。

8.保持充沛的活力

如果你是一名脑力劳动者，使你疲劳的原因很少是由于你的工作过量，大多时候我们的疲劳并不是因为工作，而是因为忧虑、紧张或不愉快的情绪。请尝试着“假装”对工作充满热情和兴趣，微笑着去接每一个电话，在上司通知周末加班时从内心叫一声“太好了”，每天早上都给自己打打气……千万不要认为这是很肤浅的事。这是心理学上非常重要的“心理暗示”。

9. 适应不可避免的事实

英语里有句谚语，叫“不要为打翻的牛奶而哭泣”。生活中，谁都会遇到令人不愉快的事：好不容易得到了上司的赏识，他却又调往别处；全力以赴作了投标书却因为最后一个数据没有核实而失去了机会……与其让这些无可挽回的事实破坏我们的情绪、毁坏我们的生活，还不如让自己对这些事情坦然接受，并加以适应。要记住，有些时候后悔是无济于事的，我们已经失去了很多，只要不再失去教训就行。

第十一章　智慧：女人的真内涵

智慧是女人的另一种美貌，是女人的一种内在力量，它成就了女人优雅的内在，女人智慧的底气越是丰厚，美丽气质也就越能脱出小家碧玉的拘谨，成就智者风范。

探索内在的智慧

智慧是一个女人通往人生幸福和快乐的心灵之路，通过它，每一个女人都能在充满希望和期待的人生岁月里，享受到生活的温馨和甜蜜。

女人的智慧不仅仅是常识，不仅仅是知识，不仅仅是聪明，也不仅仅是经验。一个女人的智慧是站在常识、知识、聪明和经验的台阶上，观察这个世界时所睁大的那双充满欣赏和不断有所发现的眼睛，是将这个美丽世界纳入其中、融入心灵时绽放的那朵感悟的花朵。

女人的智慧是心灵世界里一条涌动的河流。只要梦想还在，激情还在，她就会永远奔腾不息，并把生命之舟驶进更广阔的生活海洋，给她的生命之歌注入精神与现实的和谐音符。

女人的智慧就是与豁达博大的胸襟相随，与积极的心态为友，与乐观向上的人们同行。

女人的智慧就是生命中有梦想，有灵魂的翅膀，并用幽默的情趣和快乐赋予它生命。

女人的智慧如水，水无处不在，浩淼无边的大海里，蜿蜒曲折的江河中，我们生命的每一个微小细胞之中……女人的智慧就像是水一样，渗透到她所处理的每一件事物之中，滋润着她的生命。

当我们进入成年，我们的思想日益成熟，有着属于自己对生命的认识和体悟，因此，是到了找回真正自我的时候了。我们要返回内心，探索内在的智慧，从丰富的内在世界找寻改变生命的力量！智慧的女人知道，学习与成长是灵魂进化的全部。每一次我们学习到新的事物，都会深化我们对生命的了解。

我们每个人都隐藏着内在的智慧、爱和幸福的宝藏，所有我们要问的问题的答案，都已经存在于我们的内心之中，只是需要一点时间去思考，这就是静坐的重要性。它让我们沉静下来，以便接收到自己的内在智慧，这也是我们和一切生命之间最好，也是最直接的通道。

我们可以逐步形成追逐内在智慧的天赋，只要创造机会，它自然就会来到我们心中。要怎样才能做到呢？可以找个闲暇时间安静地坐下来，向内心深处探索，并且找寻宛若山中深潭般和平、深远且宁静的氛围。静坐中，我们可以找到喜乐，接触到广大无垠的爱，它们全在我们的内心之中，没有人能偷走这些宝藏。

给自己一些时间倾听内在的智慧是非常重要的。如果每天不拿出一些时间静坐，没有人可以完全接触其内在的智慧，在静谧中打坐，是我们能做的最有价值的事情之一。没有一个外人对我们的生命有足够的了解，倾听自己的心声，只有倾听会以最好的方式，引导你走完生命的旅程！

终身学习是智慧美女的保证书

文化可以美容？绝对没错！而且功效卓著。

苏东坡说过的“腹有诗书气自华”，恰恰可以根治俗话所说的：“百病皆可治，俗气没药医。”一个人想要不俗，的确唯有借助文化素养来突破和完善自己，让自己在美的层次上升级。没有人能够否认漂亮脸蛋和魔鬼身材的美丽和性感，但是如果不能兼具气质、内涵和头脑，仍感缺憾和不足。因此，痛下文化进修的功夫乃当务之急。倘若文化是一袭衣装的话，当然每个人应视自己的兴趣爱好和机缘来为自己好好量身剪裁。

书架也要和衣橱一样丰富

读书可不是为了考试，毕业也不能与书本bye bye。读书是在为人生汲取养分，并保持学习和成长，否则观念会落伍，大脑会退化。而且读书如果能够以自己的兴趣为出发点，是乐趣，而不是苦役，养成阅读习惯可以打破主观和局限，壮大自己。阅读经典作品是最聪明的选择，因为这些都是经过时代考验而留存的文化精华。至于读书类别则可以涉及小说、传记、历史、哲学、科普各个领域。

希望你的书架也和衣橱一样丰富，即使为了虚荣也要加强你的藏书深度和广度，时时都要补充你的精神食粮，虽然书籍不讲时尚，但是获得诺贝尔、布克奖等等的新作品应要网罗。

从电影中汲取营养和创意

这项娱乐可谓是拓展文化素养最有趣和最有效的选择。无论是文艺片、历史片、外国片、纪录片……都可以从中汲取营养和创意。通常用一个人看不看电影就足以判断这个人是否老化？建议你买一套《史上百大名片》来观赏，这可以增添自己的影迷资格。

舞台剧丰富美感经验

在剧场观赏真人演出，那可和看电影和看电视大不同。无论是各种戏曲、话剧、歌舞剧和舞蹈，其中的经典作品能够亲临观赏，都是美感经验。一出《牡丹亭》、一场《茶馆》、一台《歌剧魅影》和一幕《天鹅湖》都令人铭心感动，会为舞台演出继续着迷下去。

古典音乐也要认识

流行音乐容易上瘾，但是古典音乐也要了解。即使你有许多自己喜欢的专辑，但是扩大聆听范畴必有所获。光是拥有各种音乐指南书和史上百张大碟还不够，许多音乐会和个人演唱会的现场演出，感受很不一样！

逛展览增添生活乐趣

无论是大小的博物馆，还是艺廊的各种专题展出，养成逛逛走走的习惯，不仅增添生活乐趣，而且丰富学养。注意报纸艺文消息，不仅可以参与各种文化盛事，也让自己变成一个文化人。特展、画展、书法展、陶艺展、书展、花展、家具展、电脑展……可以选择的太多了。

选修各种课程

你可以选择进修的课程可谓林林总总，无论是绘画、捏陶、唱歌、跳舞、品酒、烹饪、电脑、瑜珈、太极……各种有关身心和生活上的学习，都可以依个人兴趣和条件来修习。这样一来，不仅可以学习新知，而且可以广交朋友。

热爱旅行

谁能否认旅行是一桩极具冒险特质而又十分好玩有趣的事情呢？但是在这个流行全世界趴趴走的年代，做一个深度旅行者的诉求，早就取代了过往做个傻瓜观光客习惯。我们必须将心目和眼目并用，才会开启智慧，不做一个四处枉游的过客。

拿起世界地图，做好个人一生的近、中、远程旅行计划，然后再就个人的财力

和时间而行。最令人欣赏的是那种每去一处前，事先都能搜取资料安排自己行程的人，只有这种人，才不会入宝山而空归，取而代之的是满载而归。而且，这满载可不仅指的是物质，而是知识。即使你搬回了旅游地的各种纪念品，头脑空空，依然是堆垃圾。

同时记住，行李要简便，衣着则需要配合旅行目的。

以上七项无一不是让我们引发潜能、增彩人生、跟上时代，并让自己生活有趣、谈话有料的上上之策。

最后，在此奉劝你千万不能将“娱乐”变成“愚乐”。尽管当今社会是文化混血、趣味混杂、风格混搭，甚至让人感到一片混乱，一切却仍应讲求深度和格调。

一个想要愈变愈好的女人，莫不希望能够扩大知识领域，并从中获得启示。知识不仅是力量，而且像一面镜子一样可以照见自己的优缺点，让我们不仅拥有自知之明，还能具有先见之明。终身学习，是每一个女人应当给予自身的功课，这样才能做一个心智丰富且具有良好世界观的聪明之人。

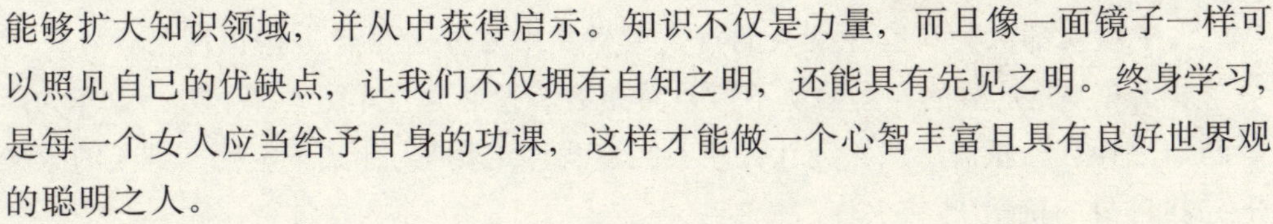

宠爱自己

张小娴曾说：“如果你真的没办法不去爱一个不爱你的人，那是因为你还不懂得爱自己。”

用这句话开头，就是让你知道，作为女人不仅要向别人献爱心，而且要在爱别人之前先学会爱自己，学会尊重并欣赏自己。

每一个女人都是降落凡尘的精灵，身为女人你应该学会爱自己，精心经营自己的美丽，关爱自己的健康，呵护自己的心灵，使自己无论何时何地，遇到何种事

物都能够淡然从容。

欣赏自己才能爱自己

爱自己有太多的理由，也有太多的方式，只可惜很多人却没有意识到这一点。面对失恋的痛苦、面对挫折和失败，她们的心灵已经伤痕累累，不由得让人生出怜惜之情。因此，要大声疾呼：爱别人之前，要先学会爱自己，要学会在恶劣的状况下保护自己，让自己的生命更加精彩，而不是成为他人的附属品。学会爱自己，才不会虐待自己，才不会刻薄自己，才不会强求自己做那些勉为其难的事情，才会按照自己的方式生活，走自己应该走的道路。学会爱自己，才能在爱情到来的时候不迷失自己，才能在爱情离去的时候把握自己。

大多数人都认为只有在别人的肯定或赞赏中才能爱自己、认识自己。

其实并不是这样的，动物从不需要同类给予肯定也一样能生存下去。人作为高等动物，具有思想、意识。为什么就不能自我肯定呢？为什么一定要从别人的眼光里寻找自身的价值？

但是学会爱自己却不是自我姑息，自我放纵，从而变得自私自利，而是要我们学会勤于律己。人的一生总有许多时候没有人督促我们、监督我们、叮咛我们、指导我们、告诫我们。即使是最深爱自己的父母和最真诚的朋友也不会永远伴随我们。我们拥有的关怀和爱护都有随时失去的可能。这时候，我们必须学会为自己生存，才不会沉沦为一棵随风倒的草。

学会爱自己要从今天开始、从这一刻开始。人，不应为牵挂未来而焦虑企盼，也不应该陷在对往事的后悔惋惜中而不能自拔，要知道只有现在的一分一秒才是最重要的、才是能确定的。未来总是会带来希望和失望，过去常常提醒自己的失误，要知道未来和过去都和我们想象的不同，只有现在是我们可以把握的。

一切从爱自己开始

爱自己，就是爱绚烂的太阳、爱茂密的树林和四季的变化。爱自己，就是爱每天的三餐、清风和空气，爱雪、爱雨。爱自己，就是爱自己的生命和他人生存的方式。爱自己，会在不知不觉中为他人祈祷幸福。爱自己，就是爱家人、情人和朋友。爱自己，就是懂得人间处处充满爱的道理。

接纳不完美的自己

也许你没有沉鱼落雁的美貌，也许你没有聪颖睿智的头脑，也许你没有玉树临风的身材……总之，你的身上可能没有任何值得炫耀的地方，但是，你就是你，你是独一无二的，你是上天创造的。不要羡慕别人的美貌，不要嫉妒别人的头脑，不要模仿别人的身材。爱自己的出发点，就是勇敢地接纳并不完美的自己。眼睛小吗？没关系，眼小能聚光；身材矮吗？浓缩的都是精华，无论是哪里多一寸或是少一寸，你都是上天的杰作，你没有理由轻视自己，你也是夜空中一颗耀眼的星星。

学会善待自己

真正的生命强者是在与命运的激烈碰撞中，绽放出光芒并实现自我人生价值的人。在这多姿多彩的世界上，要好好地生活，活给自己看，也活给爱自己的人看，更要活给那些看不起自己的人看。尽管免不了会经历这样或那样的挫折，可那也是上苍给予你的礼物，要你学会坚强。困难并不是你全部的人生。当不幸来临时要勇于面对现实，正确分析自我，以更好的人生态度来面对生活，善待人生的每一刻。正如快乐不能使时间延长，悲伤也不能使时间缩短。为自己扬起微笑，不要夸大自己的悲苦，不要低估生命的力量，学会相信生活，时间会冲淡一切苦痛，生活也一定会创造更新的快乐。

让你的生活多一点光彩，多一点人生感悟！

女人总是想小鸟依人地生活在一个男人的身边，但是却变成了菟丝子紧紧地依附在男人这棵“树”上。其实在你寻找一棵大树之前，应该把自己先培养成一棵树，双木才可成“林”，一人一木是“休”，不是被自己“休”，就是被男人“休”。看看连理枝就会知道只有成“林”才会枝叶相交，根须相连。

追随你想要的生活

你想要过一种什么样的生活，决定于你自己，你就是自己生活的舵手。

对于很多女性来说，现在的生活并不是自己想要的生活，甚至和自己的预想背道而驰。

每一种生活状态都是自己选择的，既然现在的生活不是你想要的，为什么不试着去换另一种方式呢？为什么不跳出现在的生活圈子，从另一个角度去过属于自己的生活呢？

明白你自己需要什么

花一个小时的时间，给自己倒一杯咖啡，坐在一张舒适的椅子上，好好想想，自己希望过一种什么样的生活，找一下什么东西可以吸引自己，又非常渴望把它表达出来。这样的东西其实很多，也许是美貌，也许是工作，也许是学习新知识，也许是重建你的价值观，也许是生命将至尽头时的一个愿望等等，也许这些会比任何追求物质的满足更能让你得到满足。

但是你不要让这种迎合个人价值的概念，与自以为是混

淆在一起，这种态度最不具吸引力。不要大肆宣扬你的价值观，而是尽可能地从你的所作所为和生活上表现出来，这样就会产生巨大的女人魅力。

违背自我的初衷，只会掩蔽我们的不足之处。想想你究竟有什么与众不同的地方，不要认为它不重要而将它抹杀或掩藏起来。

忠于自己，就应给自己画一张切合实际的画像，知道自己哪儿有颗痣，眼睛有多大。了解自己，才知道自己更需要什么。

大部分女性都不曾选择自己想要的生活，而是选择了一种生活方式，或者说是生活方式选择了她们。要成为一个气质美女，一个优秀的女人，你应该打破这种循环，找出自己生活的症结所在，把隐藏在生活背后的自己找出来。

试着改变你的生活方式

尽管现在的生活并不是自己所想的，但是你却不愿意把自己的生活方式最小化。很多时候，自己向往的生活往往是比较简单的，很清闲，可以随心所欲。但是很多女人在还没有经历金钱、婚姻或健康危机之前，都不愿意将自己的生活最小化。我们必须明白的一点是，每个女人都可以得到自己想要的生活，但前提是你要试着去改变现在的生活方式。生活方式应该支持生活，而不是本末倒置。

女性应该有自己的兴趣爱好，有自己志同道合的朋友。

生活的方式越来越多，也给我们带来了越来越多的可能。我们可以选择不同的生活方式，让自己的生活丰富起来。真正懂得生活的女人是一个丰富的女人，而不是整天只知道围着公司或家庭打转的女人。

做自己想做的事

当你选出自己想要采用的生活方式，也就找到了那些目前还不属于你自己的东西，接下来你要做的便是去做你自己想做的事。既然已经选择了新的生活方式，就不要太在意别人怎么说，你有你自己的生活，你有权安排它。要记住，你是为自己而活，而不是为了那些一天到晚在你耳边闲言碎语的人而活。放手去做自己想做的事，当然，这样的事情是在讨好自己的基础上的，如何让自己获得最大的满足感，是你最应该考虑的。

拥有自己的空间，便可以做许多你自己想做的事情，从而更好地选择自己的生活方式。这样的生活会非常丰富，但是这种生活方式不应该浪费你过多的时间、感情、空间，也不应该给你带来风险、压力，使你的精神过于紧绷。如果有些事情是在现阶段不能达到的目标，那么不要勉强自己，因为生活方式的选择是为了让自己过得更惬意一点，如果那种生活方式会让自己感到经济或精力上吃力的话，那就适得其反了。

懂得享受已经得到的生活，让自己的生活与自己的理想接近一点，那么你就是在逐渐地改变自己的生活，那就是在不断地进步。

懂得知足常乐

知足常乐，顾名思义，就是对幸福的追求持一种极易满足的态度。

这种态度具有典型的中国特色，是中国几千年的小农经济下的产物，我国古代哲人们认为，人的痛苦根源不是在于贫困而在于欲望。欲望、追求都得不到满足便产生了痛苦；一种欲望满足之后很快便有了新的更进一步的追求，总是不满足，总有痛苦。

渴望成功，而每个成功的同时，也是烦恼的开始，因为人的“欲壑难填”。

其实，真正的快乐在过程中，而不是在最后的结果上。

“希望的事情，总是要实现，而实现了的希望总是变味的”，是哲学上的表述；《茶馆》里秦二爷说的“有牙的时候没有花生豆，有花生豆时又没牙了”，是艺术性的演绎。但他们都说明了一个道理：人生的各个阶段都会留有遗憾，奋斗的结果也许并不像期待的那样美好。所以，聪明的人应当珍惜过程，珍惜眼前的东西，满足眼前的状况。

聪明女人常常把知足常乐与中庸之道联系起来，为人处世讲究适中、折衷，既能勇往直前追求理想，也能甘于平淡，直面得失。

文人们对知足有着偏好，曾国藩认为人生一切都“不宜圆满”，以免乐极生悲，名其书房为“求阙斋”。林语堂说半玩世半认真是好的处世方法，不忧虑过甚，也不完全无忧无虑，才是最好的生活。一个计划，1/3 实现了，1/3 没实现而遗憾，1/3 已经忘却了，是最正常的。全部实现了也就没什么意思了。

戏剧中“抑制高潮”是成熟的手法，因为高潮过后就是结束，尤其是人生不像自然界那样循环不尽，“四季交替”只有一次。应当尽量维系和延长相对足够的状态，残缺也是美的一种境界，可以使人处在一种相对满足的感觉之中。

虽然不能从哲学或是其他理论的高度来阐释知足，聪明的女人却能从平凡的生活中悟出同样的道理，知足常乐！

幸福是比出来的

常常有人抱怨着生活中的种种不如意，其实仔细想想，我们应该是非常幸福的：

如果你拥有自己的家庭，有关心自己的人，每天吃得饱穿得暖，这就比世界上很多的人幸福了；

早上睁开眼睛就能看到清晨的太阳，身体健康无病无痛，那么你比世上其他上百万的人更幸运，他们在死亡线上苦苦挣扎，甚至有可能再也看不到第二天的太阳了；

假如你从未遭受到战争的威胁，从未经历过牢狱的孤独，酷刑的折磨和饥饿的滋味，那么你的处境要好于世界上其他五亿人；

如果你的冰箱里有食物，有房子住，晚上有床可以睡觉，那么你比世上 75% 的人更富有；

如果你抬起头面带微笑而心存感激，那么你是幸运的，因为很多人本可以像你一样心存感激，但却没有这样的体会。

所以说，拿自己的优势跟别人的劣势比，越比越幸福；相反，若拿别人的优势比自己的劣势，却会越比越伤心。幸福是比出来的，痛苦也是比出来的，关键看你怎么比，聪明的女人知道该如何比较出幸福，而不是痛苦。

知足常乐是一种心态

知足常乐是一种看待事物发展的心情，不是安于现状的骄傲，自满的追求态度。《大学》曰："止于至善"，是说人应该懂得如何努力而达到最理想的境地和懂得自己该处于什么位置是最好的。

知足常乐，知前乐后，也是透析自我，定位自我，放松自我。如此才不至于好高骛远，迷失方向，碌碌无为，心有余而力不足，而弄得心力交瘁。

知足是一种处世态度，常乐是一种幽幽释然的情怀，唯有知足，方能常乐。

知足常乐，贵在调节。可以从纷纭世事中解放出来，独享个人妙趣融融的空间。对内，发现自己内心的快乐因素；对外，发现人间真爱与秀美自然，把烦恼与压力抛到九霄云外，感染自身及周围的人群，促进人际关系的逐步亲近平和，进一步拥抱浅景淡色与花鸟虫鱼。

知足常乐，对事，坦然面对，欣然接受；对情，琴瑟和鸣，相濡以沫；对物，能透过下里巴人的作品，品出阳春白雪的高雅。

做到知足常乐，良好心态就会和待人处世并驾齐驱，充满和谐、平静、惬意、真诚。这是一种人生底色，当我们都在忙于追求、拼搏而找不着北的时候，知足常乐，是平凡人生中深沉的最丰富的底色，它孕育的宁静与温馨，对于风雨兼程的我们来说，是最好的避风港口。休憩整理后，毅然前行，来源于自身平和的不竭动力。

真正做到知足常乐，人生会多一份从容，多一些达观。

古人的"布衣桑饭，可乐终身"是一种知足常乐的典范，"宁静致远，淡泊明志"中蕴涵着诸葛亮知足常乐的清高雅洁；"采菊东蓠下，悠然见南山"中尽显陶渊明知足常乐的悠然。

更多的时候，知足常乐是融合在平平淡淡才是真的意境中。知足常乐，是一种人性的本真。在孩童时代，我们会为拥有自己梦想得到的东西而喜上眉梢，笑逐颜开，烙下一串串深刻的记忆。今日重温，也许会忍俊不禁，无论行至何方，所处何位，知足常乐永远都是情真意切的延续。

生活中的不如意，感情上的一塌糊涂，事业上的不顺心，都是一种心态。

人，长大了，欲望是跟着年龄一步一步增加的，不像孩童时那么容易得到满足。可是若干年后回头看看，我们今天的欲望与孩童时并无本质上的差别。得到和失去只在一瞬间，而在一路前行时，聪明女人会停下来，看看四处的风景。

当然，知足常乐，不是要躺在成绩簿上睡大觉，沾沾自喜，盲目乐观，矫揉造作，狂放不羁。事情的发展不可能一蹴而就，洞察暂时的成功，然后乐于进取，乐于开拓，为将来取得更大的成功鼓足信心，做好充分的准备，乐观的心态才不至于扭曲前进的风帆。知足常乐，真正意义上是个人永远追求的精神基站。

很多事情只有经历过了，才懂得它的弥足珍贵，最主要的是我们遗落了那一份拥有时的心旷神怡。现代人匆匆的脚步已定格为一种时代的风景，竞争与挑战接踵而至，在前进的道路上，当我们取得一些成绩的时候，如果我们都能乐由心生，对待困难的工作情绪，就会如阳光般朗朗映照。

知足常乐，聪明女人会在自己能力控制范围内循序渐进，不把太多不可能的事实摆在自己的眼前。她的聪明不仅体现在对未来的追求上，更体现在时机适宜时的放弃上。执著是一种美德，但有的时候放弃也是一种人生的大智慧。

知足常乐，在烦躁与喧嚣中，会过滤一种压抑与深沉，沉淀一种默契与亲善，澄清一种本真与回归，久而久之，步伐轻盈，精力充沛。

小说《笑傲江湖》里有一句话：莫思身外无穷事，且尽生前有限杯。这不失为一种人生感悟，点出“人生一世，草木一秋”的真谛。

如果人人都能知足常乐，世间便少一点儿纷争，多一点儿平和。

人生飞扬，知足常乐，情境深远。

学会感恩

长久以来，我们一直带着一颗渴求拥有的贪婪之心负重前行。我们渴求拥有财富，我们渴求拥有成功，我们渴求拥有爱情……我们总是在渴求，却忽略了我们已经拥有的一切。我们的渴求之心遮蔽了我们灵魂的眼睛，它使我们总是忽略上苍每天所给予我们的恩赐，它使我们总是因对未来的无限期待而忘记对昨天和今天的感恩。

是啊，久违了，感恩！没有阳光，就没有日子的温暖；没有雨露，就没有五谷的丰登；没有水源，就没有生命；没有父母，就没有我们自己；没有亲情和爱情，世界就会是一片黑暗和孤寂。虽然没有人不懂这些浅显的道理，但是，我们总是常常缺少一种感恩的思想和心理。

作为女人，应该对你所生活的这个世界上的所有事物感恩。学会感恩，走在人生的路上，你会觉得快乐无比。

不忘父母养育之恩

当你伤心、难过、高兴……的时候，最先感知这一切并能陪在你身边的是你的父母。中国有句老话："养儿方知父母恩。"母亲要经过十月怀胎一朝分娩的过程才把你带到这个世界，父亲用自己的肩膀扛起这个家，做你世界、你眼中的第一棵参天大树。现在多是独生子女，围绕在身边的还有爷爷、奶奶、姥姥、姥爷，每个人都希望你能健康成长，每个人都为你脸上纯真的笑容而感动。

那么你拿什么回报他们呢？那就是爱你自己，让他们觉得你会关心自己、照顾自己，这样才能让长辈安心、放心地让你自由飞翔，不会想要绊住你起跳的脚、飞翔的翅。

你能拿什么回报他们呢？是感恩。曾有一篇文章说，英国一家知名企业招聘新员工，有位应聘者闯到最后一关，总裁亲自面试，而题目只有一个：你有没有替母亲洗过手脚？有何感想？应聘者的答案是没有，于是总裁请他先回去为母亲洗手脚，三天后再来面试。

应聘者为妈妈洗手脚时，才发现与母亲的距离这样接近，内心感到无比温暖，同时也才发现母亲的手脚很粗糙甚至开裂了。刹那间他才发现以前关心母亲不够，内心感到无比歉疚。而母亲每天辛苦工作，为家人、为子女，不求回报地付出，使得家人无后顾之忧。由此，他对母亲的爱、无私的奉献有了更深的体会和理解。三天后向总裁报告了他的感受，结果被录取了。

这位总裁很高明，他懂得用人之道：会做事不如会做人，会做人不如会感恩，会感恩的人是最好的人。学会感恩，感谢父母给了我们生命，为我们付出了一切，无论贫穷与富贵，高尚与卑微，踏踏实实活着的感觉真好。感谢父母让我们能够享受阳光、微风以及所有的一切！

感谢你的爱人

每一个女人都渴望拥有一份真爱，然而一旦拥有的时候却又不知道珍惜，究其原因是不知道感恩。她以为爱人爱自己是天经地义，是责无旁贷，是应该的……其实没有哪个人天生就应该无条件地为你而付出，他爱你、呵护你、宽容你是他的无私，你应该怀有感恩的心。是他给了你一个温暖的家庭，让你尽享人生的天伦之乐和男女之欢；是他给了你一个宽厚的胸膛让你有所依托，卸去满身的疲惫与烦忧。刮风下雨的时候他会送来一把遮风挡雨的伞，累了乏了的时候他会送上一杯热气腾腾的牛奶，当你不开心的时候他会讲各种幽默笑话让你破涕为笑。你要感谢身边的这个男人，是他陪着你一起度过风风雨雨，陪着你一起慢慢变老，是他让你享受人生的幸福与美好。

不忘师长培育之恩

除了父母之外，在我们身上花费心血最多的要数老师了。他们循循善诱地传授我们科学文化知识，他们教诲我们做人的道理和生活的原则，他们不辞辛劳地批改作业、准备教案，他们为我们点滴的进步而欣喜，为我们的失败和错误而焦虑。人们常说老师是再生父母，一点也不为过。感谢老师，在那个因为一件不顺心的事而心情郁闷的冬天，老师一句温暖的问候如春风化雨，使你从郁闷中解脱了出来。要感谢宿舍老师，在寒冷的冬夜里为你关好门窗，在难挨的酷暑中为你打开空调，在乌云压顶时替你把晾晒在户外的衣服收进来。老师是我们成长道路上的引路人，是我们在知识海洋里畅游的导航者。老师是我们生命中的大树，是照亮人生路程的明灯。老师头上的青丝变白发，老师把全部的爱都倾注在我们的身上，像蜡烛一样燃烧了自己，照亮了我们。

应该感谢的人还有很多

感谢自己的孩子，是他们让我们真正感觉到做母亲的责任，他们让女人的一生充满了希望，他们让女人体验到身为人母的酸甜苦辣。

感谢与自己共事的同事和给了我们友谊的朋友，有了他们的理解、支持和帮助，人生的旅途才充满了动力，生活才充满了和煦的阳光和温暖的春风。

感谢学生，他们热情向上、幽默敏捷，让老师的心永远年轻永远单纯。

感谢挫折和失败，让女人经历了酸甜苦辣的滋味，让女人知道了人生并不是一帆风顺。感谢阳光、雨露和空气，还有这样美好的早晨，因此要感谢一切！

怀着一颗感恩的心，在家里会孝敬父母，理解爱人，关爱子女，在爱的包围中女人会觉得十分幸福和满足。在工作单位和社会上，与同事、朋友相处融洽，和他们一起分享快乐、分担忧愁，让你的心永远轻松快乐。每天都有无数快乐的机会，为这些机会感恩吧。为得到的一切教训，拥有的一切阅历而感恩吧。为克服困难、闯过难关学到的宝贵经验感恩吧。为自己的活力和坚强的信念感恩吧。感谢这一切，感谢这一刻，感谢现在。

没有感恩的心，就说不出“谢谢”这两个字；不知道感恩的人，就不知道爱别人且得不到别人的爱。心境平和，微笑待人，怀着感恩的心，我们每天都快乐无比。

扪心自问，你是否还有这样的感恩之心？细细地梳理一下你的生活，你就会发现确实有很多的人和事值得去感恩。努力地做一个爱自己的人，你会看到身边的每一天都是美好的。

第十二章　涵养：滋养女人盛放的花

有一种女人，不是童话，是传奇。她自内而外散发出来的都是吸引别人的气质。如果说容貌、服饰、身体是气质之形，学识、阅力、涵养则是气质之本。内在素养的滋生和成长，让她的心灵不断丰满，气质不断提升。

第一个爱的是自己

“求全”似乎是人性的通病，每一个女人都希望自己十全十美，但这恰恰违背了世界的规律。世界正因为不完美，才会生出许多个性、许多特点，才会如此多姿多彩。

没有哪个女人是完美的，而每个女人都可以是美好的，每个女人都有自己美好的特点。即使一个长相平凡、身材普通的女人，即便她没有令人艳羡的美貌，没有一眼看上去动人心魄的性感，她却可能会有善良的心地，温柔的性情，聪慧的心智、磁性的声音，感染你甚至打动你。生活中我们常常能够遇到这样的女性，其实，视觉上的美丽熟悉之后会变得平淡，感受上的美好却会日益长久。

女人一定要真心地喜欢自己。喜欢自己，并不是盲目自恋，而是能够认识到自己的缺点，坦然地接受自己的一切，不管是优点还是缺点。真心喜欢自己的人懂得快乐的秘密不在于获得更多，而是珍惜所拥有的一切。你会觉得自己是那样地受到上天的恩宠，幸福地生活在这个世界。这是一份开放的心境，更是你快乐的始点。具有这种心境的女人，你对生活、环境、你周围的人，会自然流露喜悦之情，感动自己，影响他人。

没有人可以确切地知道自己是不是真正受人欢迎，但却可以问问自己：我是不是真的喜欢自己？心理学研究表明，要想别人喜欢你，首先要培养喜欢自己的特性。回想一下，你身边一定有些既不漂亮又不富有的朋友，这些人是你朋友圈子中受欢迎的人，他们就是喜欢自己的人。

心情可以长久地影响女人的容貌。很多女人花了很多金钱，买高档化妆品，做美容，其实调整心情才是女人最珍贵的滋养品。心情的好坏，看上去是源自身外在的烦恼，事实上是你的一种态度和控制力。

学会接纳自己，接纳自己的缺陷，真诚地喜欢自己，喜欢自己的不完美，喜欢自己的个性。你会发现你不仅拥有喜悦感的生活和人生，还会获得更多的魅力。

生命的本性是快乐的，如同绽放的鲜花，激荡的歌曲，迷人的芳香。女人应该善于发现生命的意义，走进自己的内心。有一句人们常说的格言：“爱别人如同爱你自己。假使你不爱自己，又怎么爱别人呢？”

女人要学会爱自己，不要怨恨自己，柔软地、温和地关怀自己，学会原谅自己。

优雅是女人一生的追求

优雅，是个令芸芸众生顶礼膜拜的词汇，是很多傲视群雄的女人的资本，也是很多优雅未遂的女人奋斗不息的最高境界。优雅是一种和谐，非常类似于美丽，只不过美丽是上天的恩赐，而优雅是艺术的产物。从某种程度上来讲，优雅总是克制的，它不会肆无忌惮，不会无所顾忌，不会任性而为。

其实，很少有人能够真正界定究竟何为优雅，尽管有关优雅的专业书籍层出不穷。法国时尚泰斗热纳维耶夫·安东丽·德阿里奥夫人的经典之作《优雅》，从一个具有优越感的法国女人的角度，教给广大的普通女性优雅的准则，她甚至把如何让一个普通的女人变成优雅的女人当成是自己一生的使命。也许，对大多数女人来说，根本就不知道优雅究竟是什么东西，但是只要知道优雅是女人必须关注的话题，知道女人应该在举止上优雅、在谈吐上优雅、在服饰上优雅就足够了。

优雅不分年龄和身份

许多人认为优雅是中年女人的专利，年轻女孩子是根本不懂得优雅、也不可能优雅的。其实，这是一种误解。年轻的女孩子青春逼人，自然不需要优雅也能取得男人的好感，假如青春再加上优雅就更能让男人为之动心。

而当年近四十岁的中年女人，远离了青春与美貌，她的资本就只剩下优雅了。优雅是所有女人“笑傲江湖”的独门神功，更是中年女人的护身符和杀手锏。优雅不分身份和地位，现实生活中身份地位高的人大多数是高雅的，但是粗俗无礼的女人也大有人在。身份地位低的人也不见得就庸俗不堪，她们中也有很多有教养的、举止高雅的淑女佳人。因此，优雅与否与身份地位无关。

优雅的经典版本

古今中外，最为优雅的应属法国巴黎的女人，但是在世人心中永难忘怀的优雅女人却在美国。身穿纪梵希黑色晚装、一头黑色的短发、深邃而忧郁的双眸、手中握一个长柄烟管的奥黛丽·赫本已经成为世人公认的、永不退位的优雅经典版本，她的优雅已经到了令世人望尘莫及的地步。在瑞士名表“浪琴”的专卖店里，高悬着赫本巨幅黑白照片，向人们阐释着什么是优雅——从容不迫、雍容华贵。

美国第一夫人杰奎琳·肯尼迪的优雅世人皆知，她那典雅的形象、迷人的魅力倾倒美国众生长达半个多世纪，让一向距离优雅很遥远的美国女人扬眉吐气，就连以优雅自居的法国女人也为之倾倒。无论在什么时候，她都以最优雅的形象出现，哪怕是在1962年她出访印度，骑上一头大象时，她仍然穿着丝质的浅黄色蓬蓬裙。那些无袖连衣裙，舒服的外套，还有让她的短卷发服服帖帖的帽子(其实她并不喜欢戴)，一切都使她成为当时绝无仅有的优雅的象征。

优雅是一种态度

此话出自充满优雅气质的香港著名影星刘嘉玲之口，这是她对“优雅”这个词的解释。“服装的搭配真的不是很重要”，刘嘉玲说她没有什么美容和服装配搭的秘籍，每天早上醒来，随着心情挑选衣服。心情愉快可能穿的颜色就亮丽，心绪平静会穿的素雅。会特别钟爱某些小饰物，甚至有时会为了一双鞋或者一款腕表、一只手袋而去购买搭配一身的衣服。

“重要的是一个人的神态和走出来的整体感觉，美丽是很多东西积累出来的。我们讲的化妆、服装、配饰等等都是太外在的东西了”，刘嘉玲说。

如果说话空洞没有内容，女人的穿着和妆容再漂亮也不是美丽和优雅的。所以，一个人增加自己的见识和学识才能做到优雅。

而在她的心里，奥黛丽·赫本始终是优雅的偶像。“美丽不会因时间而停顿，不同的阶段有不同的美，我很乐意接受不同阶段的美丽”，刘嘉玲如是说。

由内而外变优雅

优雅的气质不是一次特别晚宴的特殊表现，而是日常生活中诸多习惯的积累和培养。优雅更多地表现在神态和举手投足之间，在着装方面其实各种款式的衣服都可以优雅，包括一条破牛仔裤，关键是它的品质一定要上乘。

◎ 在巴黎咖啡馆里的女招待都是非常优雅的，简单的款式，细节的重视，搭配的协调，随意中体现别致和内在的艺术气质，这一切综合起来才能构成优雅。

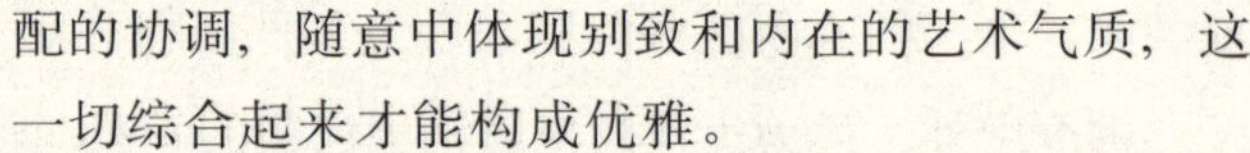

◎ 数量永远是与优雅成反比的，也就说越简单越优雅，在无名指或小指上戴一枚戒指就足够了，因为在优雅人士看来所有复杂的小玩意儿都会损害优雅，包括手机和手袋。

◎ 清淡的香水比浓烈的香水更符合优雅的现实标准，不要选用众所周知的名牌香水，既突出个性而又稀缺珍贵的香水才是最佳的选择。

◎ 对于真正优雅的女人来说，她的雨伞和小狗也应该是优雅的。

发自内心的教养

都说有教养的女人才是美丽的女人，什么是教养？ 教养是文明规范，是文明社会的道德基石。得体的教养，有助于人们获得社会认可和幸福的生活，有助于人与人之间，创造积极和谐的社会关系，也有利于表现良好的公共形象。教养的基础，是理解和尊重他人，同时不妨碍他人。教养也是良好的社会规范的表现，不是随心所欲，更不是惟我独尊。

教养是善待他人、善待自己。做一个有教养的人，认真地关注他人，真诚地倾听他人，真实地感受他人，你会发现尊重别人就是尊重你自己。有教养的人不会在公共场合大声喧哗，有教养的人使用公共厕所一定会主动冲水，有教养的人即便在无人看管的室外公共区域也不会随意丢弃废物。

真正的教养不是做给别人看的，而是发自内心的，不是有人看到时你才会做，没人看到你就不做。真正的教养源自一颗热爱自己和热爱他人的心灵。中国有句古话，叫“己所不欲，勿施于人”，或许是对“教养”的最好诠释。教养与习惯紧密相连，良好的习惯久而久之会成为一种自觉的行动，内化为教养。要做到有教养，应该从培养良好的习性开始。

和有教养的人一起共事和生活，你会觉得和谐和愉悦，常常还会得到人性的升华和感动。那是一种长久融于一身的生活品位和习性，一种源自内心的需求和表达。

有教养的女人是令人尊敬的，让人愉悦的，使人感到如沐春风。有教养的女人说话有分寸，对人不尖酸刻薄，不会为几毛钱讨价还价，不会占小便宜。有教养的女人在公众场合端庄大方，不做作，举止不轻浮，有爱心并善于表达情感，常常赞美祝福他人，而不是嫉妒他人。和有教养的女人共处，总像有潺潺溪水流过，让周遭的人们被沁润。

女性教养程度的高低是衡量社会文明程度的一个重要标准。女人身为母亲，自己的文明修养，更直接地影响着子女和后代，女人的教养决定了一个国家和民族的修养。

走近气质美女

在社交场合，如果你留心观察会发现，凡是那些品位出众、举止修饰有水准的女人，都是让人很难忘记的女人。这些修炼到仿佛天成的美女们，她们每一次的服饰装束、一举一动、一颦一笑都会出手不凡，给你耳目一新的吸引力。你可以品味、欣赏、模仿这些女人，她们是已经进入气质殿堂的美女，风姿卓约、气韵独特，有特殊的悟性，沉积了丰富的内涵。

一般而言，能在人群中脱颖而出，特别吸引你、打动你的女人，一定是为数不多甚至是极少的人，她们通常也是由于你的年龄、阅历、阶层、人际网络所限，过去没有感受到和接触过的女人。很多女人都会有这样的经历，会有在某种场合相遇忽然让你为之一动的女人，你会不由自主地多看几眼，去揣摩她为什么出众，在众多的人群中，为什么显得很打眼。

有的女人很幸运。由于家庭等等原因，较早地受到了良好教养的培养和熏陶，在很多方面能够较早地显现气质。也有一些优秀的女人，凭借不断改变和不断提升的强烈渴望，加上特有的各种努力，不断走向越来越高的社会层面，不断接触和走近越来越出色的气质美女。受到这些女人的感染和影响，使自己也变得越来越有修养和气质。这种善于在后天培育出气质的美女，她们往往有一些共同的特点，有悟性，富有激情，乐于上进，善于广泛地开拓人际关系，积极地靠近优秀人士，不断地优化人际关系网络，这些人际网络和人际关系营造的环境也会让她们更加优秀、更有气质。

能够走近气质美女的人是有幸的，能够接触气质美女，更是难得和珍贵的，有时这种接触仅仅是短暂和肤浅的，但是，只要你善于创造和把握机会，可能会对你的事业和人生产生重要的影响。这些优秀女人，之所以出类拔萃是有道理的，积极地走近她们是你获得启发和感染很有益的一步，事实上也是你开放心境，积极的一种人生进取态度。

不妆不惑的淡然与从容

不妆不惑是女人的一种淡然与从容的品境与心态，是女人的一种极致优雅。

在喧嚣的尘世中，环绕在人们身边的大多是变幻的色彩，匆匆的背影，无尽的欲望……而我们缺少的恰恰就是一道隽永的风景，一道心灵深处真诚和宁静的风景。

青春的花开花落使女人疲惫，四季的风花雪月让女人不堪憔悴，世事的纷乱，滚滚的红尘，磨砺着女人细腻柔软的心。

当我们迈过漫漫人生路，开始慢慢步出热烈、灿烂的青春季节，岁月不只是刻在女人的脸上，更沉淀在女人的心里。这时的女人，淡然、从容而柔和，更像一杯清茶，洗涤掉心灵中沉淀的渣滓，慰平思想上的矛盾纠结，享受着这份淡淡的情，一切都是那么惬意、欣慰，回归一种平和的幸福。

这份秋叶般的淡然与宁静让女人们找到了从容和真爱，也展现出了另一种美。

淡然的女人崇尚简单的生活，淡淡地来，淡淡地去。少而又少的出头露面换来的是灵性的清净；对人生、对社会的宽容和不苛求，得到的是自己内心的宁静和有条不紊。淡然的女人对工作和事业努力奋发，兢兢业业，但不忘乎所以。她们并不刻意追求女强人的角色，因为她们知道，人生需要执著，但更重要的还是随缘。她们简单地活着，善良、率直、坦荡，懂得留出时间和心情去品评人生的味道，享受人生的乐趣。

淡然的女人因体悟生命而显得那样从从容容，闲适得体，气度雍容。她静美如秋叶，淡然如湖水，她与人、与物淡淡地相处，心里常常有些许喜悦、些许伤感、些许暖意、些许感恩，给自己淡淡的欲望，给人以恬适宁静的淡然之美。

淡然的女人爱自己胜过爱一切。淡然的女人会在世事的牵累、终日的忙碌中，抽出空闲，修饰自己，滋养自己，用自己淡然的心境去呵护那长长的秀发，呈现出来的是清晨阳光般的笑容、端庄的气度和深厚的内涵。职场拼杀之余，白日的尘埃落定，灯下的女人会将自己浸泡在书香之中，读一段散文，品一首诗，听一曲音乐，修复日渐粗粝的心灵，使自己依然温婉和悦。

也许经历得越多就会越接近自然，因为知道一切都是必然，所以一切都会坦然。年轻时，我们还不懂怎样生活，不知道如何从容。随着年龄的渐长，随意而从容渐渐伴随我们的成长而日益成熟，洗尽铅华，卸下华美的外衣，更宽容地生活。

从容随意的女人总是善待人们、善待生命。从容随意的女人是水，随着时代的进步，不断调整生活的节奏。在山涧小溪，她是单纯清澈的水滴；在飞天瀑布，她是奋不顾身的飞花碎玉；在浩瀚的大海，她又如汹涌的波涛，一次次朝礁石撞击。

任岁月流逝，从容的女人美丽依然。她总能追寻生活的乐趣，总能发现美丽的风景，身心虽一次次受伤，生活虽一次次受挫，但她们更加宽容，更加感恩，更加呈现出历尽沧桑却依然随遇而安的美丽。

从容随意的女人总是微笑着面对困难，面对环境。她不为日常琐事所累，不为生活的压力而焦虑，不为现代人儿女情长的善变而烦恼忧郁。委屈时，她躲在房间品味《命运交响曲》的强劲有力；失意时，她用笔记录潮起潮落的心绪，寄给远方的亲友一同勉励；挫折面前，她告诫自己重新振作，适应新的处境；苦难面前，她命令自己跨过颓唐，去拥抱新一轮的太阳。

从容随意的女人是画，是一幅清新隽秀的山水画。无论外界如何风卷云涌，世事如何沧桑变迁，她们的内心总是处事不惊、安详宁静。

保持女性特有的温柔

大多数男人最喜欢的是女人的温柔。

女人最能打动人的就是温柔。当然，这种温柔不是矫揉造作，温柔而不造作的女人，知冷知热，知轻知重，和她在一起，一些内心的不愉快也会烟消云散，这样的女人是最能令人心动的。

她可能不是都市白领，她的学历也可能不是那么高，她的厨艺也许不怎么样，她的细手也许很笨拙，她的长相也许挺一般，总之她绝对不能算得上一个十全十美的俏佳人，但她却很温柔，说起话来的和声细语，足以让你顷刻间为之陶醉。

在男人眼中，女人的温柔比所有的特点都要可爱。温柔的女人走到哪里，都会受到人们的欢迎，博得众人的目光。她们像绵绵细雨，润物细无声，给人一种温馨柔美的感觉，令人内心赞美，回味无穷。

如果你希望自己更妩媚、更动人、更有魅力，建议你保持或发掘作为女人所独具的温柔的禀赋，用亲和力融合别人。

女人的温柔如和风，可拂去心绪上的烦恼与忧愁；像细雨，可滋润心田上的干涸与浮尘；像彩虹，能映照自暴自弃之人重新扬帆的锦绣前程；是武器，能让剽悍粗犷的男人束手就擒。

做一个温柔的女人，不是换一套衣裙、举一杯红酒就可成就。她的魅力，来自于性格、能力和修养。她的规矩、内敛、温顺都来源于对自己表情的修枝剪叶，让美丽由内而外熏染而出。

具体说来，女人的温柔体现在以下几个方面：

通情达理

这是女人温柔的最好表现。温柔的女人对人一般都很宽容，她们很懂得为人谦让，对别人很体贴，凡事喜欢替别人着想，绝不会让别人难堪。

富有同情心

这是女性的温柔在待人处世中的集中表现。对于弱者、境遇不佳者、老人、小孩和病人，女人都应表现出应有的同情，并尽可能设法去帮助他们。

吃苦耐劳

这是东方女人的传统美德。特别表现在家庭生活方面。

善　良

对人对事都抱着好的愿望，喜欢关心和帮助别人。对家人，会表现出更多的关爱。

温馨细致

让人心动的不是一个淑女做出了多么惊人的业绩，更多的情况下，是女人那种适时适地的细心关怀和体贴，最能叫人怦然心动。一同出门时，吃东西弄脏了手，她备好纸巾递上；衣服扣子掉了，一向细心的她正好带着针线……虽然都是些小事，但却于细微之处充分体现了女人难以抗拒的温柔和魅力。

性格柔和

绝对不会一遇不顺的事就暴跳如雷或火冒三丈。以柔克刚，这是温柔女人的最高境界。到了此境界，即使是百炼的钢铁也能被她随意掌控在手中。

不软弱

现代女人追求温柔，但绝不软弱。温柔是一种美德，是内心世界有力量和充实的表现，而软弱则是要克服的缺点，二者不可混淆。

千万别做河东狮

今天的“河东狮吼”，当然带有市场竞争的时代特色。在竞争与快节奏的生活压力下，现代男女都平添了许多焦躁不安、疲劳、压抑、失落。这些折磨人的情绪，极需得到宣泄。但是，采用发怒作为宣泄的方式，往往是有百害而无一利的。

试想，如果一个女人叉着腰，黑着脸，一副泼妇骂街的架势，哪个男人还敢接近？生活中，有的女性脾气很大，谁要是惹她不高兴了，不管在什么场合，她都会动怒，只是陷入愤怒的程度不同——从轻微的烦躁不安到严重的咆哮大怒等。愤怒的情绪是在日常生活中逐渐形成的习惯，它会严重地损害人际关系，更是一种没有修养的表现，这样的女人毫无气质可言。

以下是女性可能会动怒的常见情形，比如：

(1) 当他人做事马虎、丢三落四时动怒。这时你的愤怒很可能对别人没有任何效果，而你自己却还会每次为此生气。

(2) 对无生命的东西动怒。要是你不小心被某个物体碰撞了，你为此大动肝火并用拳头或其他物体发泄时，那么不仅无济于事，反而只会使你更加痛苦，倒不如小叫一声来减轻痛苦。

(3) 因丢失东西动怒。当你丢失钥匙或钱夹时，无论你怎样发怒，都不会物归原主。你还不如利用这时间寻找遗失的物品。

(4) 因个人无法控制的天下大事动怒。比如，你可能对政治局势、外交关系或经济状况非常不满意，但你的愤怒却不会改变任何事情，因为你根本无法掌握它们。

当然，女性还有很多可能动怒的情况，她们在愤怒时一般会采用以下形式：

(1) 责骂讥讽。即使是对爱人、孩子、父母或朋友，她们也会如此。

(2) 粗暴行为。有的女性还会摔东西、摔门甚至动手打人等。走向极端时，还会发生恶性事件，比如暴力犯罪。

(3) 语言发泄。“气死了”或者“你太让人生气了”、“宰了他”、“揍扁他们”，等等。虽然这些话你仅仅是讲讲而已，但它们会助长愤怒情绪和暴力行为，可能使原本可以轻易解决的事情变成暴力争斗。

(4) 大发脾气。通常她们以此表示愤怒，而且认为发泄后会心理平衡。

另外，诸如嘲弄、讥讽、生闷气等，同暴力行为一样，不仅具有很大的破坏作用，还无济于事。

怒吼或叫嚷，不过是一种宣泄的方式，目的在于恢复心理平衡。适当的动怒可以显得女人有个性，但不分时宜的动怒，只会使人觉得是“河东狮吼”。

下面介绍几种防止动怒的方法：

（1）当出现愤怒情绪时，首先冷静下来，并提醒自己不能消极地看待事物，这种提醒对问题的解决和消除不良情绪至关重要。

（2）当你想教育孩子，使他印象深刻时，可以假装动怒。比如提高嗓门或板起面孔等。但千万不要真的动怒，因为由此而带来的生理与心理痛苦会使自己受到折磨。

（3）不要欺骗自己。当你讨厌某件事或某个人时，可以坦白地表示你的意见。

（4）当你发怒时，提醒自己，可以换位思考一下。人人都有选择自己行为的权利，否则只会延长你的愤怒。你坚持自己的言行，也要学会允许别人选择其言行。

（5）请他人帮助你。每当你动怒时，可以请亲朋好友提醒你，帮助你抑制动怒的冲动。

（6）如果你实在抑制不住，在发完脾气后，大声宣布你又做了错事，以后你决心不再动怒。这一声明会使你对自己的言行负责，并表明你会采取新的思维方式，努力地改正这一错误。

（7）当你要发脾气时，尽量靠近你所爱的人，远离是非之地。

（8）你可以找那些让你生气的人谈谈心，互相指出对方不恰当的言行，然后平心静气地交流看法。这样你们至少会减少彼此的愤怒相待。其实，只要在一起多沟通，你会懂得发怒毫无意义。

（9）当你非常生气时，可以努力抑制怒气，冷静地描述一下你的感觉和对方的感觉，最初10秒钟是至关重要的，一旦你熬过这10秒钟，愤怒便会逐渐消失，事情也会出现转机。

（10）不要对别人期望过高。因为没有这种期望，也就不存在愤怒了。在遇到挫折时，应当接受逆境的挑战，这样你便没有时间来动怒了。愤怒只会妨碍你的生活，只会使你以别人的言行确定自己的情绪。其实你完全可以不理会别人过分的言行，为自己选择精神愉快的方式来替代愤怒，这样，你的生活会充满阳光。

总之，作为女性，应该意识到动不动就指责别人、喜怒无常是一种坏毛病，你要想成为一个性格随和的女人，一个有修养、有气质的女人，一个美丽一生的女人，就要提高控制愤怒情绪的能力，有意识地控制自己情绪的波动。

第十三章　品位：独一无二的气质美女

再美的女人倘若失去了品位，就会像失去了香味的鲜花一样可怜又可悲。品位，是女人对品质生活的追求。有品位的女人，善于营造一种赏心悦目的氛围，它往往点缀着女人更富情趣的气质。

关注自己的品位和格调

新的社会生活观念告诉我们，一味地追求金钱和获得了大量金钱并不能带来真正的快乐和幸福，也并不能改变和提升自己的社会地位以及最初所属的社会阶层。获取金钱的过程必定会耗费一个人过多的精力和时间，而宝贵的生命往往就在悄然逝去。

在物质越来越丰富的社会，金钱固然重要，但只有金钱并不能使你获得普遍的认可、尊重和赏识。有格调和品位的人才会受到尊重和欣赏，物质越来越发达的社会，人们反而变得越来越需要提高文化品位和生活格调。

中国人不喜欢谈论社会阶层和等级问题，受到无产阶级思想长期的感染和影响，人们普遍认为谈论阶级和等级是严重的社会歧视。事实上，随着经济的高速发展，平等社会的神话已被打破。但什么是现行社会的等级标志，人们是茫然的。尽管经济快速变革带来的金钱，在社会等级划分标准上起激化的作用，但人们对这个敏感问题并不清晰。

品位是什么？“CLASS”在英语中表示阶层、等级和阶级，也有格调、品位的含义。在欧美国家，通常在谈及一个人的“CLASS”时，并不是评价他社会地位的高低，而是评价他是否有格调和品位。

为什么那些表明自己有教养的人会在一些衣食住行上学习并尊崇规距和条条框框呢？因为人与人的了解大多只能从日常生活所表现的喜好，也就是所谓的品位、格调来表明内在的和背后的东西。你喜欢什么样的服饰和色彩，阅读什么书刊，说话的方式和腔调，家里的装饰格局，喜欢什么运动和娱乐，甚至你爱吃什么，喜欢什么餐具等等，都会表明你的情趣、教育背景、生活方式取向和财务状况等等。

事实上，人的品位和格调在成年之前已基本完成。人可能会一夜成名或一日暴富，但不可能在一日之间改变生活品位。所以当我们仔细观察很多“上流人士”时，通常会从一些细微的举止看到旧日的痕迹，比如有些人尽管满身都是名牌，但头发可能散发着油腻的气味，鼻毛可能粗糙地露在外面，体臭，指甲里塞着黑色的污垢……

人要关注自己的品位和格调，女人更为感性，就更应该培养和定位自己的品位。女人的品位并不是来自富有或出身豪门，也不是拥有如何显赫的地位。女人的品位最主要是来自内心的高贵品质。当然，人们可以借助一些富有品位的服饰物品表达内心和精神。真正划分社会阶层的不是金钱，也不是权势和血统，而是品位和格调。品位和格调是可以学习和培养的，重要的是，品位和格调的提升，并不需要拥有很多的金钱。

给家一张时尚温馨的脸

在纷扰繁华的都市中，家是令每个女人感到温馨、祥和的代名词，它是女人的避风港，也是一个纯粹属于女人自己的舞台。在这个心灵的城堡，你可以随意的挥洒自己的激情，也可以全心地享受静静的慵懒与安逸。

适情适性的家居环境让生活变成一种享受，无须过多的花哨和繁复，空间与生活的契合让恬静与温馨悄然而生。

布局合理适宜的客厅

布置客厅除了要考虑客厅本身区域空间中所牵涉的种种问题外，在设计时，还要处理与其他功能区域空间的关系，例如进门的过道、开关、敞开式的餐厅、厨房等。要尽量使客厅的空间格局既具有自己的独立性，又与其他空间区域的装饰风格遥相呼应，相得益彰。

客厅不论空间大小，关键是主要功能和设施不能缺少，布局要合理适宜，其余则可视不同的空间面积进行装饰点缀。主要功能设施指可供宾客、家人交谈娱乐的空间和设备设施，布局则是指人与人之间的距离和空间范围、人与设施的距离和方向以及人的行走流向的合理性。装饰点缀指装饰柜、饰物，以及营造文化、艺术、情趣氛围的装饰结构形态。

客厅的家具虽以适用为主，但就其体积和所占空间位置而言，也不能轻视它的艺术感染力。而装饰陈列物品也不仅仅为点缀，其在营造客厅文化、艺术、情趣氛围上也有着不可低估的作用。在购置时更要注重与客厅环境的协调性，讲究其

布置的艺术性，可谓过之一点太俗，少之一点平庸。

洋溢温馨与爱恋的卧室

宽敞的窗，柔软的床，爱巢的温柔似水，再加一点活泼的绿，透过低垂的床幔，如雾里看花，又似醉眼朦胧，是家的温馨，爱的缠绵，思绪的留恋。在宽阔明亮的空间，享受心灵放飞的自由，亦或留连于温馨典雅的香闺，追寻童话般的美丽。这点点滴滴的汇聚，营造着一种女人梦的归宿——卧室。

女人爱惜自己的身心，更懂得情感的抚慰。舒缓紧张的心灵，你需要一个温馨弥漫的卧室空间。

厨艺的空间

家的温馨之感，大部分来源于厨房的点滴。饮食男女是一种通俗之说，却是生存的一种道理。要活着总是要吃，既然这样，为何不给自己，给自己的家，创造一个温馨的“庖厨”？

厨房一向是家中女主人的地方，从前的妇女在那儿找到属于自己的天地。现在的职业女性，大部分时间在外独当一面，没有时间自己下厨，然而自己做的菜可以滋养身体，补充体力，可以让你暂时抛弃工作压力，所以职业女性们最好留出一点时间给你的家人和自己，为自己的家多增添点温馨和浪漫。

厨房本身是一种品位，透着饮食文化的优雅。精良的厨艺需要有一个发挥的空间，而油烟满室、油污遍地的环境绝不会让人有任何置身其中的欲望。同时也没有任何女人愿意在原始的劳作中丧失自己青春的肌肤，变成一个黄脸婆。

随心所“浴”的快乐

对于现代人来说，沐浴是放松精神、驱散疲劳的一种重要方式，是一种休息，一种调节和对生活的享受。

粗糙的时代终于渐渐远去，在短暂的人生中，女人们终于可以在很多细碎的空间寻觅到精致的乐趣。就说洗澡，换上了小浴室，就成了最温暖的私人生活。身体的每个细节都可以毫不羞涩地细细观察、领悟，从此真正关爱起身体以及了解身体以外的很多东西。

因此，构筑新时代的浴室，享受潺潺流水给女人们带来的幸福生活，已成为新女性宠爱生活的理由和内容。当然，要想通过洗浴达到放松身心的目的，浴室内环境的合理美化是十分必要的。家庭浴室是居室中一块特殊的小天地，既不必富丽堂皇、耀眼夺目，也不可漠然忽视、简单了事，其装饰重点立足在“品位”上。

翻开女人最好的饰品

世界有十分美丽，但如果没有女人，将失掉七分色彩；女人有十分美丽，但如果远离书籍，将失掉七分内涵。正如著名女作家毕淑敏所说：“日子一天一天地走，书要一页一页地读。清风朗月水滴石穿，一年几年一辈子地读下去。”

爱读书的女人，她不管走到哪里都是道亮丽的风景。她可能是貌不惊人，但她有一种内在的美，谈吐不俗，仪态万方，不管到哪里都会让人瞩目。知识能弥补女人的先天不足。读书的女人，让人看上去总是很美的，这种美与长相无关，跟她周围的环境也无关。人看书的样子，平静、恬淡，仿佛世界一下子都变得美丽起来。

读书能使人变得睿智与坦荡，无欲则刚，心底无私天地宽。读书能使人修德养性、智慧无穷、目光远大、美化心灵。人生在世，吃山珍海味是一种享受，读一本振聋发聩的书更是一种享受，前者只能饱一时口福，后者会让你终生受益。

高尔基说：“请爱好书吧，它将使你的生活容易化；它将友爱地帮助你了解感情、思想、事变的各个方面和复杂的混合；它将教你尊敬别人和你自己；它将带着对于世界和人类的爱的感情，给予智慧和心灵以羽翼。”

一个人没有知识，大脑就会逐渐麻木，就

会像没有水源的土地，不久就会成为沙漠。女人不读书、没有知识就会变得无知、粗俗，就会被时代所抛弃。当今世界已经进入知识经济时代，要发展经济就需要有知识，就需要多读书。

读书能使女人懂得生活，珍惜时间，爱惜生命。读书能使女人有更多成功的机会，更好地把握生命。如今的世界变得喧嚣纷繁，要学会保持心理平衡，确实要有一定的识别能力。读书能使女人的素质得以提高，心灵得到净化，做到花开时没有世俗的炫耀，花落时也没有痛苦的失落，永远保持一颗平常心。

女人唯有读书，才能在感受到外面的世界真精彩、外面的世界真奇妙的同时，做到眼花心不花。有自己的做人标准、处事方式、识别真假是非的能力，才能在市场经济大潮中游刃有余，才能保持良好的心态，才能有乐观的情绪、良好的状态，才能融入到滚滚的社会洪流之中而不被淹没。所以，女人要做到这一点，只有爱读书，多读书。

这里给现代女性介绍女人一生不能错过的5本书：

BOOK 1:《第二性》

在本书中，西蒙·波娃以涵盖哲学、历史、文学、生物学、古代神学和风俗的文化内容为背景，谈论了从原始社会到现代社会的历史演变中，妇女的处境、地位和权利的实际情况，探讨了女性个体发展所显示的性别差异。

BOOK 2:《写给女人》

本书原是卡耐基的夫人、卡耐基生活教育学的继承人陶乐丝·卡耐基根据她在妇人讲习会多年工作的体会，专门写给妇人的生活教科书。

BOOK 3:《红楼梦》

《红楼梦》是古典小说中最伟大的现实主义作品，它以贾、史、王、薛四大家族为背景，以贾宝玉、林黛玉二人的爱情为主要线索，描写了荣、宁二府由盛而衰的过程。《红楼梦》不仅镜子般地反映了封建社会晚期的广阔的现实生活图景，而且广泛地涉及我国古代的诸多文化，有“中国封建社会的百科全书”之称。

BOOK 4:《谁是最美的女人》

一本塑造女人个性形象的指导书，也是做一个精品女人的必读书。打开这本书你会发现原来美丽并不远。

BOOK 5:《简·爱》

一个平凡女人不平凡的生活经历，一段曲折离奇而又缠绵动人的爱情故事，一部历久不衰的经典名著。

女人一生的读书计划

对于书，不同的女人会有不同的品位，不同的品位会有不同的选择，不同的选择得到不同的效果，于是演绎出一道女人与书的风景线。

一生中，总会有那么一两本书对女人的成长有着不可忽视的作用。你的人生准则是什么？你的信仰理想又是什么？没有人能够帮你决定，你要自己去寻找，所以，热爱读书吧，它会帮你找到人生的方向。如何抓住他的心、美容手册、瘦身手册、菜谱等等的书，必然是每一个女人都会去涉猎的，在这里只列出那些能增添女人由内而外的美的必读书目。

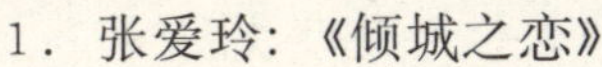

1．张爱玲：《倾城之恋》

2．玛格丽特·杜拉斯：《情人》

3．考琳·麦卡洛：《荆棘鸟》

4．村上春树：《挪威的森林》

5．渡边淳一：《失乐园》《男人这东西》

6．钱钟书：《围城》

7．劳伦斯：《虹》《爱恋中的女人》《查太莱夫人的情人》

8．泰戈尔：《飞鸟集》《草叶集》

9．塞林格：《麦田里的守望者》

10．米兰·昆德拉：《生命中不能承受之轻》《缓慢》

11．西蒙娜·德·波伏娃：《第二性》

12．雪儿·海蒂：《海蒂性学报告》

13．圣·德克旭贝里：《小王子》

种点花草，点缀一生

世界上有很多东西是值得我们去爱的，无条件地奉献爱，是人类高尚情操的一种。当我们真心去爱生活中所见到的一切时，就会感觉到生活的美好。

当你心情舒畅或抑郁，看到满眼的绿色树木或五颜六色的鲜花时，会是怎样的一种心境？

植物的生命力总是很顽强，只需要给它一点土壤、一点水，它就能活得好好的。所以我们种养花草，并不是为了施舍爱心，而是在请求它们给你带来大自然的感觉。在钢铁林立的城市里，根本不可能有大自然的感觉。这个时候，每个人要感受大自然的气息，都必须多一点想象力。看到一个嫩芽，就要想象到欣欣向荣的早春，这就是城市人的悲哀。

不论在户内还是户外，选择一棵你每天都可以看得见的花草植物，尝试着把它当成你的小婴儿一样去呵护和关爱。照顾你的花草植物比照顾小婴儿可容易多了——没有不眠之夜，没有尿布，没有吵闹。你可以与花草植物聊天，告诉它你有多么爱它。真心地去爱护它，不论它是否开花，是死是活。当你向这些花草植物无条件地付出自己的爱时，你不再狂躁不安、恼羞成怒或匆匆忙忙，你处在一个充满了爱的空间里。每次当你看见你的花草植物时，练习一下这种爱，每天至少一次。

不久，你就将看到你的爱与仁慈在花草植物上的神奇作用。当你感到这种爱是多么棒时，看你是否能够对你周围的人付出类似的爱。练习不需它们因收到你的爱而改变或有所不同，就用原来的方式去爱它们，你的花草植物就是最好的老师——向你展示出爱的力量。

那么你喜欢什么样的花呢？其实，花也如人一般，有独特的个性和品位。

“零落成泥碾做尘，只有香如故”的，是梅花。人们赏梅或喜其香，香中别有清韵，有“墙角一枝梅，凌寒独自开。遥知不是雪，为有暗香来”，又有“暗香浮动月黄昏”；或爱其艳，艳而不妖；或赏其枝，姿态苍雅而清秀；或赞其节，节坚而高洁；或颂其风采，喻之为“雪满山中高士卧，月明林下美人来”。

而陶渊明独爱菊花，有“采菊东篱下，悠然见南山”，菊花的品格也因此越发清高。而李清照也有“东篱把酒黄昏后，有暗香盈袖。”而《红楼梦》中的林黛玉为菊花发出感慨：“孤标傲世偕谁隐，一样花开为底迟。”

水陆草木之花，可爱的很多，晋代名士陶渊明独爱菊，“千古高风说到今”；自唐朝以来，人们都很喜欢雍容华贵的牡丹花；而宋朝的周敦颐却说：“予独爱莲之出淤泥而不染，濯清涟而不妖，中通外直，不蔓不枝，香远益清，亭亭净植，可远观而不可亵玩焉。”如果说菊花是品格清高的隐逸者，牡丹花是盛世的富贵者，那么莲，也就是荷花，则是花中的君子。还有芍药、兰花、水仙、月季、海棠、山茶，等等。当然，也不一定是这些名贵的花，还可以是从山中郊外采来的无名野花，或是具有顽强生命力的仙人掌，或是几竿修竹……

花花草草，点缀生活，让人生更富诗意，让你的性情更美好。花草人生，何乐而不为？

有花有草的生活，才是惬意、舒适、健康的生活！

音乐静心

音乐是女性心灵的伴侣，是女人心事最时尚、最浪漫的表达，也是抚慰女人心灵的和煦之风。音乐能刺激你的感官，激发联想，还能使心灵得到满足，身体得到放松，并且可以抚慰生活压力下积累起来的紧张情绪，让人精神振奋、欢欣、轻松自如。

音乐的魅力是无穷无尽的，或如《高山流水》气势磅礴，或如《梅花三弄》婉转缠绵，或如《二泉映月》哀婉动人，或如《梁祝》凄美断肠……不一样的时刻，有不同的心事和心情，独上西楼，望断天涯，寂寞无处遣的时候，或许，音乐是最好的寄托，依水而立，一曲诉尽无限心事。

女性欣赏的音乐都有一个共同的特点，那就是节奏舒缓，意境深远，这也许是女性的心境使然。工作的张力，待人的态度，接物的分寸，处事的节奏，所有这一切都有一种乐感。喧闹嘈杂混乱的，自然难以容忍，惟有那些美妙得让人如沐春风，让人心灵净化的天籁之音，才能与女性风格合拍，成为生活中不可或缺的重要内容。

其实，欣赏音乐就是缓释情绪，就是触发灵感，与其他无关。

只要你能领悟其中的内涵，只要你有愉悦欣赏的感受，就足够了，因为真正的音乐其实就在你的心里，一旦焕发出来，你的身心自然会情不自禁地随音乐而舞。

对于现代女性，心灵音乐及传统音乐都是最好的听觉来源。在办公室的背景音乐中，在寓所客厅环绕的音响之间，或者就是一个随身听，都能让你随时随地沉浸在音乐的洗礼中，让心灵更加宁静与纯净。

你可以逐步培养起自己对某位音乐家的作品，或者某种乐器，或者某个民族的音乐文化，或者某首曲子的特别爱好，从中听出一些常人无法知晓的东西。

不过，你的生活际遇和情绪变化也会影响你对音乐的选择及爱好，这种只可意会不可言传的阶段性欣赏习惯，其实正是自己成熟的心理变化造成的。其实，你不用刻意去讲究什么欣赏的品位与方式，音乐是非常私人、非常情绪化的东西，只要你自己觉得好听就可以了。

音乐是女性心灵的伴侣，欣赏音乐不仅可以简单地缓释情绪，纯净心灵，还可以成为心理治疗中音乐疗法的有效工具。

大量的科学实验证明，人们在听音乐的时候，生理会发生很多变化，例如，肌肉电位（紧张度）下降，去甲肾上腺素含量增加（导致身体放松），内啡肽物质含量增加（产生愉悦和欢欣感）等。音乐精神减压是音乐治疗的方法之一，是在音乐的生理功能的基础上，融合心理学中的肌肉渐进入松训练技术、催眠以及自由联想技术，帮助人们达到生理和心理的深度放松。

如果能什么都不做，就让自己很单纯地享受音乐，这样更能滋润身心，带来更深层的抚慰。

试试看每天早晨静静听上15分钟的音乐，再开始一天的工作，相信你今天的心情一定会比较愉快。听音乐时，让思绪自由地流动，你可以准备一本笔记，随时写下心中的想法。有时心中盘旋已久的问题，随着音乐，便会从心中流出答案。重要的是，不要太刻意想要有什么效果，在静静听音乐的15分钟里，先抛开一切利害得失。

挑选音乐不一定非得遵循专家建议，你认为什么音乐让你感觉好，那就是好的音乐，好好享受就是了。

音乐是天使的语言，它最容易触动我们的心灵，带给我们至美的享受。

音乐是高尚的艺术形式，它可以陶冶情操、交流情感，为生活增添魅力。

悠闲的下午茶

抽空替自己安排一个悠闲的下午茶时间吧！准备一套自己专属的茶壶、杯子和喜爱的茶叶，然后调整心情，细细享受这难得的闲暇时光。

一块饼干、一个奶酪、一个时令水果、一杯淡淡的清茶，或者是一杯加了香料的矿泉水……既弥补了你午餐吃得太少的遗憾，又顶住了下午4点左右肚子呱呱叫的抗议，还能保持优美的曲线，放松一天积聚下来的疲劳。如此惹人的诱惑，何乐而不为呢?

最新的营养调查结果表明，有喝下午茶习惯的人比其他人要苗条!下午茶往往是一顿真正的迷你餐，它和用来发泄郁闷或仅仅用来解馋的零食是不同的。零食的热量只会储存到体内，而下午茶和其他正餐一样，一部分用于供肌体消耗。因此，下午茶和正餐的消耗原理是完全相同的。它可以帮助我们保持充沛精力直到黄昏，因而使得晚餐可以比较清淡。条件是下午茶必须像正餐那样搭配，咸、甜可以根据自己的口味选择。

下午茶的原则仍旧是选择两三种具有互补作用、可以保证营养均衡的食品。比如一种谷物食品配一种奶制品，或一个时令水果，当然还有饮料，最好是水，其他饮料也行。优先选择如果酱饼干、香料蜜糖面包、谷物营养棒、干果和果汁一类的食品。

吃，不仅是生理需求，也是一个非常好的放松方式和一天中的轻松时刻。

在重要会议或者约会之前，坐下来品尝下午茶有一举两得之效。这个独自度过或者和同事分享的快乐时刻有助于你选择富含人体所需基本元素的食品，建构饮食平衡。

在办公室加餐童趣盎然，一定要安排好。你需要：1．谷类食品之外，还要添加一个便于携带、容易消化、方便储存的水果。你可以将午餐的水果单放在旁边留下来，也可以在早晨出门时放一个水果在包里。当然，可选择的种类有限(根据季节不同，只有苹果、梨、桔子或者香蕉)。但是你可以变换品种，苹果就有好多种类。当然，那些幸运地拥有一台冰箱的人，还可以加一种奶制品。2．不要忘了饮料。如果你的办公桌上总是有一瓶水就再好不过了!否则就准备一些茶、一些巧克力或者一些咖啡。

如果新鲜娇嫩的花朵可以带给我们美妙的视觉享受，那么干花能够带来什么?不仅是杯中迟来的绽放、品后醉人的清香，还有随着岁月流转而留给身体的说不尽的好处。

对于这些美丽的干花，既可以清饮，也可以根据自己的口味适量添加冰糖、蜂蜜等。但一定要用透明的玻璃杯才能欣赏它们的多彩多姿，喝起来也更有味道。

在冲泡茶叶时，想象一下卷曲的茶叶在开水中逐渐舒展开来，以及开水被缓缓浸染成茶色的情景。如此一来，便会觉得自己精心冲泡出来的茶特别好喝。只要稍微花点儿心思，便能让自己享受一下悠闲的气氛。

这些花儿是在初开而未全盛时完整摘取的，多是晴天的午前，因为这时摘取有助于花草以后的完整干燥。采收后先要除去它们的杂质和附带的昆虫，然后移到阴凉且通风良好的地方自然风干。由于在干燥过程中要尽量保留它们的原始色泽和完整形态，所以通过观察外形与颜色，可以初步判断其新鲜度。当然，鼻子也可以帮忙，干爽清香的自然是好货。

通常陶瓷制的密封茶罐最能保持干燥花的品质。装在透明的玻璃密封瓶中则容易观察是否受潮发霉，不过最好放入储藏柜中以防止阳光照射。

简单的奶茶做法

在锅中加入水和牛奶，放在炉子上煮。基本上牛奶和水的比例各占一半，若想喝稍微浓一点的，可提高牛奶的比例。待沸腾后再放红茶的茶叶，注意不要煮滚，再用滤茶网将茶水倒入温过的茶杯中。喜欢甜味的人可以添加蜂蜜。

要是再撒些肉桂粉，便成了肉桂奶茶。

花草茶的冲泡方法

在煮沸的开水中，加入一撮花草茶的茶叶。然后盖上盖子，泡3～5分钟。时间一到，再用滤茶网将茶水倒入温过的茶杯中。

接骨木：可促进血液循环。

德国甘菊：可改善怕冷体质、帮助睡眠。

百香果花：有助于放松情绪。

玫瑰果：可补充维生素C。

到心仪的地方去旅行

人生就是一次旅程，在喧嚣的城市生活久了，带着你的行囊到梦想的地方去——神秘庄严的西藏、浪漫多情的巴黎、风情古老的印度，让你的身心得到彻底的释放。

在科技爆炸的今天，我们可以轻易欣赏到各地美景的精彩图片和电视片，但是实景的奇妙感觉只可意会不可言传。现代传媒只能起到一个引介的作用，让人们对实地旅游更加深刻地向往。埃及的金字塔被誉为世界第一奇观，但我们在图片上只能看到一个巨大的石堆而已，更深刻的人文内涵无法表达。现代传媒的出色发挥，却只起到一个菜单的作用，更多的美食等着食客去一一品尝，周游世界成了更多人的梦想。

圣奥古斯丁曾说过："世界就像一本书，不去旅行的人只读到了其中的一页。"每一次出行，都是一次心灵的历险、一次文化的探索、一次对历史的追寻。在我们身居的世界中，有许多地方，都在等待你的到来。像现代文明的发源地伦敦、文化名城巴黎、古典与宗教之城罗马、冰火交汇有如史诗的耶路撒冷、"爱情丰碑"泰姬陵、古中国的藩篱万里长城……走近这些一生至少应去一次的人间胜地，我们可以感受到灵魂的战栗，被现代生活节奏所压抑的心灵也会得到抚慰、安宁和满足。

余秋雨在他的《阳关雪》里曾一度为着古人的一首诗去寻找那个阳关。

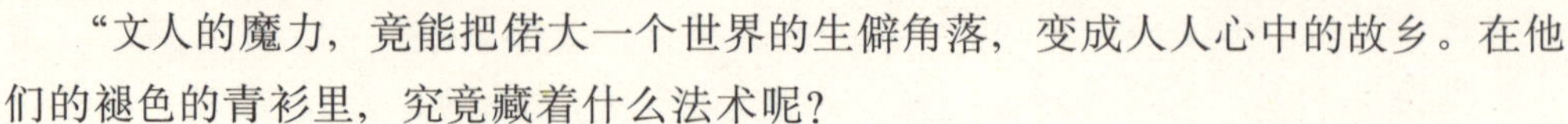

"文人的魔力，竟能把偌大一个世界的生僻角落，变成人人心中的故乡。在他们的褪色的青衫里，究竟藏着什么法术呢？

"今天，我冲着王维的那首《渭城曲》，去寻找阳光了，出发前曾在下榻的县城向老者打听，回答是：‘路又远，也没什么好看的，倒是有一些文人辛辛苦苦找去。’老者抬头看天，又说：‘这雪一时下个不停，别去受这个苦了。’我向他鞠了一躬，转身钻进雪里。

“唐朝的大多文人，他们的胸怀是豪迈的，李白、高适、岑参……他们喜欢游历山川名河，喜欢每一个富有人文气息的地方，他们的脚步很难停止，即便是面对意气相投的人生知己，仍然是要告别的，然而面对分离，他们多半不会洒泪悲叹、执袂劝阻，只是‘劝君更尽一杯酒，西出阳关无故人’。如此的缠绵淡雅，从此在千年的历史风雨中，那个阳关，被多情的文人反复念叨。”

这便是余秋雨的文化苦旅，循着文化的线索去探访那些渐被世人遗忘的古迹，在苦旅中，不断反思，让自己的思想、生活更丰富。

也许你会抱怨为世俗所羁，不能走遍世界的每一个角落，但是你不要灰心，你完全可以做出一种个性化的、富有魅力的选择，在我们身居的世界中，有许多地方，静静地立在地平线上，它们的价值不在于高贵的名字和神秘的传奇，而在于其厚重的文化底蕴。走近这些平凡却有意义的地方，犹如让自己的心洗尽铅华，感受平凡生活中的真实底蕴。

年轻的女人，别让自己的脚步停止在灰暗喧嚣的城市里，不要让自己的身心禁锢在无休止的工作中，年轻的时候开始漫游世界，你会发现，世界真的好伟大，生活可以如此自由美好。

所以，女人，请别忘了，在年轻时，背上你简单的行囊，到你心仪的地方去旅行。

第十四章　情感：挚情女人的清纯浪漫

香港作家张小娴说过："我们在追求爱情的岁月里，终于发现爱情不是两个人或者三个人的事，而是一个人的事。爱情是自身的圆满。当你了解了爱情，你也了解了人生。"

最美的爱情不是精心培植的玫瑰，而是一朵羞怯、朴素的野花，一个"气质度"高的女人懂得用宽容的态度和温暖的环境使它怒放，而不会让它枯萎。

选择一个优秀的男人

选择了一个优秀的男人，就等于选择了一个幸福的家。为了自己一辈子的幸福生活，选择的时候不妨用点心计，草率地决定可是跟自己的幸福过不去的哦！

什么是优秀男人呢？

一个男人最重要的应该是坚强。那些失败过一次就怨天尤人、萎靡不振、跌倒了爬不起来的男人坚决不能要。男人要能给女人安全感，如果你找一个老公，不能够照顾你，还要经常在你面前哭诉自己的不幸，让你也承担他实际上是可以挽救的痛苦，是非常失败的选择。

优秀的男人，必定是宽容而有深度的人

宽容的人，才可以拥有许多的朋友，他们因为自己的人格魅力而吸引别人走到他的身边。他们在宽容别人的同时，自己也收获着快乐。因为宽容，他们的心中充满阳光；因为宽容，他们觉得身边的人都很可爱，所以会很真诚地待人。同样，别人也会用真诚回报他们，所以他们身边聚集着越来越多的人士，因为人际关系和谐，注定着他们事业、家庭的成功与和谐。

优秀的男人，肯定是有学识、有深度、有品德的人。一个没有深度的人，让人感觉像喝一杯白开水，淡而无味。有深度的男人，才会让人深思、耐人寻味。有一定的学识，是一个男人立世的基础。很多商场上算得上成功的男人，交往起来，有时总觉得欠缺了些什么，当然这部分人有自己的过人之处，但因为学识上的苍白，让人索然无味。一个男人有了学识与深度，定要与一定的品德相匹配，德才兼备的才算是一个优秀的男人。

有气度

一定不能找小家子气的男人，即使他爱你。因为一点点小事就吃醋，不论你是因公与上司出去应酬，还是因私与多年不见的朋友聚会，在你回家后大吵大闹或者阴沉着脸半天不搭理你的男人，其实是自私的。

当然，他会说他那是因为爱你才吃醋，可是不要忘了，爱一个人也要给她自由，千万不要做被男人用各种方法把你变相留在家里只能洗衣做饭的家庭主妇。不是说家庭主妇不好，而是作为现在这个社会的女性，要有自己的社交圈子，要独立、自强，不能给自己自由空间的男人千万不要找。

身体健康

不要求那个男人有多么的威猛高大，但一定要身体健康、结实。

有一份稳定的收入

爱情是很重要的，但是要建立在有面包的基础上。

不一定要万贯家财，可生活要有保障。所谓贫贱夫妻百事哀，如果一个男人连孩子的奶粉钱都拿不出来，这个月初就开始担心下个月的供房款，那么，你跟着他只有吃苦的份儿了。

细心又有情趣

他可以不记得你大伯小叔、三姑四姨的生日，但你的生日与结婚纪念日一定要记住，这两个日子在婚姻生活中是很重要的。能够出去浪漫一下，还送点礼物是最好的。

自信、社交能力强

浑身散发着自信味道的男人，能让女人放心地依靠。社交能力强不是说一定要活跃到见人就笑、见手就握的那种地步，也不需要他在社交方面有强硬的手腕，但不能羞羞答答。一起出去应酬，他只知道站在一旁傻笑，而找不到话题与你的同事交谈，凡事需要你出来撑场面的男人，会让你脸面无光。

大男人气概和责任心

这里说的大男人气概，不是大男子主义，那种在家里家务一点不做，衣来伸手饭来张口的男人不可取。大男人气概是指你在外面受到欺负时，他能够挺身而出，毫不犹豫地为你出头，真真切切地保护你。光是这一点，这个男人就值得你考虑托付终身。男人一定要有责任心，自己做的事要敢于自己承担，无论是公事还是私事。那种一有事就往别人身上推的男人不但卑鄙而且可耻。

有一颗平和的心

这个世界已经习惯以一个人事业上的成功来衡量他的价值。事实上，一个人的价值在于他的存在对别人是否重要。即使那个人不能在事业上取得与其他人一样辉煌的成就，但是如果他的平凡生活对他身边的人很重要，就一样代表有价值。如果一个男人不能以一颗平和的心去看待自己的得失，整天愤世嫉俗，怪社会不公，怨生活不平，那么你和他在一起也会影响你的心态，容易偏激，给你的心理造成巨大的压力，导致你的生活不快乐。

严格地说，因为阅历等一些客观因素，三十岁以前的男人，很难称得上是优秀男人。优秀的男人，定是经历过一些人生风浪的人，有处变不惊的从容。

女人欣赏的优秀男人，定是能给女人带来树一样感觉的男人，值得信赖，可以依赖，尽管未必去依赖他们。

真正优秀的男人，在三十岁以后。但三十岁以后的男人，差不多都成为了人家的老公。所以面对优秀男人，女人要想长时间的与其交往，就要有一种做“哥儿们”的准备，如果可能，做红颜知己最美。

嫁给一个好男人

世界上有许多的好男人，然而只有适合你的那个才是你生命中的好男人，他才是你一生相伴的幸福伴侣。如何去发现生活中的好男人？不要着急，慢慢挑选吧!

嫁给一个好男人，你会幸福一生。

事业和家庭能兼顾的男人

男人绝对不能没有事业心，但如果他的事业心太重，他用在家庭和你身上的心思就会很少，你要他陪你逛街，他说没意思；你要他陪你看电影，他说没时间。他事业取得了成功，你也跟着风光，但那是别人看到的，别人看不到的是漫漫时光里你的寂寞。只有那些事业心不是过重的男人，才懂得对你体贴入微，宠爱有加。

不太在乎你容貌的男人

岁月是女人的天敌，男人四十岁、五十岁的时候魅力有增无减，而你，再美丽的脸也会起皱。相反，如果他首先在乎的是你的内在气质，他也会发现你的魅力将随岁月渐增。

不太会谈恋爱的男人

人不是天生就会谈恋爱，太会谈恋爱的男人，说明其情场经验丰富，这样的男人更适合做朋友。如果一个男人为给你送花在楼下傻等半小时，而玫瑰又错买成月季，没关系，他心里送的是玫瑰。

觉得你不懂事的男人

他对你的呵护像盐入水一样溶化在生活细节里，他会把你看成是一个永远长不大、最不懂事的孩子，凡事为你瞎操心，不是因为对你没信心，是因为爱。如果哪次你因为不小心淋了雨，感冒发烧，他会发火，这更表明他是最疼你的。

婚姻是一般人的普通问题，适合做女人丈夫的男人，绝非前无古人后无来者的异数。就像我们是早已存在的普通女人，那些普通的男人，也已安稳地在地球上生活很多年了。我们不单单是一个人，更是一种类型，就像喜欢吃饺子的人，多半也热爱包子和馅饼。玫瑰花和百合种在一处，彼此都花朵繁茂，枝叶青翠。但甘蓝和芹菜相克，彼此势不两立；丁香和水仙花，更是水火不相容；郁金香干脆会致毋忘我于死地……如果你是玫瑰，只要清醒坚定地寻找到百合种属中的一朵，你就基本上获得了幸福。

当然了，某一类人的绝对数目虽然不少，但地球很大，人又都在走来走去，我们能否在特定的时辰，遭遇到特定的适宜伴侣，也并不是太乐观的事。

女人不要把一生的幸福寄托在婚前对男性千锤百炼的挑拣中，以为选择就是一切，对了就万事大吉，错了就一败涂地。选择只是一次决定的机会，当然对了比错了好。但正确的选择只是良好的开端，即使航向对头，我们依然还会遭遇风暴。淡水没了，船橹漂走，风帆折了……种种危难如同暗礁潜伏航道，随时可能颠覆小船。

选择错了，不过是输了第一局。开局不利，当然令人懊恼，然而赛季还长，你可整装待发，蓄芳来年。只要赢得最终胜利，终是好棋手，这就需要你用更多的心计去经营爱情。

婚姻不是终生的平安保险单，爱情更是需要养护、滋润、施肥、精心呵护的鲜活生物。就像没有永远不变的敌人一样，也没有永远不变的爱人。爱人每一天都随太阳升起而不断变化。越是情调丰富的爱情，越是易馊，好比鲜美的肉汤，如果不保鲜，便很快滋生杂菌以致腐败。

不爱就不要接受

女人本身就是一个矛盾的综合体，她飞蛾扑火般地去寻找生命中最爱的人，可当面对爱她、对她呵护备至的人时又不忍放手，欲拒还休，怕失去那份被关爱的幸福。可由于不爱，她变得越来越不快乐，从而委屈了自己。

爱情不是无私的牺牲，也不是单纯的占有，而是在尽情体会彼此吸引基础上建立起来的精神共同体。不违心地奉献和虚假地接受，保持本色的自我，是爱情得以永恒的真理。

女作家张小娴女士在一篇有关爱与被爱的文章里精辟地论述了两者的利害关系。她说："假如你不爱那个人，被他所爱又有什么幸福可言?除非你这个人对感情已无要求，但求有一个人对你好，对你千依百顺。"

被爱与爱人同样痛苦。被一个自己不爱的人所爱，有时是痛苦的。你不爱他，但是，你爱的那个人也不爱你。你只好留在这个你不爱的人身边。他愿意为你做任何事。你甚至可以拿他来做出气桶，你可以骂他、打他。你更可以骄傲地说："我不爱你!"你想哭的时候，还可以借他怀抱一用。你需要赞美的时候，他绝对不会吝啬。你凄然问："你为什么要对我这样好?"他也没法回答。

这个时候，你会感到幸福吗?还是你会痛苦?他很好，可是，他愈对你好，你愈不快乐。

某些女人，基于一种近乎愚蠢的无私观念，常常将爱情视为一种被动的情感，只有当自己被爱时，才能肯定自己的存在，于是接受对方，进而结婚，一生就这么决定了。如果说因为有人喜欢你，你就心甘情愿地嫁给他，这想法简直太荒谬了。有些人的本性是占有欲极强，有些人嫉妒心很重，他只是想将你占为己有，借以满足自己的欲望，一旦你屈服，将终生变成他的阶下囚，不得安宁，更别提还能获得什么幸福了。

爱情不是牺牲，也不是占有，而是能体会彼此吸引的美好。女人千万不可为了讨好某人而结婚，那样的婚姻终究不可能长久，更不可能有幸福，如果只是单向的奉献，终有一天，你奉献的对象可能将会成为你今世最痛恨的人；爱情是双向的，婚姻也是靠两个人共同维系的，需要有长期互相包容及互相扶持的决心，有些人一结婚，丈夫就得担负起两个人的生活包袱，像这样的妻子，只能成为丈夫的累赘，终有一天，当做丈夫的再也扛不下去时，这桩婚姻便难以持续了。

爱情的真谛更是自始至终，永远真实地表现出自己，恋爱时的女人要有心计，不要为了得到对方，而伪装自己，否则当面具卸下的那一刻，彼此便成陌路。

浪漫理智地面对一份爱情

1．女性应该知道自己的优点

女性对自身的优秀品质，如关心他人、气质高雅、大方宽容以及幽默风趣感到骄傲。无论人们如何评价你，要始终对自己的吸引力充满信心。当然，为了找到自己命中注定的另一半你需要寻觅很长的时间，所以千万不要急着把自己嫁出去，同时也要注意不要被自己头脑中的浪漫、不切实际的幻想所迷惑。通过展示真实的自己，你最终总能吸引自己喜欢的那个人。

女性常把恋爱比作是一场快乐的冒险。其中有欢乐、忧伤、成功与失败，还有意外的惊喜。的确，我们的生活不会一帆风顺，所以在你踏上自己的冒险之旅的时候，最好有几个经验丰富的导游——你的知心朋友——为你保驾护航。最重要的一点是，她们会随时提醒你“永远相信自己是个好女人。”

2. 约会也有规则

这样的规则包括：

恋爱不是游戏！

初次约会不谈“性”。

不要为了约会而约会，特别是面对你不喜欢的男人。

不要认为一个男人带你出去，你就欠他什么。

不要和已婚男人外出。

不要容忍谎言。

懂得如何撤出。

至少约会两次。即使第一次感觉不好，也要再给他一次机会。没准第二次你会满意。

约会一定要使你快乐。

不要因恋爱而忽视了自己的朋友。

不到火候，不要发生性行为。

不要使约会变得像游戏、比赛或辩论。让他占上风，他会自我感觉好一点。

3. 如何展示女人的风采

不管你是否喜欢与人调情（与自己的男朋友也好，与一般的朋友也好，或者是与在百货店门口排队的人），要懂得这种做法应该是善意的并且应掌握分寸，既要能展示自己的魅力，又不要使他人感到不舒服。正如布鲁克·艾斯特所说：“调情不过是你和他人分享一份好奇心。”

展现女人的风采会使你感到开心、有趣，你和你的伙伴都会觉得愉快。但女性应顾及他人的感受，如果你的举动带有挑逗性而不是简单地表示友好，那你就得选好对象。对方一定要是和你想法相同的人，女性应有这方面的判断力。相反，如果对方的反应超出了你的预想（比如他想要带你去最近的酒店），那你就应该停止调情。要记住，女人不应在这方面担任引领者的角色。

女性可以表现得大方轻松，但不要使自己和自己的恋人成为众目睽睽的对象。

不要因自己一时的痛快而使别人感到尴尬，甚至窘迫（我们有必要提一下，为了使自己的男友嫉妒而故意乱抛媚眼是很不可取的）。

4.谁来付账单

当谈到付账的问题时，女性不必焦虑不安。女士决不是那种一看到服务员来结账就躲进洗手间的人（留下约会的另一方买单）；也不会与人争执，坚持由自己支付。女性处理这个问题应有自己的准则，可以考虑自己的支付能力和当时的具体情况。

我们清楚，对支付账单这种事，应该尽量避免可能引起误解或令人窘迫的情况。

说真的，女性总是处于让人嫉妒的位置。传统上都是由男人来支付账单（许多侍者在为顾客服务时也是这样认为的）。我们应该了解这一点，至于是不是想纠正一下这个观念，全在你自己。

以下是支付账单的几项原则：

如果是初次约会，女性不必非得要自己付账。

但如果觉得是必要的，也可以试着提出由自己付账的建议。

如果被邀请到一家餐馆或高级消费场所（或其他超出自己的支付能力的地方），可以坦然地接受对方付账。

在双方关系进一步发展的情况下，女方可以提议由自己付账。如果对方执意支付，你也可以买些饮料或电影票，以表示自己的心意。

女性要考虑对方的经济情况，要避免因为忽略了这个因素而使双方都陷入极度尴尬的情况。

如果是女士请客，她应准备支付全部费用。在对方执意要支付或场合适宜的情况下，也可由对方支付。

当女士不清楚谁支付账单时，就不要点价格昂贵的菜。

5.女性应该采取主动吗？

如果现在还有人说“女人主动示爱违背常理”，那纯属无稽之谈！既然大家可以接受女人偶尔付付账，那么女人主动约男人出去也没有什么不合适的啊（自信、完美的女性会让个别的好男人觉得有一种压迫感，但这也没有办法，他们应该试着适应）。一些女性认为，与其傻等一个男人向自己求爱，还不如自己主动提出，大不了就是被回绝（上帝知道，几百年来，都是男人主动向女人求爱，他们也遭到过女子的拒绝啊！）。但即使这样，对你的生活也不会有长期的不良影响。

6.不要闪烁其词

我们可能会遇到这样一种情况：遇到的人不错，可是缺少一份激情……他虽然有些吸引力，说话却总夸夸其谈，这样那样的缺点使你感到厌恶。朋友们觉得他不错，但你自己认为还需要对他多加了解！女人这时该怎么办？

要结束一段感情的时候，女人总是犹豫不定，怕会伤害对方。尽管如此，女人还是应该真诚，表里如一，直率坦荡，千万不要含糊不清。应想好怎样表达才不至于使对方误解。如果你说得闪烁其词，对方会以为自己还有机会。

女性对以面对面的交谈方式处理这类问题总是心怀恐惧，不愿开门见山。特别是那些选择怯懦而又冷酷的方式——“不接电话，直接与他断绝一切联系”的女性。康涅狄格州的阿米这样写道：“我就没有处理好这件事情，我没有接他的电话，我现在很后悔，毕竟，每个人都有知道事实真相的权利。”

问题的关键就在于我们怎么表达。沉着冷静并做好充分准备；别武断，更不要抱怨什么。告诉他：“我想，我们还是做好朋友吧！”或“我们之间不太合适。”

女性应当意志坚定，但决不能出言不逊。无论对方是如何的恼火，也可以等他平静下来，决不要容忍被粗鲁对待，除非自己真的做错了什么。如果遇到低级下流或纠缠不清的人，尽管严辞拒绝，然后拂袖而去，不必对所发生的一切道歉，也永远不要再和他有任何联系。

7.关于第三者

女性一定要回避已婚和已确定恋爱关系的男人，千万不要插足他人的恋爱关系，成为第三者，更不要成为一个骗子的牺牲品或同谋。

有时你真心爱上一个男子，却发现他已经结婚或是已与他人确定恋爱关系。遇到这种情况，你必须格外慎重，必须尊重第三方（配偶／恋人），不管她知道与否。为了找到自己的真爱，女性不必在乎等待多久，即使恋爱之路极其漫长，也要寻找牢固的爱情。

不要使自己有负疚感，不要把爱情建立在欺骗的基础上。

如果不是想和对方有一个结果，聪明的女士是不会和一个已婚男人维持不道德关系的。一个成熟女性应能分辨一时的性欲冲动与真正的爱情之间的区别，因为两者之间有本质的区别。如果你只是单纯地追求性欲，你可以随便找一个人，他也不必承担任何责任（如果你还不确定，我们建议你买一本叫《致命的诱惑》的书）。

8.关于性

上床、性交、做爱……随便你叫它什么。有时，性使两个人难舍难离，如胶似漆；有时，性又是两个人不能和睦相处的原因。有些女性直到确立恋爱关系，订婚或是结婚，才和男友发生关系，有些女性并不是这样。坦率地讲，我们认为“性”是一个涉及个人隐私的话题，别人无法干涉。只要女性懂得自尊自爱，即使发生了性关系，也不算做错了事。下面将我们的看法介绍给大家：

女性在月经期不要发生性行为。要知道这样做会引起严重的后果，有时甚至会危及生命。女性必须把这件事情的危害性告诉自己的伴侣。

对于是否发生亲密关系，应该是在头脑清醒的情况下作出的决定。女性应该知道自己的酒量，避免可能因为饮酒过多而发生的尴尬或窘迫的情况。

如果同伴的暗示超出了自己的预想，要鼓起勇气，礼貌而坚定地拒绝。在对方尊重你的情况下，女士应该尽一切可能让对方觉得拒绝并不是对他的伤害。

找一个蓝颜知己

如果爱情是红光耀眼的火焰，那么“蓝颜”只是其中幽幽纯净的蓝色焰心。婚姻给女人提供了阳光和大地，而“蓝颜知己”给女人的却是一片蓝天。

有蓝天的女人会多一分鲜活的灵气，这不仅是女人的一种幸福，更是一种运气。

“成功的女人在拥有一位优秀丈夫的同时，还应该有一位蓝颜知己。”这是时尚女性最新、最热的话题。“蓝颜知己”——介于友情和爱情之间，游离于亲情之外，也就是人们所说的“第四类情感”。也许它比友情多出一种深层的相知与默契，但又不可能往爱情那方面发展，它既没有爱情中的卿卿我我与徒劳牵挂，又少了一种人为的羁绊和功利。

对于女人来说，也许婚姻和爱情需要很多理由，而需要“蓝颜知己”的理由只有一个，那就是——谈得来。爱人是可遇而不可求的，遇上了算是三生有幸，而蓝颜知己则是可求的。有人说，一个完整的女人，生命中会出现三个男人，一个情如手足，一个亲密如爱人，一个像兄长般给你智慧和关怀。而作为女人，如何才能做到与他们相处时掌握尺度和把握分寸，且与传统的道德行为规范不发生冲突，这取决于不同女人的不同心智及其不同性格。

女性成年后承受着多重角色的压力，在精神上需要更强有力的支持，每当遇到工作不顺利或者生活上有些不愉快的事情，甚至是和男友或丈夫之间产生了矛盾时，如果有个蓝颜知己站出来，以男人的角度帮你分析，以男人的坚强鼓励你，那么，感到前路渺茫的你就会信心百倍地继

续前行。他们往往比一般的朋友多出一份慷慨和肝胆相照，甚至能使你和男友或丈夫之间化干戈为玉帛而日渐亲密；他们以男人的健康及丰富的心灵，用男人的智慧和心情去关注并理解你，使你重新有勇气回到那个充满竞争和压力的社会；他们用宽广的胸怀帮你不断地塑造自己，把原来那个肤浅、幼稚和狭隘的小女人远远地抛在身后……

对于自己的蓝颜知己，你不必关心他的起居饮食、他的工作、他的情绪，更不用花心思给他什么惊喜、哄他开心，有时你甚至可以在他面前发发脾气、使使性子，虽然在伴侣眼里温柔善良才是你的本分，而在他眼中，任性往往会成就你的可爱！当然，有时你也得打个电话问问好，让他知道你想他，不过语气、语态一定要拿捏得准，留给他丰富的想象余地又不至于引火烧身。

蓝颜知已和老公、男友之间最大的区别在于，女性在蓝颜知己的面前想哭就哭，想笑就笑，不必掩饰自己，更不必忸怩作态；不用担心自己是不是还淑女，即使有说错话、做错事的时候，他也会以一种豁达、大度的心态包容你，以欣赏的姿态善待你，生活中那种沉重的心情便可在自然而然中烟消云散。

相比以前，无论是男人或是女人，在竞争激烈的今天，都更需要全方位的感情关怀，"红颜"情结、"蓝颜"情结，其实都是现代人情感的一种依托。人沉浸在爱情里是醉着的，处在友情里是醒着的，介于两者之间的感情则半醉半醒。人生在世，太沉醉了会很痛苦，太清醒了又会很劳累，所以不醉不醒乃最佳状态。

拥有蓝颜知己的女人是幸运的女人，与一个没有感情纠葛的男人交往，彼此有着那样多的共同语言，有息息相通的感觉，在滚滚红尘中，用一种深沉的感情互相照看，使她们有机会冷静地换一种眼光看待自己，同时更深入地了解世界。蓝颜知已，是女人生命中的财富！

你需要几个蓝颜知己？

一个成功的女人最好或至少要有三个"蓝颜知己"：这第一位"蓝颜知已"理所当然地是自己的丈夫；第二位"蓝颜知己"是心甘情愿地为你分担苦恼，但没有性别意识的男朋友；第三位"蓝颜知己"是欣赏和尊重你思想的男人。

亲密爱人蓝颜知己

爱情是女人最好的美容师。在爱情上，男人远比女人浪漫。在恋爱中，男友时常会弄出某个突如其来的浪漫情节，让女人在惊喜的同时产生出浓浓爱意，觉得自己是世上最幸福的女人了。在婚姻上，男人又远比女人现实。进入了婚姻的殿堂，丈夫在保持浪漫的同时，也比恋爱时现实了许多。他对她不再是无度的宠爱，而是有节制的疼爱。女人不是生成的，而是造就的。在丈夫这个“蓝颜知己”的陪伴下，女人一步步走向成熟，温婉时仍然保持她自己的个性；奋斗时充分显示自己的优势；传情时会捕获男人迷茫的心。

性别意识淡薄的蓝颜知己

当一个女人走近她信任的男人时，会毫无保留地展示她的所思所想，会在显露她斑斓情怀的同时，也暴露出她的浅薄、她的琐碎、她的无知和她的平庸。所以，找一个可以袒露心怀、说说心里话的男人，是十分必要的。人是需要发泄的，更何况，有些话对丈夫也是不能说的。从这点来看，你需要交个无话不谈的哥们儿型的“蓝颜知己”。

在你的男性朋友中，他就是那种把你当成哥们儿的朋友。不光他，就连你在他面前也从没把自己当成女孩子。两个人在一起几乎没什么性别意识，属于那种绝对死党类的朋友。

欣赏你思想的蓝颜知己

女人若有自己的思想，就要敢于在异性面前表达出来，不要有“我这样做好吗?会不会使他不高兴?会不会让他失望?会不会得罪他”之类的想法，这样想就阻碍了你的思想和正常发挥。要知道，你之所以能成为他的“红颜知己”，吸引他的大多是你的思想，特别是对于有思想的男人来说。

当然了，作为女人是要懂得取舍的。假如有个男人很欣赏你的思想，那你一定要把握好你们之间相处的分寸，千万不要使这种难得的友谊误入歧途，免得到最后连朋友都做不成。要知道，他既然会欣赏你的思想，也会欣赏别的女人的容貌、身材等其他的优良品质。这时，你千万不要嫉妒，要知道你们仅仅是思想上的“蓝颜知己”。如果你想要他太多的东西，对双方都不太好。所以，女人最好给自己和自己的“蓝颜知己”定好位，使这种友谊健康发展。只有这样，双方才都会受益。

如何处理与旧情人的关系

分手多年的旧情人突然来电，“好久不见，近来好吗?”顿时，与他曾有过的炽热的回忆便会浮现在自己的脑海。

然而新生活已经开始，重来一次的机会有多大?你又该付出多么大的代价?虽然，婚姻中的爱情显得相当简单，但旧情复萌肯定不能刷新发黄的一页。当旧情人突然出现在你面前，固然惊喜，拾起断了的红线又有什么意义呢?那么，你又该如何善意地拒绝，怎样远离旧情的诱惑?

一、不要一味地缅怀往日情怀

虽然过去的浪漫和温馨总会不时带给你甜蜜的回忆，但你要记住曾经有过就足够了。

反之，如果毫无理由地同旧情人无休止地沉浸其中，拿着放大镜看从前的好，现在的坏，只会使你进一步丧失判断事物的能力，而你的婚姻生活可能从此变得一团糟。

二、不要对他的境遇表示同情

男人可能特别希望得到别人的同情，而女人在同情恋人时也表现得十分慷慨。问题是你的同情是不是他真正需要的，你的同情又会把你带到何种境地。

最常见到的就是女人逐渐深陷其中，痛苦又不能自拔。

三、不要随便接受他的承诺与帮助

男人似乎有种天生的冲动，总以为自己就是救世主，尤其面对一个女人时，简直没有他不能答应、不能做到的事情。

事实上呢，他们不是根本就做不到，就是自己做了很大的牺牲才勉强完成。

随便接受承诺的危害在于：你为了一个诺言而可能破坏另一个与你至亲的承诺。

四、不要与他肌肤相亲

从执手相握到拥抱亲吻，发展的后果可想而知。等到梦醒时分，许多话和事就都说不得和做不得了，麻烦也将接踵而至。

五、不要早到或者迟到

如果你赴约了，仅仅是一顿晚餐，那么最好不要早到或迟到。

早到说明你比对方更加重视过去的感情，会让对方抓住你的弱点。迟到说明你根本就没有把约会当做一回事，从对方的角度来看你很轻视他，傲慢而且无礼。即使你不再对他有感情，也没有必要伤害他。

六、不要跟老公说此事

虽然婚姻以诚信为本，但有时候很多事情绝对不能说。倒不是要保留什么个人隐私，而是这些事情极容易引发一连串意想不到的麻烦，影响夫妻双方的感情。

因此在与旧情人见面一事，女人更应该守口如瓶。

有些事可以说，有些事绝对不能说。比如夸旧情人现在还很年轻、有风度，老公会认为你嫌他变老变丑了。

李碧华说过："我们寻找初恋的情人，并不是想念那个人，而是怀念那个时候的自己。"

是的，旧情人可以是船过水无痕的回忆，也可以是永远的心灵朋友。

若对方已经有了新恋情，我们当然诚挚地祝福；若对方仍然孤家寡人，那就对自己诚实，把这段感情珍藏起来吧！

要切记，不要再有最初的感动，更别去制造以往的浪漫。

当爱已成往事

当他对你的询问闪烁其词时，你或许感到了潜在的危机；当他和另外的女孩亲密地走在一起时，你或许已经有了决定；当他心虚地向你提出分手时，你的失恋已经到来……

要眼泪滂沱地哀求他继续留下吗？算了吧，任贤齐在《心太软》的歌曲中告诉我们："相爱总是简单相处太难，不是你的就别再勉强。"天涯何处无芳草？为了一棵树木而放弃了整片森林，聪明的女人永远不会这样做！

在一个女人的恋爱中，失恋能让她的爱情人生更加的完整，所以对待失恋，我们不妨把心态放开些：是福不是祸，是祸躲不过。"塞翁失马"还"焉知非福"呢，更何况失恋？兵来将挡，水来土掩。该分手时就分手，绝不含糊！

面对失恋，首先需要的不是消沉、沮丧，你此刻需要的是振作，是拿出自己的勇气来，就像面前的风景如果不那么赏心悦目，就请换一处吧，"沉舟侧畔千帆过，病树前头万木春"！

面对失恋，第二需要的是去旅行。放下感情包袱，剪断往日的情丝，让自己放松放松再放松，夏威夷的阳光、西班牙的斗牛、威尼斯的歌剧……让你在湖光山色中放松疲惫的身心，在独具风情的文化交流中感悟人生的意义所在。

面对失恋，最重要的还是努力工作，别让前任男友给看扁了——要让他明白，离开了他，你不但能活下去，而且能活得很好、很出色。把你的愤怒发泄在工作上，把你的不满暂时抛到九霄云外去。当有一天老板满脸堆笑地夸奖你工作干得很不错的时候，说不定，爱神的丘比特之箭已偷偷地瞄向了你……

相信吗？自助者天助，你认为不可能的事情没准哪天就会出现。

再遇见前任男友时，我们可以大方从容，我们可以向他祝福，我们应保持一个有素养女人应有的气质，在其他朋友的面前对他不诋毁、不诽谤，轻描淡写地把事情一带而过，要他见识一下你过人的涵养。

一位朋友在BBS上对失恋这样写道：

不要刻意去忘记，因为，忘记需要一种潜意识的提醒；

不要刻意去记起，因为，记起可能会引起眼泪的决堤；

不要刻意去哭泣，因为，哭泣会让你变得笑都很无力；

不要刻意去回忆，因为，回忆代表还渴望回到过去；

不要刻意去放弃，因为，在你想放弃的时候，会以为自己还在拥有；

不要刻意去微笑，因为，在你强颜欢笑的时候，会觉得自己很委屈；

不要刻意，失恋，只是一段过去。

一切，随意！

是的，爱情不是人生的全部，失去的他，也不是你情感里的唯一；走过人生的梅雨季节，爱的阳光就会撕破云层，一泻千里！